Hauke Friederichs
Funkenflug

 aufbau

HAUKE
FRIEDERICHS

Funkenflug

August 1939:
Der Sommer, bevor der Krieg begann

 aufbau

Mit 14 Abbildungen

MIX
Papier aus verantwor-
tungsvollen Quellen
FSC® C083411

ISBN 978-3-351-03487-0

Aufbau ist eine Marke der Aufbau Verlag GmbH & Co. KG

3. Auflage 2019
© Aufbau Verlag GmbH & Co. KG, Berlin 2019
© Hauke Friederichs, 2019
Einbandgestaltung zero-media.net, München
Satz und Reproduktion LVD GmbH, Berlin
Druck und Binden CPI books GmbH, Leck, Germany
Printed in Germany

www.aufbau-verlag.de

Inhalt

I. Vorgeschichte: Funkenflug

In Europa kennen die Zeitungen und Rundfunksendungen in den Sommertagen 1939 vor allem ein Thema, den Streit zwischen Deutschland und Polen um Danzig. Journalisten aus den zerstrittenen Ländern überbieten sich mit atemlosen Schilderungen von Provokationen der jeweils anderen Seite. Sie berichten von Misshandlungen, Überfällen und Grenzverletzungen. Sie bauschen Nebensächlichkeiten zu ernsten Konflikten auf, streuen Halbwahrheiten oder produzieren gleich Falschmeldungen. Dieses Gift wirkt bereits. Die Regierungen in Berlin und Warschau drohen sich gegenseitig mit Konsequenzen, stellen Truppen in den Grenzgebieten auf, sammeln Verbündete.

Danzig, die Stadt, um die Deutsche und Polen streiten, hatte im Lauf ihrer Geschichte viele Herrscher. Zuletzt war sie von 1815 bis 1919 preußisch und gehörte seit 1871 zum deutschen Kaiserreich. Mehr als neunzig Prozent der gut 400 000 Einwohner im Danziger Staatsgebiet sprechen vor allem Deutsch und fühlen sich als Deutsche. Im Versailler Vertrag, der den Ersten Weltkrieg beendete, wurde die alte Handelsstadt 1919 für »frei« erklärt und unter den Schutz des Völkerbundes gestellt – einer Staatengemeinschaft, aus der Italien, Deutschland und Japan jedoch in den vergangenen Jahren ausgetreten sind.

Zum Freistaat gehört die Hansestadt samt Umgebung, einschließlich des Deltas und der Mündung der Weichsel. Mit dem Versailler Vertrag erhielt Polen freien Zugang zum Hafen Danzig und eine Passage zur Ostsee. Dieser »polnische Korridor« trennt bis zum August 1939 Ost- und Westpreußen voneinander und zerteilt das deutsche Staatsgebiet.

Die Regierenden in Warschau sehen in der Danzig-Frage einen »Gradmesser für die Stabilität der deutsch-polnischen Beziehungen«. Marschall Edward Rydz-Smigly, der Befehlshaber über die Truppen und starker Mann in Polen, als auch Außenminister Józef Beck wollen auf keinen Fall auf die Stadt verzichten. Ihnen geht es um das nationale Prestige. Und sie sind sich sicher, am Verhalten der Nationalsozialisten sehen zu können, was die Freundschaftsbekundungen aus Deutschland der vergangenen Jahre wirklich wert sind: Polen und Deutsche als Verbündete, als Partner? Diese Äußerungen aus Berlin gehören der Vergangenheit an.

Denn Adolf Hitler, Reichskanzler und »Führer«, fordert seit dem Frühjahr vehement, dass Danzig wieder deutsch wird. Er will die Stadt mit seinem »Großdeutschland« vereinigen. So hat er es bereits im vergangenen Jahr mit dem Sudetenland und mit Österreich gemacht, außerdem gliederte er im März »Böhmen und Mähren« und das litauische Memelland an sein Reich an.

Sorgenvoll schauen Briten und Franzosen nach Mitteleuropa. Dort werden Politiker und Publizisten zunehmend nervös. Winston Churchill, zu dem Zeitpunkt einflussreicher Konservativer im britischen Unterhaus, warnt seit Monaten vor der deutschen Aggression gegen Polen. Andere Briten wollen wegen einer fremden Stadt irgendwo im Osten keinen Krieg riskieren: »Why die for Danzig?«, lautet ihr Motto. Und auch in Frankreich gibt es viele Friedensbefürworter, die wahrlich keine Pazifisten sind, aber ihre Soldaten nicht für andere Nationen verheizen wollen. »Sterben für Danzig?«, hat Marcel Déat, ein rechter französischer Politiker, schon im Mai 1939 eine bekannte und viel diskutierte Streitschrift überschrieben. Seine klare Antwort: »Nein!«

Eine Krise zwischen Deutschland und Polen? Manche Kenner der Außenpolitik sind davon überrascht. Vor einem Jahr noch bemühte sich das NS-Regime um gute Beziehungen zum Nachbarland. Hitler hatte Polen als Verbündeten für den Krieg gegen die Sowjetunion vorgesehen. 1934 hatten beide Länder einen Nichtangriffspakt unterzeichnet. Hermann Göring warb danach bei polnischen Gesprächspartnern für ein Bündnis gegen Moskau. Gemeinsam mit den Polen wollten die Deutschen die Sowjetunion angreifen. Wie sie die Beute aufteilen, hatten sich Hitler und Göring auch schon überlegt: Die Ukraine sollte an Polen gehen. Der restliche »Lebensraum« im Osten war für die Nationalsozialisten vorgesehen, die dort ein Kolonialreich errichten wollen. Mehrfach forderten sie die Polen dazu auf, dem Antikominternpakt beizutreten. Diese Allianz hatte Deutschland mit Japan gegen die Sowjets geschlossen. Polen lehnte ab. Im Sommer 1938 lockte Göring die Polen erneut mit den fruchtbaren Böden der Ukraine. Doch die Regierung in Warschau wollte keinen Krieg gegen die UdSSR riskieren, und sie misstraute dem Angebot des Nachbarn im Westen.

Im Oktober schlug der deutsche Außenminister Joachim von Ribbentrop dann dem polnischen Botschafter eine »Generalbereinigung aller bestehenden Reibungsmöglichkeiten zwischen Deutschland und Polen« vor. Die »Freie Stadt Danzig« sollte zu Deutschland kommen. Durch den polnischen Korridor, der Ost- und Westpreußen trennt, dürfte die Regierung in Berlin eine exterritoriale Autobahn- und Eisenbahnverbindung bauen. Als Gegenleistung bot Ribbentrop an, die polnischen Grenzen zu garantieren und den Nichtangriffspakt von 1934 um bis zu fünfundzwanzig Jahre zu verlängern.

Das Werben war vergeblich. Polens Außenminister Józef Beck besuchte im Januar Hitler auf seinem Berghof am Obersalzberg, änderte seine Haltung aber nicht.

Daraufhin beschloss Hitler, mit Polen genauso zu verfahren wie mit Österreich und der Tschechoslowakei: zerschlagen und angliedern. Am 25. März 1939 befahl er den Streitkräften, einen Angriff auf Polen zu planen. Noch habe er nicht vor, die »polnische Frage« zu lösen. Sie solle aber durch die Militärs bearbeitet werden. Wenn es zum Konflikt käme, müsse Polen »so niedergeschlagen werden, dass es in den nächsten Jahren als politischer Faktor nicht mehr in Rechnung gestellt« zu werden brauche.

Nur einen Tag nach dieser Weisung erklärte der polnische Außenminister, sein Land lehne eine Klärung der Danzig-Frage nach den deutschen Vorschlägen ab. Und kurz darauf wurde er gegenüber dem deutschen Gesandten in Warschau deutlich. Beck drohte, ein Versuch von deutscher Seite, den Status von Danzig zu ändern, würde den »Casus Belli« bedeuten. Zu diesem Zeitpunkt wusste er bereits, dass sein Land im Kriegsfall nicht allein würde kämpfen müssen. Die Regierungen in London und Frankreich waren bereit, eine Sicherheitsgarantie für Polen abzugeben. Am 31. März verkündete Großbritanniens Premierminister Arthur Neville Chamberlain in einer Rede im Parlament, dass England bei einer Bedrohung die Existenz Polens bewahren und dessen Souveränität verteidigen werde. Das Land war damit endgültig zur Konfliktzone geworden.

Am 3. April ordnete Hitler schließlich an, den Krieg mit Polen konkret vorzubereiten. Kurz darauf gab er drei Szenarien für den möglichen Angriff vor. Erstens: Die »Sicherung der Grenzen des Deutschen Reichs und Schutz gegen überraschende Luftangriffe«, für den Fall, dass die Streitkräfte des Nachbarlandes zuerst angreifen würden. Zweitens: Die »Inbesitznahme von Danzig«, als kleine Lösung des Konflikts. Und drittens: Der »Fall Weiß«, die große Attacke auf Polen. Letztere Option könne nötig werden, wenn Polen eine »bedrohende Haltung« einnehme, dann würde eine »endgültige Abrechnung« erforderlich sein. Am 28. April kündigte Hitler den Nichtangriffspakt mit Polen auf. Seitdem verschärft sich der Ton zwischen den Regierungen immer weiter.

In Danzig liege »heute der Gefahrenpunkt Europas«, sagt der britische Premierminister Chamberlain. Die Stadt könne ein zweites Sarajevo werden. Fünfundzwanzig Jahre, nachdem dort ein Attentat den Ersten Weltkrieg auslöste, steht nun Danzig im weltweiten Fokus. Chamberlain ist ein Mann des Friedens. Er glaubt, dass kein vernunftbegabter Mensch mit Absicht einen weiteren Weltenbrand auslösen würde, auch Adolf Hitler nicht. Andererseits wirkt das nationalsozialistische Deutschland unberechenbar. Und es wächst immer weiter, besetzt fremde Länder und Regionen, vergrößert seine Armee, rüstet auf.

II. Sommerruhe

1. August 1939, Dienstag

Es ist ein großes Marschieren in diesen Tagen in Deutschland. Dieses Land übt wieder für einen neuen Krieg.

Der Aufbau, Exilzeitung aus New York

1. August 1914 – 1. August 1939
Die Welt spricht wieder vom Krieg – Gibt es Krieg?

Der Angriff,
Zeitung der Deutschen Arbeitsfront, Berlin

Überall in Europa freuen sich die Menschen in diesen Tagen über einen prächtigen Sommer – die niederländische Küstenstadt Noordwijk ist leider eine Ausnahme. Katia und Thomas Mann können sich hier für ihr Urlaubswetter nicht begeistern. Der Wind pustet oft so stark, dass geplante Spaziergänge am Strand ausfallen müssen. Seit dem 16. Juni sind beide in dem bekannten Seebad zu Gast. Katia Mann hat hier am 24. Juli ihren 56. Geburtstag gefeiert. Auch an diesem Tag, vor einer Woche, war es dunkel, kalt und regnerisch.

Ihr Mann fühlt sich in den Niederlanden nicht wohl. Die Tage sind kühl und verregnet – und die Nächte erst! Eiskalt. Mit drei Wolldecken hüllt der Literat sich ein. Noordwijk ist für sein Reizklima bekannt. Und Thomas Mann leidet schon unter dem politischen Reizklima dieser Tage: Er schläft schlecht, ist von chronischer Müdigkeit geplagt. Und dann sind da auch noch die laute Musik und die lärmenden Gäste, die seinen Mittagsschlaf auf der Terrasse stören. Was für eine Tristesse.

Endlich aber hat sich der Südweststurm etwas abgeschwächt. Die Sonne lässt sich blicken. Katia und ihr Mann, der weltberühmte Schriftsteller, können wieder einmal am Ufer flanieren. Kein Regen, kein Sturm halten sie auf. Der Anblick des rollenden Meeres beeindruckt beide nachhaltig.

Thomas Mann arbeitet viel in diesen Tagen, er bringt seinen Roman »Lotte in Weimar« voran, liest, diktiert. Katia Mann schreibt Briefe, korrespondiert mit ihren sechs Kindern, die über die halbe Welt verteilt sind. Mit ihren drei Söhnen und drei Töchtern kommuniziert sie in einer Sprache, die für Außenstehende kaum zu verstehen ist. Sie denken sich Kosenamen füreinander und die restlichen Familienmitglieder aus. Ironie, Spott und liebevolle Ermahnungen wechseln sich ab. Ihren Mann nennt Katia Mann manchmal ein »rehartiges Gebilde von großer Sänfte«.

Thomas Mann mag der intellektuelle Kopf der Familie sein, der entrückte Zauberer, aber Katia Mann hält alles zusammen. Sie hat für ihre Familie ihr Studium der Mathematik und Physik aufgeben, ordnet sich der Karriere des Ehemannes immer wieder unter, unterstützt ihn, so gut sie kann, sorgt dafür, dass er sich wohlfühlt und schreiben kann. Nun plant sie die Abreise. Bevor sie wieder zurück in die Vereinigten Staaten fahren, wohin sie vor den Nationalsozialisten geflohen sind, wollen sie noch die Schweiz und Schweden besuchen. Vor Sonnabend, so erfährt Katia Mann, sind aber keine Schlafwagenplätze mehr frei. Die Manns bleiben also noch ein paar Tage in Noordwijk und hoffen auf milde, sonnige Stunden.

Nachmittags trinken sie Tee im Café *Seinpost* und spazieren am Strand zurück zu ihrem Hotel. Ihre Gedanken kreisen immer wieder um Deutschland, die alte Heimat, die sie ausbürgerte, wo sie als Staatsfeinde gelten. Ihren gesamten Besitz haben die Behörden konfisziert, die Villa in München, zwei

Automobile und Bankkonten. Zum Glück hatte Thomas Mann die Hälfte des Nobelpreisgeldes in der Schweiz deponiert. Und Sohn Golo konnte noch 60 000 Mark in Deutschland vor der Beschlagnahmung retten, ein Drittel dessen, was die Eltern in der Schweiz besaßen. Als kritischer Konservativer, der die Nationalsozialisten nicht mochte, war Thomas Mann zum Regimegegner geworden. Katia Mann aber gilt laut NS-Rassenideologie als »Halbjüdin«. Die Ereignisse in Deutschland verursachen ihr schieren Ekel. Ihre jüdischen Eltern leben noch in München. Sie fürchten, von der Geheimen Staatspolizei abgeholt zu werden. Doch auch die internationalen Nachrichten bringen Katia um den Schlaf: In China führen die Japaner ein brutales Besatzungsregiment, in Europa bedrohen Deutsche und Italiener fremde Staaten. Vor allem aber Danzig macht Schlagzeilen, die Stadt, um die sich Deutschland und Polen so vehement streiten. Erst gerade hat Thomas Mann in einem Blatt gelesen, dass der »Anschluss« Danzigs ans Reich friedlich vor sich gehen werde. Den Literaturnobelpreisträger überzeugt das nicht: »Der Glaube an den Krieg wieder im Wachsen.«

Auch die Gedanken eines 22-jährigen Politikstudenten der Eliteuniversität Harvard kreisen am 1. August 1939 um Danzig. Gerade erst war er in der Freien Stadt zu Besuch gewesen, hat dort Eindrücke und Material für seine Abschlussarbeit gesammelt, in der er sich mit der Politik der westlichen Demokratien gegenüber dem nationalsozialistischen Deutschland beschäftigt. Danzig, so schreibt er besorgt an einen Freund, könnte der Auslöser für den nächsten Weltkrieg sein. John Fitzgerald Kennedy heißt der junge Mann. Sein Vater Joseph gilt als ein Freund des amerikanischen Präsidenten. Kennedy senior vertritt sein Land als Botschafter in London. Er ist sehr vermögend, einflussreich, hat zahlreiche Kontakte in die Spitzenpolitik und zu Wirtschaftsführern. Am liebsten würde er die Vereinigten Staaten aus allen europäischen Krisen heraushalten.

Sein zweitältester Sohn sieht das anders. Und fühlt sich durch die zahlreichen Gespräche, die er in diesen Tagen führt, bestätigt.

John F. Kennedy reist in diesem unruhigen Sommer durch Europa. Er nutzt die Kontakte seines Vaters, den bekannten Namen seiner Familie. Manchmal lebt er mehrere Wochen in den Residenzen von US-Botschaftern. Kennedy erfährt dabei weit mehr über die politische Lage als viele seiner Landsleute – und er weiß auch mehr als die meisten Deutschen.

Die Schlagzeilen der gleichgeschalteten Zeitungen in Berlin, Hamburg, München oder Wien klingen ganz anders als die der freien Presse in London, Paris und Washington. Die deutschen Journalisten berichten von Angriffen auf die deutsche Minderheit in Polen, von Aggressionen aus dem Nachbarland. Ihre Kollegen in Großbritannien, Frankreich und den Vereinigten Staaten schreiben über Hitlers Griff nach dem nächsten freien Land, über deutsche Provokationen und Einschüchterungsversuche.

Kennedy gewinnt seine Informationen lieber aus erster Hand. Seine Abschlussarbeit soll nicht nur auf Sekundärquellen beruhen. Sondern eindrücklich belegen, wie die Aufrüstung überall auf Hochtouren läuft und in diesem Sommer noch mal verschärft wird – genau wie der Tonfall zwischen den Regierungen.

Die Bürger Europas hingegen hoffen auf einen Sommer ohne weitere Eskalationen, in dem sie mit Familie und Freunden das gute Wetter genießen können. In Danzig messen die Meteorologen am 1. August den heißesten Tag des Jahres. An den Ostseestränden drängeln sich Tagesausflügler. In diesem Sommer läuft der Tourismus ausgezeichnet. Allein 5538 Badegäste zählt die Seebadanstalt Heubude an einem einzigen Tag. Manche Strände sind so voll, man könnte meinen, die ganze Stadt sucht Erholung von der angespannten Lage.

Keine Zeit für ein Sonnenbad oder gar einen ausgedehnten Urlaub hat hingegen Sir Neville Henderson. Der britische Botschafter in Berlin versucht, den Frieden zu erhalten. Und trotz der martialischen Sprüche manches Politikers bleibt er optimistisch. Er ist ein hagerer Mann, mit Schnauzbart und akkurat gescheiteltem Haar, mit der Haltung eines Aristokraten. An seinem Schreibtisch in der britischen Vertretung verfasst er Berichte an den Außenminister in London. Er rät zu weiteren Verhandlungen mit Hitler. Während viele Journalisten den Krieg herbeischreiben, versucht Henderson die Gemüter in der Heimat zu beruhigen. Die Lage scheint ihm zwar durchaus ernst zu sein, aber noch nicht unmittelbar gefährlich. »Wenn wir ihn richtig behandeln, so glaube ich, dass er allmählich friedlicher wird«, hatte er über Hitler noch im Februar an das Auswärtige Amt in London geschrieben. Aber was heißt »richtig behandeln« in diesen Sommertagen? Die europaweiten Gespräche, die den Frieden erhalten sollen, schleppen sich endlos dahin. Aber noch hat niemand den Krieg erklärt. Immerhin! Und so könnte es doch auch bleiben.

Die britische Botschaft befindet sich im alten Regierungszentrum der Deutschen Reichshauptstadt. Henderson residiert im *Palais Strousberg*, einem zweistöckigen, palastähnlichen Gebäude, mit vier korinthischen Säulen aus Sandstein vor dem eindrucksvollen Portal. Die Adresse lautet Wilhelmstraße 70–71. Der Reichstag, die Reichskanzlei und viele Ministerien liegen nur wenige Schritte entfernt. Doch Nähe zur Macht bedeutet das für den britischen Botschafter nicht zwangsläufig. Denn in den vergangenen Jahren hat Adolf Hitler in Deutschland neue Herrschaftsformen eingeführt. Wie ein mittelalterlicher Fürst reist er durchs Land, hält sich gern fern der Hauptstadt auf dem Obersalzberg bei Berchtesgaden auf oder in München, seiner selbstgewählten Heimatstadt. Wer etwas von ihm will, muss zum »Führer« kommen.

Henderson hat versucht, Hitler in dieser Krise hinterherzureisen. Vor wenigen Tagen machte er sich nach Bayreuth auf. Er hoffte, Hitler dort bei den Wagner-Festspielen zu treffen. Bei wuchtigen Opernklängen die Spannungen abzubauen, lautete sein Plan, den auch Winifred Wagner unterstützte, die Leiterin der Festspiele. Schließlich heißt es, dass die Musik Wagners den »Führer« geradezu verwandle, ihn ruhig, ausgeglichen, zufrieden mache. Genau die richtige Stimmung, um ihn von Aggressionen gegen Polen abzuhalten.

Hitler jedoch entzog sich dem Diplomaten einfach. Ausgeglichen zeigte er sich ebenfalls nicht. Schroff wies er den Vorschlag Winifred Wagners ab, sich mit Henderson zu treffen. Der Botschafter sah Hitler im Festspielhaus nur aus großer Entfernung. Immerhin verlief die Reise nach Bayern für ihn nicht nur enttäuschend: Die Vorstellung der »Walküre« gefiel Henderson sehr.

In der zweiten Oper des Rings des Nibelungen klagt Wotan, Hauptgott der germanischen Mythologie, über eine misslungene Intrige: »In eigner Fessel fing ich mich, ich Unfreiester aller!« Würde es Hitler bei seinem riskanten Spiel um Danzig ähnlich ergehen? Henderson wird es gehofft haben.

Von der Kriegstreiberei und dem verbalen Aufrüsten dieser Tage hält auch Birger Dahlerus nichts. Der Industrielle aus Schweden greift wie so oft in den vergangenen Wochen zum Telefon und ruft alte Freunde in London an. Zu seinen Geschäften, er vertreibt Motoren, kommt er gerade kaum. Er bereitet von Stockholm aus eine Mission vor, von der die Öffentlichkeit nichts erfahren darf. Strengste Geheimhaltung wurde ihm auferlegt. Schließlich soll er einflussreiche Engländer mit einer deutschen NS-Größe zusammenbringen.

Eigentlich qualifiziert Dahlerus nichts für diese heikle Aufgabe, außer dass er viele bedeutende Menschen kennt und selber keine Interessen in dieser Sache verfolgt. Und er ist mit beiden Ländern vertraut. Genügend Geld, sich als Privatdiplomat zu betätigen, hat Dahlerus auch. So reist er durch Europa, telefoniert, telegrafiert und trifft sich mit Bekannten, um dem Frieden eine Chance zu geben. Hermann Göring hat Dahlerus' Plan zugestimmt. Er will sich mit einigen Briten austauschen, die sein schwedischer Vertrauter ausgewählt hat. Dahlerus möge die Zusammenkunft möglichst bald organisieren.

Göring macht Außenpolitik – an Außenminister Ribbentrop vorbei. Nicht zum ersten Mal, beide sind Kontrahenten um die Gunst ihres »Führers« und bekämpfen sich ständig. Bislang liefen die Verhandlungen mit Polen vor allem über Göring. Und nach Großbritannien streckt er schon länger seine Fühler aus. In diesem Sommer hat er bereits einen Ministerialdirektor aus seiner Vierjahresplanbehörde, die an der »Kriegsfähigkeit« der deutschen Wirtschaft arbeitet, nach London zu hochrangigen Gesprächspartnern geschickt. Trotz der offiziellen Ziele seiner Behörde will er den Frieden erhalten. Ganz genau weiß er, dass Militär und Diplomaten auch keinen großen Konflikt wollen. Bei Hitler hat er schon versucht, den Kriegskurs zu bremsen, ganz vorsichtig. Denn sich dem Reichskanzler und Oberbefehlshaber offen in den Weg zu stellen, das wagt auch Hermann Göring nicht.

Deswegen setzt er auf die Geheimdiplomatie von Vertrauten wie Dahlerus. Lange hat der Unternehmer nach einem geeigneten Ort für das Treffen zwischen Deutschen und Briten gesucht. In Schweden fand er eine abgelegene Burg, die einem verschwiegenen Freund gehört. Görings Wunsch nach einer Garantie, dass sein Treffen mit den Briten auch geheim bleibe, konnte Dahlerus aber nicht erfüllen. Zu viele Menschen würden davon erfahren, Diener, Chauffeure und unzählige weitere Personen. Aufgeben will der schwedische Geschäftsmann aber nicht so einfach. Eine Alternative könnte ein Treffen ganz im Norden des »Großdeutschen Reiches« sein. In der Nähe der dänischen Grenze besitzt Dahlerus' Frau ein Anwesen, ganz abgelegen am Meer. Sollte er die kleine Konferenz dorthin verlegen, wäre es Sache der deutschen Regierung, für die nötige Diskretion zu sorgen. Göring stimmt zu: In Nordfriesland stehen die Medien wie überall im Reich unter strikter Kontrolle, ein Gespräch mit einigen Gästen aus London könnte geheim gehalten werden. Aber ob die Briten da mitmachen?

Dahlerus weiß, wie empört die Engländer über Adolf Hitlers ständige Drohgebärden sind. Die wiederholten Vertragsbrüche, vor allem aber die Übergriffe auf Nachbarstaaten will eine Mehrzahl der Briten nicht mehr dulden. Diese Meinung vertritt der »man on the street« ebenso wie mehrere Minister. Im Frühjahr haben die Engländer wegen der deutschen Aggression die Wehrpflicht eingeführt. Um seine Freunde trotz der aufgeheizten Stimmung nach Deutschland zu locken, schlägt Dahlerus ihnen vor, einen schwedischen Hof mit schwedischen Wirten zu besuchen, der auf deutschem Boden liegt.

Auch unter deutschen Diplomaten gibt es viele, die für den Frieden kämpfen. Ernst von Weizsäcker, der zweitmächtigste Mann im Außenministerium, ist einer von ihnen. Er hält einen großen Krieg gegen die Westmächte für eine Katastrophe. Deutschland könne der Konflikt nur fatal schaden. Seit März 1938 dient er als Staatssekretär im Auswärtigen Amt, vorher hatte er zahlreiche Spitzenämter inne, war Referats- sowie Abteilungsleiter und Gesandter.

Den neuen Posten wollte er zunächst gar nicht antreten. Ihm sei eigentlich nicht mehr nach Karriere, hatte er damals seiner Mutter geschrieben. Da er Außenminister Joachim von Ribbentrop für steuerbar hielt, sagte er schließlich zu, obwohl er in die NSDAP und die SS eintreten musste, um Staatssekretär werden zu können. Vermutlich hat das Angebot aber auch seine Eitelkeit befriedigt – zugetraut hat er sich den Posten sofort.

»Kann man da eigentlich mitmachen?«, hatte er 1933 an einen Freund geschrieben, nachdem Hitler zum Kanzler ernannt worden war. Dessen aggressive Außenpolitik schreckt Weizsäcker nicht generell ab. Den Versailler Friedensvertrag von 1919 lehnt er ab, und er hoffte durchaus, dass Adolf Hitler dessen Revision bewirken würde. So dachten viele Konservative im Reich – auch im Auswärtigen Amt. Krieg jedoch will Weizsäcker dafür aber nicht riskieren.

Er fürchtet, dass ein weiterer großer Konflikt, den Deutschland verlöre, den Bestand des Reiches gefährden könnte. Um das zu verhindern, hat Weizsäcker vorsichtig einen Kreis Gleichgesinnter um sich gebildet, die heimlich einen Anti-Kriegskurs verfolgen. Er und seine Mitstreiter entwerfen einen ausgeklügelten Plan. Ihr Minister darf davon nichts mitbekommen. Sie setzen auf eine alternative Außenpolitik, die den offiziellen Plänen des Regimes entgegenläuft.

Der Weizsäcker-Kreis will Briten und Franzosen dazu bringen, Hitler unmissverständlich klarzumachen, dass ein Übergriff auf Polen den Weltkrieg bedeutet. Beim Einmarsch in Österreich und bei der Annexion des Sudetenlands im vergangenen Jahr hatte internationale Gegenwehr gefehlt, um die Nationalsozialisten zu beeindrucken. Bei der Besetzung von »Böhmen und Mähren« hatte Hitler die Warnungen aus London und Paris nicht ernst genommen. Diesmal muss das anders laufen, findet der Staatssekretär im Auswärtigen Amt, und er will konkret darauf hinwirken.

Weizsäcker gehört nicht direkt zur Opposition gegen Hitler, die sich im Militär, im Auswärtigen Amt und anderen Ministerien gebildet hat. Aber er ist mit vielen Gegnern des Regimes vernetzt. Und er hatte einen großen Anteil daran, dass im Vorjahr die Krise um die Tschechoslowakei nicht in einen Krieg mündete. Schon damals arbeitete er gegen Hitlers riskante Außenpolitik. Und er steht in Kontakt mit einflussreichen Offizieren wie Franz Halder, Generalstabschef des Heeres. »Man muss dem Mann mit einer Axt auf den Kopf hauen«, hatte Halder im Frühjahr noch über Adolf Hitler im Gespräch mit Neville Henderson gesagt. Halder und andere Offiziere unterstützen Weizsäcker dabei, Briten und Franzosen dazu zu bringen, den Nationalsozialisten unmissverständlich klar zu machen, dass der Angriff auf Polen zum Krieg führt.

Einige von Weizsäckers Mitstreitern im Auswärtigen Amt halten Kontakt zu Männern, die Hitler am liebsten mit Gewalt stürzen wollen. Einer von ihnen tauscht sich etwa regelmäßig mit Hans Oster von der Abwehr der Wehrmacht aus. Er hatte im vergangenen Jahr bereits mit einigen Vertrauten einen Umsturz geplant. Weil sie einen Krieg verhindern wollten und Hitlers Griff nach dem Sudetenland für Wahnsinn hielten. Doch die Westmächte gaben damals den Nationalsozialisten nach. Hitlers radikal riskante Außenpolitik hatte funktioniert. Die Verschwörer sagten den Staatsstreich ab.

Weizsäcker arbeitet im Stillen darauf hin, Hitlers Perspektive auf die polnische Frage zu verändern. Dieser meint noch immer, Briten und Franzosen seien nicht bereit, für Danzig zu sterben. Und sein Außenminister bestärkt ihn in diesem Glauben. Daher versorgen Vertraute Weizsäckers in England die Vertreter des britischen Außenministeriums mit Informationen. Der Weizsäcker-Kreis versucht, die Briten dazu zu bringen, eine eindeutige, klare Warnung an Hitler auszusprechen, um diesen von einem Angriff auf Polen abzuhalten.

Auch diese Initiative geht an Ribbentrop vorbei. Der Außenminister hofft immer noch, England dazu zu bringen, sich nicht in den Polen-Konflikt einzumischen. Er hat mit den Briten ein Flottenabkommen ausgehandelt und so diplomatische Spannungen abgebaut. Damals, im Sommer 1935, gewann er das Vertrauen Hitlers. Ribbentrop ist seit Mai 1932 Mitglied in der NSDAP. Ein Jahr später trat er in die SS ein. Mittlerweile ist er Obergruppenführer der Schutzstaffel und ein Duzfreund von SS-Chef Heinrich Himmler. In der NSDAP verfügt Ribbentrop über keine Machtbasis, die Zahl seiner Gegner und Neider ist deutlich höher als die seiner Freunde. Daher Ribbentrops enge Bindung an Himmler, einen der mächtigsten Männer im »Dritten Reich«. Zahlreiche SS-Männer sind in das Auswärtige Amt eingezogen.

Ribbentrops Außenpolitik wirkt oft dilettantisch. Er hat keinerlei diplomatische Ausbildung genossen. Er und seine Frau Anneliese sind reich, waren vor Hitlers Einzug ins Kanzleramt politisch extrem konservativ. Gäste ihrer Cocktailpartys warnten sie vor der »Bolschewistenpest«, der Ausbreitung des Kommunismus. Als die Weltwirtschaftskrise immer schlimmer wurde, wandten sie sich dem Nationalsozialismus zu. In ihrer Villa planten Hitler und Konservative im Januar 1933 die Machtübernahme. Ribbentrop half seinem »Führer« dabei, Kanzler zu werden. Aus Dankbarkeit setzte Hitler den Sekthändler für diplomatische Missionen ein.

Als Sondergesandter in London hat er einst beißenden Spott auf sich gezogen. Er begrüßte König Eduard VII. mit dem ausgestreckten rechten Arm, dem »deutschen Gruß«. Ein echter Fauxpas in der Welt der Diplomatie, in der ein festgeschriebenes Protokoll den Umgang auf dem diplomatischen Parkett regelt. Nicht nur wegen des Verstoßes gegen die Etikette scheiterte Ribbentrop auf ganzer Linie dabei, einen Sonderauftrag seines »Führers« umzusetzen: die Annäherung an die Briten. Hitler strebte lange ein Bündnis mit England an. Dafür war er bereit, auf vieles zu verzichten: auf Seemacht und Kolonien; er verbot sogar der Abwehr jahrelang, in Großbritannien zu spionieren.

Ein Militärbündnis mit Großbritannien schloss Deutschland nicht. Das Gehabe Ribbentrops, von 1936 bis 1938 Botschafter in London, beunruhigte die Briten. Die britische Regierung war dennoch bemüht, es nicht zum Krieg mit Hitler kommen zu lassen. Sie betrieb eine Politik des Appeasements, der Beschwichtigung, gegenüber dem NS-Regime. Seit dem März 1936 brachten die Briten viel Geduld mit dem deutschen

Machthaber auf. Damals ließ Hitler das neutrale Rheinland besetzen – ein klarer Verstoß gegen den Versailler Vertrag. Er fürchtete ein Eingreifen der Westmächte. Aber England und Frankreich beließen es bei diplomatischem Protest. Daraufhin griff Hitler nach Österreich und nach dem Sudetenland und löste fast einen Krieg in Europa aus.

Auf der Münchner Konferenz, mit der die Sudetenkrise beigelegt wurde, gewann Hitler das Sudetenland und damit drei Millionen Bürger, die Verteidigungsanlagen der tschechoslowakischen Armee und die besten Rüstungsbetriebe dazu. Vor allem die Skoda-Werke gehören zu den modernsten Waffenschmieden Europas und produzieren nun für die Wehrmacht.

In der Sudetenkrise hatte Hitler gezeigt, worum es ihm eigentlich ging. In den Jahren davor hatte er in öffentlichen Reden stets den deutschen Willen beteuert, den Frieden zu erhalten. Im Laufe des Jahres 1939 allerdings drohte er mehrfach mit Krieg. Noch schlechter kam im Ausland allerdings an, dass er wichtige Versprechen nicht einhielt. Nach der Besetzung des Sudetenlandes annektierte er auch die Tschechoslowakei, obwohl es dort keine nennenswerte deutsche Minderheit gab. Damit zerstörte Hitler sämtliche Illusionen, dass er lediglich die Auslandsdeutschen in den Nachbarländern zurück in sein Reich holen wollte. Das Versprechen an Chamberlain im vergangenen Sommer, das Sudetenland sei seine letzte territoriale Forderung, entpuppte sich endgültig als Lüge.

Das Verhältnis zu Großbritannien verschlechtert sich seit diesem März immer weiter. Das Flottenabkommen hat Hitler im April gekündigt. England scheint nun nicht mehr bereit zu sein, weitere Zugeständnisse an Deutschland zu machen. Auch nicht im Konflikt mit Polen.

Hitler überlegt, wie er die Westmächte aus einem Konflikt heraushalten kann. Einen Mehrfrontenkrieg will er unbedingt verhindern. Er war als Soldat im Ersten Weltkrieg, hat die Grabenkämpfe mitgemacht, erlebt, wie Kameraden starben, wie sich die deutschen Truppen an zu vielen Kriegsschauplätzen aufrieben. Er selbst wurde verwundet, erhielt einen Schuss in den Oberschenkel und war nach Kontakt mit Giftgas vorübergehend blind. Ein kleiner Krieg gegen Polen, das wäre keine allzu schwere Aufgabe für seine hochgerüstete Wehrmacht. Aber gleichzeitig gegen Frankreich und Großbritannien samt Commonwealth zu kämpfen, das kommt zu früh. Wenn Hitler eines nicht will, dann ist es der Ausbruch eines neuen Weltkriegs. Zumindest nicht in diesem Sommer. Sein Zeitplan sieht einen Krieg mit England und Frankreich erst in vier, fünf Jahren vor.

Ein militärischer Erfolg gegenüber Polen sei nur zu erwarten, wenn die Westmächte aus dem Spiel blieben, sagte Hitler im Mai vor den Spitzen der Wehrmacht. Er erklärte seinen Generälen auch, dass Danzig in diesem schwelenden Konflikt nicht das Objekt sei, um das es gehe. Polen ist dazu nur der erste Schritt, danach will Adolf Hitler die Ukraine, das Baltikum und auch Russland ins Visier nehmen. Seine Regierung muss die Engländer davon überzeugen, ihm Polen zu überlassen. Wenigstens das sollte Ribbentrop doch gelingen.

Zu den dramatischen Tagen passt die Musik, die Adolf Hitler am liebsten hört, etwa »Der Ritt der Walküren«:
»Fort denn eile, nach Osten gewandt!
Mutigen Trotzes ertrag alle Müh'n,
Hunger und Durst, Dorn und Gestein;
lache, ob Not, ob Leiden dich nagt!«
Hitler besucht seit Ende Juli die Wagner-Festspiele. Bayreuth! An diesem Ort fühlt Adolf Hitler sich stets wohl. Acht Tage im Jahr verbringt er hier. Gestern hat er den »Siegfried« im Festspielhaus genossen, die dritte Oper des vierteiligen »Rings des Nibelungen«, dessen Abschluss die »Götterdämmerung« bildet. Ein passender Titel für eine Zeit, in der Adolf Hitler ein Vabanquespiel betreibt.

Er scheint in diesen Tagen selbst für Vertraute wie Hermann Göring, den Chef der Luftwaffe und Generalfeldmarschall, damit einen der höchsten Militärs im Lande, schwer berechenbar zu sein. Göring, der auch Ministerpräsident von Preußen, Parlamentspräsident des Reichstags und Beauftragter für den Vierjahresplan ist, gehört zu den wenigen, die Hitlers geheime Denkschrift über Deutschlands politische und wirtschaftliche Situation und die Unvermeidlichkeit des Krieges lesen durften, die er im August 1936 fertiggestellt hat. »Wenn es uns nicht gelingt, in kürzester Frist die deutsche Wehrmacht in der Ausbildung, in der Aufstellung der Formationen, in der Ausrüstung und vor allem auch in der geistigen Erziehung zur ersten Armee der Welt zu machen, wird Deutschland verloren sein«, schrieb Hitler vor drei Jahren. Er forderte: »Die deutsche Armee muss in vier Jahren einsatzfähig sein.« Und im November 1937 erklärte Hitler vor den Befehlshabern der Wehrmacht, dass er spätestens 1943 bis 1945 die deutsche Raumfrage lösen wolle. Demnach blieben den Generälen wie Göring noch ein paar Jahre Zeit, die Truppe einsatzfähig zu machen.

Heute, am 1. August, steht eintönige Regierungsarbeit für den »Führer« von fast 80 Millionen Reichsdeutschen an. In Bayreuth unterschreibt er einen Erlass für die Versorgung von ehemaligen SS-Angehörigen und von Hinterbliebenen verstorbener Mitglieder der Schutzstaffel.

Längst kämpft die SS, Hitlers Elitetruppe, nicht mehr nur in Deutschland – die Feinde von früher sind besiegt. Die Anführer der Sozialdemokraten sind ins Ausland geflohen, ebenso die der Kommunisten und der Gewerkschaften, viele Konservative haben sich in eine innere Emigration zurückgezogen, linke Schriftsteller und Journalisten sind verstummt oder leben im Exil weit weg von ihren früheren Lesern. Wer es nicht rechtzeitig aus Deutschland herausgeschafft hat, den sperrten die Nationalsozialisten in die Konzentrationslager oder stellten sie unter Aufsicht der Geheimen Staatspolizei, der Gestapo. Längst bereitet sich die SS auf neue Aufgaben vor, auf Sondermissionen im Ausland. Für Operationen in Osteuropa plant die Schutzstaffel bereits besondere Einsatzgruppen.

Adolf Hitler will die deutsche Minderheit in Polen in sein Reich eingliedern und Danzig zurückholen. Schon kurz nach seinem Amtsantritt im Februar 1933 hatte er vor Generälen von der »Eroberung des Lebensraumes im Osten und dessen rücksichtsloser Germanisierung« gesprochen. Hitler träumt von deutschen Kolonien im Osten. Dafür braucht er die SS.

Wenigstens steht heute noch ein angenehmer Termin in Hitlers Kalender: Künstlerempfang in der *Villa Wahnfried*, dem Haus des mit Hitler eng befreundeten Wagner-Clans.

In Moskau denkt Stalin, der mächtigste Mann der Sowjetunion, in diesen Tagen häufig darüber nach, was dieser Hitler wohl vorhat. Stalin ist sein Kampfname, den er sich während der Revolution zugelegt hat. Im Russischen bedeutet er »der Stählerne«. Für seine Familie hat Stalin noch weniger Zeit als sonst. Seine Tochter, Swetlana Iossifowna Stalina, leidet. Sie verbringt in diesem Jahr keinen unbeschwerten Sommer wie so viele ihrer Schulkameraden. Die Fünfzehnjährige verliert einen der letzten Menschen in ihrem Umfeld, dem sie wirklich vertraut: ihr Kindermädchen Alexandra Andreevna. Diese war zur Zarenzeit mit einem Mitarbeiter der Polizei verheiratet, einem Diener des Unterdrückungssystems, wie die Bolschewiken es sehen. Das hat der Geheimdienst NKWD herausgefunden. Er bezeichnet die Frau als nicht vertrauenswürdig. Vergeblich hat Swetlana, die schon vor fast sieben Jahren ihre Mutter Nadja durch Selbstmord und mehrere geliebte Verwandte durch den von Stalin entfesselten Staatsterror verlor, ihren Vater gedrängt, ihr das Kindermädchen zu lassen. Doch der kann keine Tränen leiden, erst recht nicht bei seiner Tochter. Er zeigt keine Gnade, kein Entgegenkommen. Die Kinderfrau verschwindet aus Swetlanas Leben.

Von seinen Kindern verlangt Stalin, der allmächtige Generalsekretär der Kommunistischen Partei, viel. Den Lehrern der Schule 25 in Moskau teilte er mit, sie sollen vergessen, wer der Vater seines Sohnes Wasili sei, und ihn genauso behandeln wie die anderen Jungen. Vor allem aber sollen sie nicht mit Prügel sparen. Auch Swetlana darf von niemandem eine Sonderbehandlung erwarten.

Im Gegensatz zu ihrem Bruder ist sie allerdings gut und fleißig in der Schule. Im Klassenzimmer fühlt sich Swetlana oft wohler als hinter den dicken Mauern des Kremls. Stalins Tochter wächst in einer Welt voller Intrigen, Denunziationen und Spionage auf. Ihren Leibwächter, der sie überallhin begleitet, zur Schule, zu Freunden, in den Sommerurlaub, erwischt sie einmal dabei, wie er ihr Tagebuch durchblättert und den Ranzen durchsucht. Niemand im Umfeld von Stalin soll Geheimnisse haben. Auch seine Tochter nicht.

Zurück in der *Villa Wahnfried*. Hitler spricht im Großen Saal mit Sängern, Musikern und den Männern aus seinem Gefolge. Er liebt lange Gespräche bis tief in die Nacht. Die Zeit nach dem Abendessen, da lebt Hitler auf. Auch in großen Gesellschaften kann er charmant die Unterhaltung an sich reißen, Anekdoten erzählen, Leute imitieren.

Der Konflikt mit Polen beschäftigt auf dem Empfang viele Gäste. Ein Gerücht verbreitet sich im Saal. Die Autobahntankstellen dürfen nur noch fünf Liter Benzin an Privatpersonen ausgeben. Wird der Rest etwa für die Wehrmacht gebraucht? Irgendwann fragt jemand Hitler danach: Wird das Benzin rationiert? Hitler beschwichtigt, die Treibstofftanks würden gerade auf synthetisches Benzin umgestellt, in einigen Wochen sei die Beschränkung wieder vorbei.

Die Sängerin Marta Fuchs traut sich und spricht Hitler in einer großen Runde direkt auf die Krise mit Polen an. In ihrem breiten schwäbischen Dialekt sagt sie: »Gell, mein Führer, Sie machen keinen Krieg?« Fuchs kann sich solche Dreistigkeit herausnehmen. Sie ist seit Jahren der Star der Bayreuther Spiele. Sie hat als Isolde, Kundry und vor allem als Brünnhilde das Publikum und die Kritiker begeistert. Hitler lächelt sie milde an und beteuert: »Verlassen Sie sich darauf, Frau Fuchs, es gibt keinen Krieg.«

2. August 1939, Mittwoch

Das verdanken wir dem Führer: 142 Geköpfte. 14 000 sonstige Ermordete. Über 1 Million Kerkerjahre, verhängt über 340 000 Verurteilte. Fast ½ Million lernten die KZ kennen.

Das andere Deutschland, Exilzeitung aus Argentinien

Gefängnis statt Brot
Schwere Misshandlungen Deutscher in Polen.

Baruther Anzeiger, Heimatanzeiger aus Brandenburg

Albert Einstein greift in seinem Ferienhaus in Nassau Point auf Long Island, Bundesstaat New York, zu einem Stift. Er unterzeichnet einen Brief an US-Präsident Franklin D. Roosevelt. Das Schreiben haben namhafte amerikanische Physiker verfasst und Einstein, den berühmtesten Naturwissenschaftler seiner Zeit, als Unterstützer für ihre politische Kampagne gewonnen.

Einer der Initiatoren, Leo Szilárd, Professor an der Columbia-Universität, kennt Einstein seit Langem, in den zwanziger Jahren habe beide zusammen einen Kühlschrank entwickelt. Seit Jahren hat sich Szilárd der Kernforschung verschrieben, mit Uranoxid experimentiert. Er entdeckte 1933 die nukleare Kettenreaktion und weiß, dass deutsche Physiker ebenfalls zu radioaktiven Elementen forschen. Vor einem halben Jahr, Ende 1938, haben Otto Hahn und Fritz Strassmann in Berlin das Verfahren der Kernspaltung entdeckt. In ihrem Brief warnen Einstein und seine Mitstreiter vor einer möglichen Aufrüstung

Deutschlands mit einer mörderischen neuen Massenvernichtungswaffe.

Einstein traut den Deutschen fast alles zu. Sie haben ihn ausgebürgert, seine Bücher öffentlich verbrannt, ihn verfolgt. Er verließ noch vor der Machtübernahme der Nationalsozialisten das geliebte Berlin.

Und die Deutschen beobachten seitdem, was Albert Einstein so treibt. Alle Auslandsmissionen behalten rund um den Globus im Blick, was die Gegner der nationalsozialistischen Regierung unternehmen. Die Diplomaten sammeln Äußerungen und melden alles an die Zentrale in Berlin. Ihr Auftrag lautet: »sämtliche Tätigkeit der sozialdemokratischen und kommunistischen Flüchtlinge zu beobachten und umgehend zu berichten«. Es geht um die »wirksame Bekämpfung aller gegen den Bestand und die Sicherheit des Staates gerichteten Angriffe«. Einstein war in Berlin Anhänger der SPD. Und er ist Jude, allein das macht ihn zum Gegner der Nationalsozialisten.

Die Angst Einsteins und einiger seiner Kollegen in den Vereinigten Staaten vor der Aufrüstung in Deutschland ist nicht unbegründet. Ihr österreichischer Kollege Paul Harteck, der in Hamburg forscht und lehrt, hat bereits im Frühjahr 1939 die Wehrmacht auf die »neuste Entwicklung in der Nuklearphysik« aufmerksam gemacht. Mit der Kernspaltung sei es wahrscheinlich möglich, »Waffen von viel größerer Stärke hervorzubringen als die konventionellen«. Und Harteck ist sich sicher: »Das Land, das zuerst Gebrauch davon macht, ist den anderen Ländern gegenüber unübertrefflich im Vorteil.«

In Einsteins alter Heimat gedenkt man heute des Ausbruchs des Großen Krieges. Generaloberst Walther von Brauchitsch, Oberbefehlshaber des Heeres, wendet sich in einem Tagesbefehl an seine Männer. »Soldaten! Heute vor 25 Jahren zog das deutsche Heer in den Krieg. Niemals hat ein Heer tapferer gekämpft, mehr Opfer gebracht und größere Siege errungen als die deutsche Armee von 1914 bis 1918. Wieder versuchen die gleichen Kräfte, die uns damals zum Verteidigungskampf gezwungen haben, Deutschland einzukreisen. Wir wollen Frieden!« Zumindest wollen die Generäle nicht gegen England, Frankreich und Polen gleichzeitig ins Gefecht ziehen. Sie fürchten einen Kampf an zwei Fronten.

Über den Krieg, den alten, der so viel Leid bewirkte, und einen möglicherweise künftigen Konflikt, der erneut Hunger, Tod und Elend bringen könnte, denken an diesem Tag viele Deutsche nach. Überall im Land finden Gedenkfeiern zum Beginn des Ersten Weltkriegs statt. Die Nationalsozialisten haben den 2. August zum »Tag der Wehrmacht« erklärt. Deren Verklärung ist staatlich organisiert: Aufmärsche, Militärmusik, Ansprachen im Fackelschein.

Aber selbst mancher Veteran in der Armee fürchtet den nächsten Waffengang. Gerade die älteren Jahrgänge, die zwischen 1914 und 1918 an der Westfront oder im Osten das Massensterben überlebt haben, schätzen den Frieden sehr. Bislang hat es der »Führer« geschafft, ohne Blut zu vergießen, das Reich zu vergrößern. Wird es dabei bleiben?

In Bayreuth gönnt Adolf Hitler sich noch immer eine Auszeit von der außenpolitischen Krise und nimmt sich Zeit für private Treffen. Auf einen Termin mit ihm haben sich besonders zwei britische Ladys schon lange gefreut. Unity und Diana Mitford besuchen die Wagner-Festspiele in Bayreuth als persönliche Gäste des »Führers«. Und sie speisen mehrfach mit ihm. Endlich haben sie Hitler, den beide sehr verehren, einmal länger für sich.

Die Mitford-Schwestern sehen gut aus, gelten bei den Nationalsozialisten als nordische Schönheiten. Unity, gut 1,80 Meter groß, hat leuchtend blaue Augen und glatte Haut, ihr Haar leuchtet golden. Allerdings neigt sie dazu, sich stark zu schminken, was im nationalsozialistischen Deutschland nicht dem Frauenideal entspricht. Hitler sieht über den knallroten Lippenstift und das Rouge hinweg. Sein Auslandspressechef aber hat die Mitfords einmal gezwungen, sich mit seinem Taschentuch die Farbe aus dem Gesicht zu wischen. Sie hatten einfach zu viel Unmut bei Hitlers ungeschminkten Anhängerinnen erregt.

Diana ist die Frau von Sir Oswald Mosley, dem Anführer der britischen Faschisten. Sie haben in Berlin geheiratet, in den Privaträumen des Propagandaministers. Ihre Schwester Unity, Hitler und Joseph Goebbels waren bei der Zeremonie dabei. Und Unity gehört seit Jahren zu Hitlers engerem Zirkel. Beide haben sich mehr als hundertmal getroffen, er lädt sie zu den Parteitagen nach Nürnberg ein oder zum Teetrinken in seine Münchner Privatwohnung. Die SS-Leibstandarte des »Führers« nennt sie heimlich »Lady Mitfahrt«, weil sie ständig in einem Wagen mit Hitler sitzt – oder hineinwill.

Manch ein Mitglied von Hitlers Entourage wundert sich darüber, dass eine Britin so einen engen Zugang zur Staatsspitze erhält. Einer von seinen Adjutanten notiert sogar in seinem Tagebuch: »Uns Soldaten ist nicht klar, welche Rolle die Lady M. spielt. Ist sie eine Spionin, eine Angeberin oder wirklich die fanatische Führeranhängerin, als welche sie sich immer ausgibt? Eins ist klar, sie verfügt über ein ausgezeichnetes Nachrichtennetz. Sie weiß immer, wo F. ist.« F. steht für »Führer«.

Hitler bekommt von ihr Informationen über Ereignisse in England, wissen Vertraute. Schließlich ist Unity die Cousine von Winston Churchills Frau, ihr Vater, ein Lord, sitzt im Oberhaus, und Verwandte dienen beim Militär. Was sie über Churchill sagt, freut Hitler. Für Unity ist der Konservative verbohrt und ignorant, er missversteht die Deutschen und den »Führer«. Churchill stammt aus dem altehrwürdigen Haus der Herzöge von Malborough. Er prägt seit Jahrzehnten die englische Politik, die *Neue Basler Zeitung* bezeichnete ihn vor drei Jahren als einen der »größten Politiker des 20. Jahrhunderts«.

Mit Briten wie diesem Churchill, der nicht mit Deutschland gegen die Bolschewiken kämpfen will, kann Hitler wenig anfangen. Er hat Churchill in einer Rede zum Jahresbeginn als »Kriegsapostel« bezeichnet, Und auch die gleichgeschaltete deutsche Presse schimpft ihn »Kriegshetzer«, »Scharfmacher« und »Deutschenhasser«. Mit Adeligen und Konservativen, die aus Angst vor dem Bolschewismus mit dem Faschismus sympathisieren, versteht sich Hitler schon viel besser. Auch deswegen nimmt sich der »Führer« so viel Zeit für Lady Mitford. Sie dankt es ihm mit Angaben über die Zahl der Flugabwehrgeschütze in England und Einblicken in die Gedanken der adeligen Upper Class.

Unitys Augen strahlen, sie lächelt breit, wenn sie auf den »Führer« trifft. Und auch er zeigt sich von seiner charmantesten Seite und macht allerlei Witze, wenn sie in seiner Nähe ist.

Während der Festspiele gibt sich Hitler besorgt um die Damen aus England. Er empfiehlt ihnen, Deutschland bald zu verlassen und in ihre Heimat zurückzukehren. Der Konflikt zwischen beiden Ländern könnte sich zuspitzen. Diana plant daraufhin ihre baldige Abreise, sie ist schwanger. Unity aber will in München bleiben. Dort hat sie eine Wohnung in der Agnesstraße 26, die Münchens Gauleiter ihr auf Befehl des »Führers« besorgt hat. Vorher lebte eine jüdische Familie darin. Mitford erzählt, dass die früheren Bewohner freiwillig ins Ausland gegangen seien. Ein Bild von Adolf Hitler steht auf ihrem Nachttisch.

Heute Abend will Unity Mitford, bevor sie Bayreuth verlässt, noch einmal Wagner hören. Die »Götterdämmerung« steht auf dem Spielplan. Unitys zweiter Vorname lautet übrigens Valkyrie – »Walküre«.

Sophie Scholl, 18 Jahre alt, wollte eigentlich in diesem Sommer nach Jugoslawien fahren, gemeinsam mit ihrem Freund

Fritz Hartnagel. Doch ein Reiseverbot für Jugendliche und eine Devisensperre machten diese Pläne zunichte. Der Jugend werde »in dieser kritischen Zeit keine Ausreiseerlaubnis mehr gegeben«, schreibt sie leicht ironisch an ihren Fritz, der in einer Nachrichtenkompanie der Wehrmacht dient.

Also brechen beide nach Norden auf, erst an die Ostsee, nach Heiligenhafen, dann an die Nordsee und schließlich nach Worpswede, einer kleinen Künstlerkolonie in der Nähe von Bremen. Sie fahren mit Fischerbooten, baden und genießen diesen Sommer, trotz aller Verbote um sie herum. Von den Nationalsozialisten lassen sie sich nicht ihr Leben vermiesen – zumindest nicht an den wenigen Urlaubstagen, die sie gemeinsam verbringen können.

In der deutschen Hauptstadt beginnt heute ein ehrgeiziges Städtebauprojekt. Der Reichsorganisationsleiter der NSDAP, Robert Ley, legt den Grundstein für das neue Wohnviertel Charlottenburg-Nord. 11 500 Wohnungen für 40 000 Menschen sollen hier entstehen. Adolf Hitlers Macht basiert auf Gewalt und auf Geschenken, auf Propaganda und Patronage. Günstige Wohnungen sollen die Menschen für ihn begeistern. Bislang haben die Nationalsozialisten in Berlin viel weniger Wohnhäuser gebaut als ihre Vorgängerregierung. Stattdessen errichteten Arbeiter die neue Reichskanzlei für Hitler und zahlreiche Prachtbauten für Parteigrößen. Da der in Deutschland produzierte Stahl vor allem an die Rüstungsbetriebe geht, bleibt für den Wohnungsbau zu wenig Material übrig.

Für den Stahlmangel interessiert sich William Shirer, Deutschland-Korrespondent des amerikanischen Radiosenders *CBS News*, brennend. Selbst in seinem Urlaub in Genf hat er dazu recherchiert. Ein deutscher Ingenieur, den er in der Schweiz traf, hat ihm über die Metallvorräte Deutschlands berichtet. Vielleicht kann Shirer diese Information in einer seiner Radiosendungen in den nächsten Wochen unterbringen, die er aus Berlin über den Atlantik nach Hause sendet. Der Stahlmangel spricht dafür, dass Deutschland sich auf einen Krieg vorbereitet, viele Kanonenrohre gießen und Panzerplatten hämmern lässt. Es könnte aber auch heißen, dass Deutschland noch nicht bereit ist für einen großen Konflikt, weil Rohstoffe fehlen. Im Umland von Berlin rufen die Nationalsozialisten gerade zur »Schrottschlacht« auf: Altes Werkzeug, Gewichte, kaputte Vorhängeschlösser, metallene Gartentore, Gitter, selbst Schrauben und Nägel – alles soll eingesammelt werden, »aus wirtschafts- und wehrpolitischen Gründen«. Die »Einkreiser« Deutschlands sollen gar nicht erst auf eine Materialschwäche des Reichs hoffen.

Sicher ist, dass bei manchem Berliner Unmut über die Bauwut der Nationalsozialisten wächst, die dem einfachen Mann so gar nicht nutzt. Aber laut äußert das besser niemand. Wer die NS-Spitze kritisiert, kann schnell die Aufmerksamkeit der Geheimen Staatspolizei auf sich ziehen. Und vor der Gestapo haben die Deutschen Respekt oder auch Angst.

Der Wohnungsbau interessiert Adolf Hitler tatsächlich mäßig. Dabei begeistert er sich sehr für Architektur. Im vergangenen Jahr hat er sich in Bayreuth ein riesiges Modell von Berlin aufbauen lassen, um mit den Architekten den Umbau der Stadt zu besprechen. In »Germania« umbenannt soll Berlin die Hauptstadt eines nationalsozialistischen Weltreichs werden. Für Triumphbögen und Prachtstraßen hat Hitler momentan aber wenig Zeit. Seit Monaten beschäftigt er sich vor allem mit dem Westwall, dem monströsen Abwehrbollwerk an der Grenze zu Frankreich. Erst am 29. Juli war er aus Bayreuth mit dem Flugzeug an die Saar gereist, um sich dort Bunker und Kasematten anzusehen.

Heute will Hitler in Bayreuth den Abschluss des Rings, die »Götterdämmerung«, genießen. Westwall und Wagner. Was für ein Programm.

Endlich, wird so manches Mitglied des britischen Unterhauses in London innerlich gejubelt haben. Das »House of Commons« geht in die Sommerpause. Erst in mehreren Wochen soll es im Plenarsaal mit Debatten und Abstimmungen weitergehen.

Premierminister Chamberlain hält eine Rede vor den Parlamentsferien. Er warnt vor der aggressiven Außenpolitik Japans. Das Kaiserreich hat bereits große Teile Chinas besetzt. »Mein Blut kocht, wenn ich die Dinge höre und lese, die sich dort ereignet haben«, sagt Chamberlain. Er ist eine fast zeitlose Erscheinung, lang und dürr, sein Alter sieht man ihm nicht an. Mit seinen 70 Jahren hat er noch dichtes, schwarzes Haar, nur sein Schnurrbart weist einige weiße Partien auf.

Trotz seines »kochenden Bluts« dürfe England nichts übereilen. »Wir müssen unsere Streitkräfte zusammenhalten, um für jede Not gewappnet zu sein, die kommen könnte.« Chamberlain steckt in einem Dilemma. In Asien stehen britische Kolonien unter dem Druck Japans. Im Mittelmeerraum und in Nordafrika will Mussolini seine Macht vergrößern. Und was Hitler vorhat, das weiß niemand so genau. Gleichzeitig verliert das alte britische Weltreich immer mehr an Glanz – und an Stabilität. In Indien schreien viele nach Autonomie. In Palästina kämpfen Juden für einen Staat. Auch die Araber begehren auf.

Zum Ende der Debatte vertagt sich das Unterhaus bis zum 3. Oktober. Die Abgeordneten, die sich mit Außenpolitik und Verteidigungsfragen beschäftigen, dürften aber eine weniger ruhige Auszeit haben als sonst. Die internationale Krise wird so manches Gespräch erforderlich machen.

Dennoch freut sich der britische Botschafter Neville Henderson in Berlin darüber, dass die Abgeordneten alle in den Urlaub gehen. Weitere Sitzungen im Unterhaus zur Außenpolitik würden »die Temperatur nicht senken«, vermerkt er. Sein Chef, Außenminister Lord Halifax, teilt Henderson mit, dass er versuche, seine Kabinettskollegen dazu zu bringen, in den Ferien zu außenpolitischen Fragen zu schweigen. Dann, so hofft er, dürfte die Situation sich beruhigen, das Verhältnis zu Deutschland sich entspannen.

Der Abgeordnete Winston Leonard Spencer Churchill aber will die Sommertage nicht zum Entspannen nutzen. Er hat Chamberlain in den vergangenen Jahren oft kritisiert für dessen Nachgeben gegenüber Nazi-Deutschland. Schließlich war der Premierminister im vergangenen Jahr sogar persönlich zu Hitler nach Berchtesgaden gereist, um zu verhandeln. Nun plant Churchill eine Reise nach Frankreich, vor allem das Grenzgebiet zu Deutschland interessiert ihn. In wenigen Tagen will er aufbrechen. Churchill fürchtet, dass der Krieg gegen die Nationalsozialisten bald beginnen könnte. Großbritannien sieht er dafür nicht vorbereitet, die deutsche Luftwaffe wächst viel schneller als die Royal Airforce, und die Luftabwehr der Briten weist viele Schwächen auf. Wie es in Frankreich mit der Verteidigungsbereitschaft aussieht, beim wichtigsten Verbündeten, will er mit eigenen Augen sehen.

Winston Churchill entscheidet momentan nicht über Krieg und Frieden, er regiert nicht – auch wenn ihn so mancher Brite wieder gern im Kabinett sehen würde. Und so bleibt ihm vor allem der leidenschaftliche, spitzzüngige Appell an Chamberlain als Möglichkeit, Einfluss zu nehmen. Er treibt den Premierminister manchmal regelrecht vor sich her. So hat Churchill die britische Rolle beim Ende der Tschechoslowakei verurteilt. Nach der Besetzung des Sudetenlandes fragte er, was Hitler sich als Nächstes holen wolle? Das Memelland vielleicht oder Danzig? Wieder eine erschreckend treffende Prognose.

In Berlin trifft eine wichtige Nachricht aus Russland ein, ihr Empfänger ist Georgi Alexandrowitsch Astachow. Er bekommt aus Moskau die Anweisung, sich mit dem deutschen Außenminister von Ribbentrop zu treffen. Astachow ist seit 1937 Botschaftsrat und Geschäftsträger der sowjetischen Vertretung in Berlin. Er hatte im Juli an sein Außenministerium berichtet, dass Ribbentrop ein persönliches Interesse habe, die sowjetisch-deutschen Beziehungen zu verbessern. Nun soll Astachow ganz genau ausloten, was der Deutsche will. Bislang verhandeln beide Staaten über ein Handelsabkommen – daraus könnte mehr werden. Astachow trifft den deutschen Außenminister, der ihm ein schier unglaubliches Angebot unterbreitet. Ribbentrop schlägt vor, dass die Interessen beider Staaten abgeglichen werden könnten, von der Ostsee bis zum Schwarzen Meer. Eine Offerte, die »vor sechs Monaten unvorstellbar gewesen wäre«, schreibt Astachow an den sowjetischen Außenkommissar Wjatscheslaw Michailowitsch Molotow in Moskau. Schließlich hat Hitler als sein wichtigstes außenpolitisches Ziel die Zerschlagung der Sowjetunion genannt.

Nun weiß Molotow nicht, wie er das Angebot aus Berlin einschätzen soll. Hitler gilt nicht gerade als jemand, der sein Wort hält. Andererseits könnte die Sowjetunion mit diesem skrupellosen Partner vielleicht weite Gebiete zurückgewinnen, die einst zum Zarenreich gehört hatten und mit dem Ersten Weltkrieg und der Revolution verloren gegangen waren.

In der sowjetischen Botschaft, die ganz in der Nähe des Brandenburger Tores liegt, an der Prachtstraße Unter den Linden 7, versuchen die Agenten des russischen Geheimdienstes mehr über Ribbentrops Vorschläge herauszufinden. Weshalb starten die Deutschen plötzlich eine Charmeoffensive gegenüber dem Kreml? Die Pläne der deutschen Führung interessieren die Spione brennend. Auch wenn man Hitler und Ribbentrop nicht trauen könne: Sind die Interessen von Nazi-Deutschland und der Sowjetunion tatsächlich vorrübergehend deckungsgleich?

Für Polen dürfte das keine gute Nachricht sein.

Von seinem Büro im Auswärtigen Amt in Berlin aus, Wilhelmstraße 76, unterstützt Ernst von Weizsäcker die deutsch-sowjetische Annäherung nach Kräften. So könne man »Sand in das Getriebe der englisch-französisch-sowjetischen Verhandlungen« streuen, um die »Gefahr einer völligen deutschen Einkesselung« zu verhindern, notiert der Staatssekretär. Wenn die Entente des Ersten Weltkriegs gesprengt würde, die Regierungen in London, Paris und Moskau auseinanderdividiert wären, dann müsste Hitler nicht die Wehrmacht marschieren lassen, um eine Einkreisung Deutschlands zu verhindern. Und ein großer Krieg, ein Weltenbrand, müsste so verhindert sein. Ohne Russland würden Briten und Franzosen sicherlich keinen Angriff auf Deutschland wagen. Einen Vertragsabschluss mit Moskau hält Weizsäcker für unrealistisch und auch nicht für wünschenswert. Am besten wäre es, wenn die Sowjets in einer »Schwebelage« zwischen Deutschland und den Westmächten blieben. Dann wäre Stalin nicht handlungsfähig.

Was wäre aber, wenn Berlin und Moskau doch einen Pakt schlössen? Damit Hitler durch einen solchen nicht übermütig würde, muss Weizsäcker sein riskantes Spiel fortsetzen und die Kriegskulisse für Hitler nur bedrohlich genug wirken lassen. Gerade Drohgebärden der Briten würden dabei helfen.

Wenn Weizsäcker bei seinen Gedankenspielen aus dem Fenster schaut, erblickt er das passende Wetter zu den trüben Szenarien, die er entwirft: Der Wind bläst ordentlich, der Himmel ist bewölkt, und es regnet ab und zu. Ungemütlich ist es und kälter als an den vergangenen Tagen. Sonnenschein lenkt heute wirklich nicht vom Grübeln ab. Und zu bedenken hat der Staatssekretär viel, die außenpolitische Lage ist verzwickt und kompliziert.

Weizsäcker versucht Hitler so zu manipulieren, dass der »Führer« zu einer vernünftigen, planbaren Außenpolitik zurückkehrt. Er hintergeht seinen Reichskanzler und seinen Außenminister, begeht sogar Landesverrat, um Deutschland vor einem großen Krieg zu bewahren. Ein gewagtes Vorhaben.

Katia Mann verbringt mit ihrem Mann Thomas einen weiteren Urlaubstag an der Nordsee, wo sie sich die so dringend notwendige Ruhe und Erholung erhofft. Seitdem die Nationalsozialisten in Deutschland an die Macht gekommen sind, ist sie deutlich gealtert. Sie sehnt sich nach der »Erlösung«, nach dem Ende Adolf Hitlers. Seit mehr als sechs Jahren herrscht der Diktator nun schon in Deutschland. Und seit Monaten droht er mit Krieg. Katia Mann sorgt sich in dieser Krisenzeit vor allem um ihre Kinder.

Über ihren ältesten Sohn, Klaus, macht sie sich ohnehin häufig Gedanken. Er ist wie sein Vater Literat, gar nicht unbedeutend, aber er steht sich selbst im Weg. Seine Drogenabhängigkeit und seine psychischen Probleme belasten die Familie. Klaus lebt gerade in Kalifornien, weit weg von den Verwandten.

In diesen Tagen verfolgt Katia Mann aber auch genau, was ihr Sohn Golo so macht. Eigentlich bereitet er seinen Eltern nie Kummer. Er steht mit beiden Beinen auf dem Boden. Golo legt das Abitur mit der Gesamtnote »Ziemlich gut« ab. Er studierte erfolgreich Geschichte und Philosophie und bestand sein Doktorexamen mit »cum laude« – »gut«. Aber das Leben im Exil fällt ihm schwer. Golo lebt in Frankreich, möchte aber in die Schweiz übersiedeln, wo die Eidgenossen kaum Flüchtlinge aufnehmen.

Wochenlang hat Golo Mann in Paris im *Hotel Jacob* auf den Einreisebescheid gewartet. Die Schweizer Beamten ließen sich viel Zeit beim Prüfen. Dann endlich traf Ende Juli die Einreisebewilligung ein. Für zwei Wochen. Nur vierzehn Tage darf er sich in der Schweiz aufhalten. Er kommt heute in Zürich an und zieht bei der Familie Oprecht ein, im Haus seines Schweizer Verlegers. Emil Oprecht hat sogar einen Anwalt eingeschaltet, um die Papiere für Golo Mann zu bekommen.

In der Schweiz will Golo Mann die Zeitschrift *Mass und Wert* herausgeben. Sein Vater gehört zu ihren Gründern. Die Fremdenpolizei aber reagiert auf diese Pläne skeptisch und fordert ein Gutachten des Schriftstellerverbandes über die Familie Mann und die Zeitschrift an. Nun hängt alles in der Schwebe. Golo Mann setzt dennoch die Arbeit an der nächsten Ausgabe fort. Was soll er auch sonst tun? Als politischer Flüchtling aus Deutschland hat man es in diesen Tagen nicht leicht in großen Teilen der Welt. Da helfen auch der prominente Vater, der bekannte Onkel Heinrich und die rührigen Geschwister Erika und Klaus nichts.

Elf Uhr in der Nacht. Die »Götterdämmerung« ist vorbei, der Arbeitstag für Adolf Hitler noch nicht. Er nimmt den Großen Zapfenstreich der Wehrmacht ab. Das Bayreuther Infanterieregiment steht zum fünfundzwanzigjährigen Gedenken an den Ausbruch des Ersten Weltkriegs vor dem »Führer« stramm. Danach zieht Hitler sich ins *Siegfried-Wagner-Haus* zurück. In dem Anbau der *Villa Wahnfried* übernachtet er während seines Aufenthalts in Oberfranken.

Wovon träumt Adolf Hitler? Von »Großdeutschland«? Vor nicht ganz einem Jahr hat er bei einer Kundgebung gerufen: »Das Deutsche Reich hat lange Zeit geschlummert. Das deutsche Volk ist nun erwacht und hat seiner tausendjährigen Krone sich selbst als Träger gegeben.« Mit diesem »erwachten« Deutschland, das bereits Österreich und die Tschechoslowakei geschluckt hat, verursacht Hitler bei den meisten anderen europäischen Staatschefs vermutlich Albträume.

3. August 1939, Donnerstag

Britischer Terror bedroht Neutrale
Der berüchtigte Handelsneid des britischen Krämervolkes plant hier eine
Aktion, bei der nach bewährten Vorbildern durch Terror gegen die argen-
tinische Wirtschaft versucht werden soll, den lästigen deutschen Konkurrenten auszuschalten.

Deutsches Nachrichtenbüro, staatliche Agentur

Grenzlandjugend marschiert zum Führer
70 Hitlerjungen auf dem Weg von Nideggen nach Nürnberg.

Westdeutscher Beobachter,
NSDAP-Zeitung im Gau Köln-Aachen

Der sowjetische Außenkommissar Molotow empfängt den
deutschen Botschafter in seinem Büro in Moskau. Was haben die Diplomaten doch häufig für eindrucksvolle Namen.
Friedrich-Werner Erdmann Matthias Johann Bernhard Erich
Graf von der Schulenburg heißt der deutsche Vertreter in
ganzer Pracht. Molotow arbeitet sich noch in die Gepflogen-
heiten der internationalen Diplomatie ein. Erst vor drei Monaten hat Stalin ihn zum Außenkommissar der UdSSR ernannt. Seinem Vorgänger Maxim Maximowitsch Litwinow
wurde Versagen vorgeworfen, weil seine »Politik der kollek-
tiven Sicherheit« nicht funktioniert habe. Er hatte auf ein gemeinsames Vorgehen mit den alten Alliierten aus dem Ersten Weltkrieg gegen Deutschland gesetzt: Großbritannien,

Frankreich und vielleicht sogar die Vereinigten Staaten. Molotow, der gleichzeitig auch Regierungschef ist, soll den Kurs in der Außenpolitik ändern. Stalin prüft eine Annäherung an Hitler. Litwinow ist Jude, das hätte Gespräche mit den Nationalsozialisten sicherlich erschwert. Die deutsche Propaganda nannte ihn, seine jüdische Herkunft verunglimpfend, stets »Finkelstein«.

Der neue Außenkommissar gilt als Gegner der Demokratien im Westen. Aus Stalins Sicht ist er genau der richtige Mann, um mit den Deutschen zu verhandeln. Molotow ist ein Tarnname aus revolutionären Zeiten, übersetzt heißt er »Hammer«. Er gilt als gerissen und intelligent, sein energisches Durchsetzungsvermögen ist legendär – ebenso seine Kaltblütigkeit. Und der neue »Außenminister« weiß nur zu gut, wie riskant eine Annäherung an Deutschland sein kann. Schon vor Jahren hat er davor gewarnt, Hitlers erklärtes Ziel seien die Eroberungen von Gebieten im Osten.

Nun spricht Molotow mit Schulenburg. Der Gast erfüllt eine wichtige Mission seiner Regierung. Er teilt mit, dass es eine große Bereitschaft in Deutschland gebe, die sowjetischen Interessen im Baltikum anzuerkennen. Im Gegenzug soll die Sowjetunion die deutschen Interessen unterstützen.

Gemeint ist damit natürlich Polen. Die Deutschen wissen schon genau, wie sie gegen das Nachbarland losschlagen könnten, die Strategen der Wehrmacht haben bereits den Aufmarsch geplant. Aus zwei Richtungen sollen starke Heeresverbände auf Warschau vorstoßen. Nordpolen ist von Ostpreußen umgeben, Südpolen grenzt an das »Reichsprotektorat Böhmen und Mähren«, wie die Deutschen die besetzte »Resttschechei« nennen. Über die Grenzen können rasch deutsche Soldaten vorrücken. Und auch die Slowakei, ein von Hitler geschaffener Vasallenstaat, kann für das Aufstellen von Truppen genutzt werden. Polen hat nur im Westen größere Befestigungsanlagen errichtet. Diese will die Wehrmacht umgehen

und mit starken Kräften rasch jeden Widerstand zerschlagen:
62 Divisionen, darunter sechs gepanzerte und zehn mecha-
nisierte, die von 1300 Kampfflugzeugen unterstützt werden,
sehen die Generäle für den Angriff vor. Polen kann insgesamt
40 Divisionen aufbieten, verfügt nur über wenige Panzer und
über lediglich 935 Flugzeuge, von denen die Hälfte veraltet
ist. Auf dem Papier sind die Polen rasch besiegt.

Aber solange Stalins Position nicht klar ist, dürfte Hitler keinen Angriff wagen. Schulenburg wirbt intensiv um die UdSSR.
Hitler und Außenminister Ribbentrop wollen verhindern, dass
die Sowjets sich mit England und Frankreich verbünden – und
ebenfalls für Polens Sicherheit garantieren. Um die Regierung
in Moskau buhlen die Westmächte und Berlin gleichermaßen.

Ein Pakt zwischen Berlin und Moskau, darauf hätte vor wenigen Monaten wohl kaum jemand gewettet. Für Adolf Hitler
waren die Bolschewiken neben den Juden stets der schlimmste
Feind.

Stalin weiß nur zu gut, wie abfällig die Nationalsozialisten
über ihn gesprochen haben. Seine Propagandisten waren ebenfalls nicht untätig. Sozialisten gegen Faschisten, diese Feind-
schaft hat Tradition. Und was sind Hitler und seine Konsor-
ten für Stalin? Nichts als Faschisten – oder?

Aber die Briten wirken auf ihn auch nicht verlässlich. Heute
hat ein Spion, Guy Burgess, aus London einen brisanten Bericht an seine sowjetischen Kontaktleute übermittelt: Der englische Generalstabschef habe gesagt, dass Großbritannien einen Krieg gegen Deutschland leicht gewinnen könne. Man
brauche keinen Defensivpakt mit der Sowjetunion.

Stalin würde es begrüßen, wenn die kapitalistischen Staaten
im Westen, zu denen er auch Deutschland zählt, sich gegenseitig bekämpfen. Es scheint ihm das Klügste, den Deutschen
keinen Grund zu geben, sich nach Osten zu wenden – zumindest nicht weiter östlich als Polen. Wenn Hitler einen Krieg
auslösen sollte, in dem sich Deutschland gegen Frankreich und

Großbritannien aufreibt, hätte Stalin gar nichts dagegen. Soll der deutsche Machthaber doch nur den Konflikt mit den »Imperialisten« entfesseln. Solange Russland neutral bleiben kann.

Also signalisiert Molotow dem deutschen Botschafter, dass er großes Interesse an einer Verständigung habe. Schulenburg telegrafiert nach Berlin: Molotow sei aus seiner Reserve herausgekommen.

Mit Schwung schlägt William Shirer seinen weißen Ball in Richtung der Fahne. Endlich hat er einmal Zeit für ausgedehnte Golfpartien. Hier in Bern ist das Grün ausgezeichnet und der Spielpartner Joe Philipps ein alter Freund. Shirer, Korrespondent der *CBS News*, verbringt während seines Urlaubs in der Schweiz nicht nur viele Stunden auf dem Golfplatz. Er geht auch mit seiner Frau und den beiden Töchtern oft baden. Seiner Familie fühlt er sich »allmählich wieder zugehörig«, notiert er im Tagebuch. Seit Monaten hat er sie wenig gesehen, zu viele Reisen und die Gier seiner Chefs und der Hörer nach Nachrichten aus dem nationalsozialistischen Deutschland hielten ihn zu sehr beschäftigt. »Aus persönlicher Sicht wäre es wunderschön, wenn kein Krieg ausbrechen würde«, schreibt er. Aber Shirer bleibt skeptisch. Er vermutet, dass Hitler den Krieg will. Viele seiner Freunde unter den Auslandsberichterstattern sehen das allerdings anders.

Mit einigen amerikanischen Kollegen hat Shirer dennoch einen Notfallplan geschmiedet, sollte es zum Konflikt kommen. Sie wollen ein eigenes Korrespondentennetz aufbauen und Kurzwellensender für die Übertragung nutzen. Ein Nachrichtenprogramm aus den USA, mit dem *CBS* konkurriert, so hat es Shirer erfahren, will im Kriegsfall einen Prominenten für Kommentare gewinnen: Winston Churchill, den britischen Politiker, der seit Jahren vor Hitler warnt. Das dürfte ein Coup werden. Churchill gilt manchem als Mann von gestern, aber er ficht entschieden für die Freiheit und die

Demokratie westlicher Prägung. Ein Kämpfer, der eigensinnig, ungeduldig und heftig für seine Ideale eintritt.

So ein Kommentator dürfte gut für die Quote sein. Dennoch will *CBS* ganz auf Nachrichten und damit auf Korrespondenten wie Shirer setzen, wenn der Krieg kommt. Um der Propaganda zu begegnen und um Fakten von Falschmeldungen zu unterscheiden. Wenn der Krieg kommt, so sagen immer alle. Wenn! Zweifel bleiben.

Ab nächster Woche wird Shirer vielleicht mehr wissen. Dann soll er für seinen Sender nach Danzig reisen, aus der Stadt berichten, die schon bald einen Weltbrand auslösen könnte, wenn Pessimisten wie er recht behalten.

Die Agenten und V-Leute der Abwehr sind sehr rege in diesen Tagen. Aus Danzig hat der deutsche Militärgeheimdienst erfahren, dass die Polen zusätzliche Männer auf die Westerplatte entsendet haben, den Stützpunkt auf der Halbinsel an der Hafeneinfahrt. Ihr Auftrag lautet, Propaganda zu machen und Nachrichten aus Deutschland zu sammeln. Die Abwehr hat zahlreiche »Vertrauensleute«, sogenannte V-Männer, in Polen. Sie liefern Informationen über Militärbewegungen, den Bau von Verteidigungsstellen, Waffenlager und sonstiges Material, das für die deutsche Armee von Interesse ist. Von Danzig aus sucht die Abwehr immer wieder nach neuen Zuträgern im polnischen Militär und in den Sicherheitsbehörden. In der Freien Stadt arbeiten aber auch die Geheimdienste anderer Staaten: Polen, Briten, Franzosen und Russen sind sehr daran interessiert, was die Deutschen vorhaben.

Weit weg von Danzig, steht Adolf Hitler neben seinem alten Freund August Kubizek in Bayreuth am Grab Richard Wagners. Der Komponist wurde 1883 im Garten der »Villa Wahnfried« in einer Gruft bestattet. Vor seinem Grabstein ist beiden Männern feierlich zu Mute. Hitler greift nach Kubizeks Hand, eine Geste der Vertrautheit, die ansonsten beim »Führer« so gut wie nie zu sehen ist. Sie hatten sich im April 1938 nach dem Anschluss Österreichs zum ersten Mal seit 30 Jahren wiedergesehen – in Linz. In dieser Stadt seiner Kindheit liegen die Gräber von Hitlers Eltern. Dort hatte er das »Gesetz über die Wiedervereinigung Österreichs mit dem Deutschen Reich« unterzeichnet. Linz liegt ihm am Herzen.

Hitler kennt Kubizek seit seiner Jugend, »Gustl«, hat er ihn früher genannt. 1908 haben sie sich in Wien ein kleines, verwanztes Hinterhofzimmer geteilt. Beide lieben Wagner, den Komponisten des »Parsifal«. Nun besucht Kubizek den alten Freund in Bayreuth, und sein Gastgeber wird ganz rührselig: »Ich bin glücklich, dass wir uns an dieser Stätte, die für uns beide immer die heiligste war, wiedersehen können.«

In ihrer langen Unterhaltung schwärmt Kubizek von den nächtlichen Stunden auf dem Freinberg in Linz, die beide dort nach der »Rienzi«-Aufführung 1906 verbracht haben. »Rienzi«, eine Oper nach dem Geschmack Hitlers: groß, tragisch, fünf Akte – und von Richard Wagner komponiert. Ihre schwungvolle Ouvertüre sollte später die Reichsparteitage in Nürnberg einleiten.

Die Oper handelt vom Schicksal des italienischen Volkstribunen Cola di Rienzo, der manchen als moderner Erneuerer und anderen als größenwahnsinniger Tyrann gilt. Als Populist brachte Rienzo 1357 das Volk Roms auf seine Seite und strebte danach, seine Macht auszubauen. Seine Selbstinszenierung und seine Herrschsucht erzürnten schließlich die Römer, sie begehrten gegen ihn auf. Rienzo floh ins Exil, kam zurück und wurde nach seiner Rückkehr von einem Handwerker ermordet.

Wagner hat sich bei seiner Oper nicht an die historischen Tatsachen gehalten, er erzählt die Geschichte des Volkstribunen weitaus heroischer. Sein Held Rienzi stirbt, als er von herabstürzenden Trümmern des Kapitols erschlagen wird.

Fast 40 Aufführungen dieses Stücks hat Hitler schon gesehen. Von seinem Opernbesuch mit Kubizek erzählt er später Winifred Wagner. »In jener Stunde begann es«, sagt er und meint wohl seine Liebe zu Wagner – oder meint er seine politische Laufbahn? Zu einem Mitstreiter sagte Hitler einst: »Bei dieser gottbegnadeten Musik hatte ich als junger Mensch im Linzer Theater die Eingebung, dass es auch mir gelingen müsste, das Deutsche Reich zu einen und groß zu machen.«

Wagner, so sieht es Hitler, hat ihm den Weg gewiesen.

Kubizek hat beobachtet, welche gewaltige Wirkung das Werk des Komponisten auf Hitler hat. Die Unruhe verschwinde aus Hitlers Blick, wenn er dessen Musik höre. Alle Heftigkeit falle von ihm ab, erinnert sich Kubizek später. »Willig ließ er sich in jene mythische Welt emportragen, die für ihn viel wirklicher war als die reale Welt des Tages.«

Im *Völkischen Beobachter*, dem offiziellen Parteiblatt der NSADP, finden sich heute einige bösartige Bemerkungen über einen »Kriegshetzer« aus London: »Churchill durch peinliche Indiskretionen bloßgestellt« prangt in riesigen Lettern auf der Titelseite. Er habe zwei Journalisten aus Portugal ein Interview gegeben, verrät das NSDAP-Blatt. »Wenn ein Krieg kommt, so wird es ein langer Krieg werden. Drei Jahre lang oder noch länger. England und Frankreich werden anfangs den Nachteil haben, aber später wird es anders sein«, zitiert der *Völkische Beobachter* den Politiker.

Von einem »peinlichen Skandal« schreibt der Londoner Berichterstatter, in den Churchill nun verwickelt sei. Was an diesem Vorgang skandalös ist, verrät die Redaktion ihren Lesern allerdings nicht. Lediglich von dem Protest der Opposition gegen den Besuch der portugiesischen Journalisten, die auf Kosten des britischen Steuerzahlers eingeladen worden waren, berichtet die Zeitung noch. Ist das Churchills Skandal? Die Reporter haben immerhin auch noch Premierminister Chamberlain und Außenminister Lord Halifax interviewt und ein offizielles Besuchsprogramm absolviert. Hauptsache, die Schlagzeile lärmt, dürften sich die Chefs des *Völkischen Beobachters* gedacht haben. Und Churchill gilt ohnehin als Feind, den die deutsche Presse bekämpfen soll.

Sommerruhe hat sich über die abgelegene Fechtschule der SS in Bernau bei Berlin gelegt. Die Schüler, die sich hier sonst mit Florett und Degen duellieren, sind zur Verfügungstruppe versetzt worden oder im Urlaub. In seinem Büro erhält der Schulleiter plötzlich einen Anruf der Wache. Auf dem Gelände seien hohe SS-Offiziere unterwegs, die sich alles anschauen würden, unangemeldet. Sofort macht sich der Leiter auf den Weg, entdeckt die ungebetenen Gäste und spricht sie an: Es wäre wohl korrekter gewesen, wenn diese sich bei ihm angemeldet hätten.

Die beiden Männer bleiben ruhig. Sie seien im Auftrag von Reinhard Heydrich hier, dem Chef des SD, des Sicherheitsdienstes der SS, sagen sie. Sie wollen alle Räumlichkeiten sehen. Ihr Verweis auf Heydrich reicht aus, um alle Widerstände zu überwinden. Reinhard Heydrich gehört nach Heinrich Himmler zu den mächtigsten Männern der Schutzstaffel. Was er befiehlt, wird gemacht. Keine Widerrede. Warum sie die Fechtschule inspizieren, verraten die unangemeldeten Besucher nicht. Und schon bald verschwinden sie wieder. Das wirkt alles sehr mysteriös. Vermutlich ist die Sommerruhe in Bernau bald vorbei.

Vor der *Villa Wahnfried* gibt es für Schaulustige wieder mal etwas zu sehen. SS-Wachen marschieren auf, Autos fahren vor, Koffer werden verstaut. Adolf Hitler verlässt mit seiner Entourage sein geliebtes Bayreuth. Auf der Reichsautobahn geht es nach Nürnberg. Am liebsten lässt der »Führer« sich im Wagen chauffieren, das Auto zieht er Zug und Flugzeug vor. In einer Kolonne von vier bis sechs Mercedes-Limousinen geht es dann durch Deutschland. Hinter dem »Führer« fährt der Begleitwagen der SS, es folgt ein Auto mit den Adjutanten von Heer, Luftwaffe und Marine, dahinter der Gepäckwagen und dann noch zusätzliche Leibwächter oder Begleiter in weiteren Fahrzeugen.

Hitler liebt solche Fahrten. Über die Autobahnen kann er stundenlang sprechen, er kennt sich mit Trassenführungen, mit der Qualität von Bodenbelägen und dem Reifenverbrauch aus, er schwärmt von der Eleganz bestimmter Brücken und Serpentinen. Normale Deutsche haben wenig von den Autobahnen. Denn kaum jemand besitzt ein eigenes Automobil. Aber die Nationalsozialisten haben versprochen, das zu ändern. Die Schnellstraßen beeindrucken auch Besucher aus dem Ausland, John F. Kennedy war schon 1937 bei seiner ersten Reise nach Deutschland von ihnen begeistert. Ein Jahr später feierte die NS-Propaganda den Ausbau des Streckennetzes auf 3000 Kilometer. 3000 Bauarbeiter aus ganz Deutschland wurden dafür nach Berlin gebracht. Die »Reichsautobahn« ist bereits ein moderner Mythos. Bei ihrem Bau werden viele Zwangsarbeiter eingesetzt – im Südwesten schuften in diesen Sommertagen zahlreiche Männer für die Verlängerung des Straßennetzes.

Für Autobahnen hat Albert Einstein wenig übrig. Er hat keinen Führerschein und nie gelernt, einen Wagen zu steuern. Wenn nötig, lässt der Physiker sich fahren. Momentan denkt er aber gar nicht daran, sein Urlaubsidyll auf Long Island zu verlassen. Hier hat er es so gemütlich, dass er meist Polo-Shirts, Shorts und Sandalen tragen kann: für einen Wissenschaftler seines Ranges sehr leger. Doch auch zu Hause in Princeton läuft er am liebsten barfuß. Und seine Pullover, die er so gern trägt, sind so etwas wie sein Markenzeichen geworden. Seine Haushälterin Helen Dukas kann machen, was sie will, Albert Einstein achtet einfach nicht auf sein Äußeres – und wenig auf seine Gesundheit. Im Winter muss Dukas ihrem Einstein manchmal einen Mantel um die Schultern legen, er ignoriert die Kälte einfach. Und natürlich raucht er weiter, obwohl ihm seine Ärzte das untersagt haben.

Auf Long Island empfängt Einstein viele Gäste – aus der alten und der neuen Heimat. Sie wollen wissen, was der Physiker über die Krise in Europa denkt. Wird es Krieg geben, lautet eine häufige Frage. Wenn Einstein das nur wüsste.

In Princeton lebt und lehrt auch ein weiterer berühmter Exilant aus Deutschland: Thomas Mann hat sich dort im vergangenen Jahr niedergelassen. Mit seiner Frau Katia wohnt er in einem rotgeklinkerten Backsteinhaus an der Ecke Stockton Street und Library Place. In Holland, in ihrem Sommerurlaub, plant Katia Mann bereits die Rückreise in die Vereinigten Staaten – bevor ein Krieg ausbricht. Und sie wird zunehmend nervös, denn schon im Ersten Weltkrieg hatten deutsche U-Boote jede Atlantiküberfahrt zu einem Wagnis werden lassen.

In Nürnberg hält Hitlers Kolonne vor dem *Deutschen Hof.* Dort übernachtet er heute. Seit 1935 gehört das Hotel der NSDAP. Es wurde nach dem Geschmack des »Führers« umgebaut, die Schnörkel an der Fassade entfernt, ein großer Balkon angebaut, von dem er Paraden abnehmen kann. Bald schon soll in Nürnberg der Reichsparteitag stattfinden. Dann kann sich Hitler auf dem Balkon wieder bejubeln lassen. Ob es dazu kommt? Die Krise mit Polen wird wohl verhindern, dass die NSDAP ihre Mitglieder und Anhänger nach Franken einlädt. Offiziell wurde der Parteitag noch nicht abgesagt, aber Hitlers Vertraute wissen schon, dass es dazu kommen könnte.

Immerhin hat Hitler heute kurz das Reichsparteitagsgelände besucht. Dort besichtigt er Modelle für neue, pompöse Gebäude. Entworfen hat sie sein wichtigster Architekt, Albert Speer. Hitler ist von dessen Entwürfen angetan. Aber noch trifft nicht alles seinen Geschmack. Er gibt Speer genaue Anweisungen. Oft genug setzt sich Hitler in einer ruhigen Minute hin und zeichnet Details wie Balkongitter für seinen Architekten. In diesen Tagen im Sommer gibt es aber kaum ruhige Momente.

Auch Stalin hat in diesen Tagen wenig Muße. Er muss sich entscheiden, ob er ein Bündnis mit Frankreich und England eingehen oder mit Deutschland verhandeln will. Hat er heute dennoch mal wieder Zeit für einen Film? Oft zieht es ihn in das Kino im Kreml, wo ihm in Privatvorführungen die neusten Streifen aus sowjetischer Produktion gezeigt werden – aber auch amerikanische Zeichentrickfilme wie »Die drei kleinen Schweinchen«. Häufig ist seine Tochter Swetlana dabei, auch wenn sie dann zu spät ins Bett kommt.

Stalins Tochter ist rothaarig und hat viele Sommersprossen. Ihr Vater schwärmt für sie. Und Swetlana hängt an ihm trotz seines strengen Regiments, das mit Überwachung und Bestrafung einhergeht. Nach dem Tod ihrer Mutter Nadja vor sieben Jahren hat Stalin sich keine neue Ehefrau genommen. Es gibt Geliebte, aber keinen dauerhaften Ersatz für seine Frau. Ihr Verhältnis glich einem andauernden Rosenkrieg. Nadja war zuletzt meist kühl, gar feindselig gegenüber ihrem Mann gewesen. Sie war eifersüchtig und fühlte sich unterdrückt. Schon direkt nach Swetlanas Geburt wollte sie Stalin verlassen und ging nach Sankt Petersburg zu ihrer Familie. Als Stalin darauf drängte, kehrte sie aber zu ihm zurück.

Den einzigen Weg, ihrem Mann zu entkommen, sah Nadja dann wohl in ihrem Freitod. Sie schoss sich ins Herz. Nach dem Selbstmord gab Stalin ihrem Bruder die Schuld, der ihr die Waffe besorgt hatte, und vielen anderen auch – nur sich selbst nicht. Nun bleibt Stalin nur noch Swetlana, von seinen Söhnen hält er nicht allzu viel. Allerdings stellt er an seine Jungen auch übermenschliche Anforderungen. Doch auch seine

Tochter fühlt sich bereits von ihrem Vater bevormundet. Er wird ihr zunehmend fremd. Zwar bemüht er sich, ein liebevoller Vater zu sein. Aber durch seine raue Kindheit ist er ungewöhnlich gemütskalt. Als sein ältester Sohn aus erster Ehe sich mit einer Pistole erschießen wollte – 18 Jahre war er damals alt –, aber sein Herz verfehlte und überlebte, spottete Stalin grausam: »Haha, danebengeschossen!«

Und auch seine Brutalität ist erschreckend. Zwischen Juni 1934 und diesem August wurden mindestens 750 000 Sowjetbürger auf den Befehl Stalins erschossen und Millionen in die Gulags, die Straflager, deportiert. Diese Zahlen kennt Swetlana nicht. Aber welche Macht ihr Vater hat, weiß sie schon. Als sie ihn einmal bat, eine befreundete Familie zu schonen, rastete Stalin aus. Er beschimpfte seine Tochter, schrie, sie solle sich von niemandem zur Botin machen lassen. Seitdem ist Swetlana vorsichtiger. Am Hof von Stalin zu leben, ist selbst für die Tochter des roten Zaren nicht leicht.

Ein privates Kino steht auch Adolf Hitler bald wieder zur Verfügung. In seiner Residenz auf dem Obersalzberg, dem *Berghof*, gibt es einen Konferenzsaal, der als Vorführraum genutzt wird und in dem Hitler manche Nacht verbringt, manchmal mehrere Filme hintereinander schaut. Per Knopfdruck kann er die Tapete beiseitefahren lassen, zwei Projektoren und eine Leinwand kommen dann zum Vorschein. Im Archivraum neben dem Saal stehen hunderte Filmkopien aus verschiedenen Ländern in langen Reihen. Hitler hat eine große Auswahl und bekommt ständig neues Material. Joseph Goebbels hat ihm vor zwei Jahren zu Weihnachten alle Micky-Mouse-Streifen geschenkt, die er bekommen konnte: zwölf an der Zahl. Der »Führer« schaut gern Zeichentrickfilme und so manches Epos aus Hollywood, das seine Untertanen wegen der Zensur nie sehen werden. Wenn nur die deutschen Regisseure so gut wie ihre jüdischen Kollegen wären, stöhnt er einmal. Beim Filmkonsum vergisst Adolf Hitler seinen Antisemitismus.

In den nächsten Wochen wird er wieder auf dem *Berghof* leben und sicherlich einige Stunden in seinem Kino verbringen, wenn die Krise mit Polen ihm dafür Zeit lässt. Seit 1923 zieht es ihn auf den Obersalzberg bei Berchtesgaden. Erst als Mieter, dann als Eigentümer eines Hauses, verbringt er dort viele Tage. Seit 1936 lässt er den Berg zum zweiten Regierungssitz ausbauen. Hunderttausende Reichsmark investiert er in seinen *Berghof*. Das Geld dafür stammt von den Tantiemen aus »Mein Kampf« und einer hohen Gebühr, die er von der Reichspost dafür erhält, dass auf Briefmarken sein Konterfei prangt. Zudem fließt Geld durch die »Adolf-Hitler-Spende der deutschen Wirtschaft« in seine Kasse. Mit diesen Mitteln gestaltet er den Obersalzberg radikal um. Alle Einheimischen haben ihre Grundstücke und Häuser an die NSDAP verkauft, einige freiwillig, manche unter Zwang. Wer nicht veräußern will, wird enteignet. Jahrhundertealte Bauernhöfe werden abgerissen, eine Kapelle eingeebnet. Der Obersalzberg wird abgesperrt, betreten darf das Gebiet vom 1900 Meter hohen Gipfel bis in das 600 Meter tiefer gelegene Tal nur noch, wer einen Passierschein hat. Vierzehn Kilometer ist der Zaun lang, der den *Berghof* umgibt. Dort, so behauptet es die NS-Propaganda, treffe der »Führer« seine wichtigen Entscheidungen. Und tatsächlich muss sich Hitler bald entschließen, ob er gegen Polen ins Gefecht ziehen und alles riskieren will. Er fürchtet, nicht alt zu werden, seine Kraft zu verlieren, bevor er Entscheidendes geleistet hat. Ihn treibt die Sorge an, er könne an Kehlkopfkrebs erkranken oder ein Attentäter ihn töten.

4. August 1939, Freitag

Polens Drang nach Westen
Heute führen diejenigen das große Wort, die Polens ›uralte Mission‹ im
Kampf gegen Deutschland sehen.

Völkischer Beobachter, Parteizeitung der NSDAP

Für einen Polen zehn Deutsche!
Die Wut Polens über die eigenen politischen Misserfolge wird in immer
neuen Hassausbrüchen gegen das Deutschtum ausgetobt.

Briesetal-Bote, Heimatzeitung im Kreise Niederbarnim

Seit Monaten wird der Ton zwischen Deutschen und Polen in
der Danzig-Frage immer schärfer. Nun fordert die polnische
Regierung den nationalsozialistischen Danziger Senat in einer
harschen Note auf, Angriffe auf polnische Zollbeamte zu unterbinden – unverzüglich. An vier Posten der Ostpreußisch-
Danziger-Grenze war polnischen Zollinspektoren von Deutschen mitgeteilt worden, dass sie niemanden kontrollieren
dürften. Ein Bruch der Verträge, die das Miteinander in der
Freien Stadt regeln.

Das lassen sich die Polen nicht gefallen. Gerade erst hat die
polnische Regierung die Zahl der Zollinspektoren in Danzig
und Umgebung erhöht. Sie sollen den Waffenschmuggel aus
Ostpreußen unterbinden. Seit Monaten bringen die Deutschen
heimlich Gewehre, Munition und sogar leichte Geschütze und
Panzerspähwagen in die Stadt. Sie schmuggeln die Waffen auf

Frachtdampfern, die auf ihrer eigentlichen Route zwischen Stettin und Königsberg wegen angeblichen Maschinenschadens die Schichau-Werft in Danzig anlaufen. Tatsächlich funktionieren die Motoren einwandfrei. Letztlich geht es nur darum, einen geeigneten Ort zum Löschen der brisanten Fracht nutzen zu können. Auf der Werft laden Arbeiter heimlich die Rüstungsgüter ab, die eigentlich nicht in die Freie Stadt gebracht werden dürften, geschützt vor den prüfenden Blicken der polnischen Zöllner.

Mit den Waffen rüsten die Nationalsozialisten ihre Polizei und die SS-Heimwehr Danzig aus. Die Einheiten werden immer größer und schlagkräftiger. Allein die Heimwehr besteht mittlerweile aus 1000 SS-Männern, die aus dem Reich in die Stadt geschickt wurden, und 500 Freiwilligen aus der Region. Zwar tarnen die Deutschen ihre Aufrüstung, aber den Polen ist nicht entgangen, was in der Freien Stadt vor sich geht. So hatte die SS zum Beispiel zu einem Sportfest eingeladen, viele junge Männer waren deswegen nach Danzig gereist. Alle ohne Rückfahrticket.

Das *Deutsche Nachrichtenbüro* (DNB) meldet alle Zwischenfälle in Danzig, täglich verbreitet die staatliche Agentur neue Schreckensberichte. Ende 1933 entstand das DNB aus einer Zwangsfusion des seriösen *Wolffschen Telegraphen-Büros* mit der *Telegraphen-Union*. Seit Jahren dient das *Nachrichtenbüro* vor allem der NS-Propaganda. Im Volksmund steht das Kürzel DNB für »Darf Nichts Bringen«. Die Zeitungen werden dazu angehalten, die DNB-Meldungen groß und an prominenter Stelle im Blatt zu drucken.

Die Stimmung in Deutschland dürfte das anheizen – und genau das ist von Joseph Goebbels gewollt. Er kontrolliert das *Deutsche Nachrichtenbüro* und die gesamte Presse im Land. Am 14. März 1933 hat ihn Adolf Hitler zum Reichsminister für Volksaufklärung und Propaganda ernannt. Seitdem sammelt Goebbels, der seit 1926 auch Gauleiter von Groß-Berlin ist, einen Posten nach dem nächsten. So ist er nebenbei noch Präsident der Reichskulturkammer und des Reichskultursenats sowie einer der Reichsleiter der NSDAP. Goebbels gehört zum Triumvirat der mächtigsten Männer des »Dritten Reiches«, neben Göring und natürlich hinter Hitler. Goebbels' Macht baut auf seinem ständigen Vortragsrecht bei seinem »Führer«. Hitler schätzt seinen Chefpropagandisten nicht nur wegen seiner demagogischen Begabung, sondern auch wegen seiner amüsanten und unterhaltsamen Art. Er tauscht sich gern mit Goebbels aus, der über ein breites Allgemeinwissen verfügt, schließlich hat er Geschichte, Musik, Kunst- und Literaturgeschichte studiert und in Philosophie promoviert.

Vor allem aber schätzt Hitler den Vertrauten für sein Talent, die öffentliche Meinung zu manipulieren. Goebbels lässt seine Journalisten in der aktuellen Krise um Danzig Bagatellen zu ernsten Zwischenfällen aufbauschen, alltägliche Streitigkeiten zu organisierten Misshandlungen verklären. Seine Propaganda zeichnet ein Bild des unterdrückten Deutschen in Polen. Goebbels zündelt in diesen Augusttagen, so gut er kann.

Wie es wirklich im Nachbarland und in Danzig aussieht, weiß er nur zu gut. Erst Mitte Juni hat er die Stadt besucht. Bei einer Kundgebung auf dem Langen Markt rief er seinen Zuhörern zu: »Danzig ist eine deutsche Stadt, und sie will zu Deutschland!« Kurz darauf ließ er die Reichweite des Danziger Rundfunksenders um ein Vielfaches erhöhen. Wenn er schon den Konflikt anheizt, dann soll die Welt das auch mitbekommen.

In Polen hängen in diesem Sommer viele Plakate, auf denen die Regierung verkündet, die eigene Armee sei »stark, geschlossen und bereit«. Der potenzielle Gegner Deutschland hingegen schwach und unvorbereitet. Ist das nur Propaganda, mag sich mancher Pole fragen. Viele aber glauben daran, dass die Streitkräfte ihres Landes mit den Deutschen schon fertig würden, sollte es zum Krieg kommen.

Auf einen Krieg in Polen bereitet sich die deutsche Abwehr seit Langem vor. Die Abteilung II erwägt den Absprung von Fallschirmagenten über Polen, den Einsatz von Sabotagegruppen und Sonderkommandos, die verhindern sollen, dass polnische Verteidiger etwa Brücken oder Tunnel sprengen. Heute meldet ein Hauptmann der Zentrale in Berlin, dass 80 Männer bereitstünden, die im Angriffsfall der Wehrmacht als »wegekundige Führer« durch polnisches Gebiet dienen können.

Italiens Außenminister Ciano bittet seinen Botschafter in Berlin, Attolico, ein Treffen mit seinem deutschen Kollegen zu organisieren. »Der Augenblick ist gekommen, zu erfahren, wie die Dinge wirklich stehen«, notiert Ciano. »Das Spiel wird zu gefährlich, um untätig die Entwicklungen abzuwarten.« Seine Botschaft hat ihm mitgeteilt, dass es deutsche Truppenbewegung an der polnischen Grenze gibt. Und Attolico bedrängt Ciano seit Wochen, endlich bei den Deutschen für Klarheit zu sorgen, dass Italien keinen Krieg will. Nun hat der Botschafter einen Teilerfolg errungen: Sein Chef will nach Deutschland kommen.

Auf dem Flugfeld in München-Riem landet die Privatmaschine von Heinrich Himmler. Der Reichsführer SS hatte das Flugzeug nach Athen geschickt, um eine kleine Gruppe von SS-Wissenschaftlern abzuholen. In Griechenland waren die Mitglieder einer Forschungsexpedition an Bord gegangen, die Himmler 1938 nach Asien gesandt hatte. Dort sollten sie nachweisen, dass es in Tibet Arier gibt und der nordische Herrenmensch dort seine Wurzeln hat. Ernst Schäfer leitet die Expedition, ein Zoologe, der nichts von den Ahnen-Fantastereien der Schutzstaffel hält, aber bereitwillig der SS beigetreten ist, um als Wissenschaftler Privilegien zu erhalten. Er und seine vier Begleiter haben eine anstrengende Tour hinter sich. Auf der Rückreise ging es von Tibet durch britisches Mandatsgebiet nach Kalkutta, dann über Karachi, Basra, Bagdad nach Athen. In München ist ihre Reise noch nicht vorbei, heute sollen sie nach Berlin weiterfliegen. Erst mal steht aber ein großer Empfang in Bayern an. Himmler begrüßt die Expeditionsteilnehmer persönlich. Ihre Ausbeute ist gewaltig: 2000 Samen von Wild- und Nutzpflanzen, Hunderte gepresste und getrocknete Pflanzenteile, 3500 Vogelbälger, 2000 Eier, 400 Säugetierfelle und Schädel, mehrere Tausende Schmetterlinge, Heuschrecken und andere Insekten, 2000 ethnologische Objekte und 400 anthropologische Daten – ein Teilnehmer hat die Tibeter vermessen und Abdrücke ihrer Köpfe gemacht. Und die Briten vermuten zudem, dass die deutschen Forscher auch versucht haben, Informationen über Militär und Bodenschätze zu sammeln. Schließlich standen sie über einen geheimen Kurzwellensender mit der Reichsleitung SS in Kontakt. Aber darüber schweigen die Wissenschaftler lieber.

Ein festliches Mittagessen steht in der sowjetischen Botschaft in London an. Iwan Maiski, seit sieben Jahren Botschafter in England, empfängt die Mitglieder einer Delegation, die das britische Militär nach Moskau schicken wird. Deren Leiter, Admiral Reginald Aylmer Ranfurly Plunkett-Ernle-Erle-Drax, hat nicht nur einen eindrucksvollen Namen, er gehört auch zu den ranghöchsten britischen Offizieren. Begleitet wird er von Luftmarschall Charles Stuart Burnett, Generalinspekteur der Royal Airforce. Burnett kann interessante Geschichten aus seiner langen Dienstzeit erzählen, bis 1935 war er Chef des Kommandos im Irak. An der Tafel des Botschafters sitzt außerdem noch Generalmajor Thomas George Gordon Heywood von der Royal Artillery. Das hochdekorierte Trio soll in der UdSSR über ein Militärabkommen sprechen. Schon im April hatte Stalin dieses Angebot gemacht, doch erst sechs Wochen später erklärten die Engländer und die Franzosen sich bereit, Sondierungsgespräche aufzunehmen. Die Unterredungen waren zäh, beide Seiten misstrauten sich.

Natürlich geht es in dem angestrebten Abkommen vor allem um ein gemeinsames Vorgehen gegen Hitler-Deutschland. Da Großbritannien mit Frankreich verbündet ist, würde ein Abkommen beider Staaten mit Russland die Entente aus dem Ersten Weltkrieg wiederherstellen. Damals war das deutsche Kaiserreich erfolgreich eingekreist worden. In Deutschland existiert durchaus die Sorge, dass sich in diesem Punkt die Geschichte wiederholen könnte.

Botschafter Maiski spricht während des Essens vor allem mit Admiral Drax, der rechts neben ihm sitzt. Maiski weiß, dass die Delegation per Schiff reisen wird, per Frachter. Er will wissen, weshalb die Briten kein schnelleres Transportmittel wählen. »Warum nehmen Sie kein Flugzeug«, fragt der Botschafter. »Wissen Sie, wir sind fast 20 Mann und haben eine Menge Gepäck«, antwortet der Admiral. »Es wäre unbequem mit dem Flugzeug.«

Maiski schlägt vor, dass die Briten doch dann wenigstens einen hochmotorisierten Kreuzer nehmen sollen, bis nach Leningrad. So ein Kriegsschiff würde doch Eindruck machen. Drax erwidert, das ginge nicht. Dann hätte kein Offizier an Bord mehr eine Kabine, weil alle Räume für die hochrangige Delegation geräumt werden müssten. Die »City of Exeter«, der Dampfer, würde zudem auch die französische Militärmission an Bord nehmen, die bereits in London eingetroffen sei. Damit gibt es noch mehr Passagiere, die sich auf einem Kriegsschiff zusammendrängen müssten.

Maiski versucht vergeblich, seinen Gesprächspartnern den Frachter auszureden. Er hat einen Mitarbeiter die »City of Exeter« anschauen lassen. Der Erste Sekretär der sowjetischen

Botschaft hat auch mit dessen Eigner gesprochen. Die Spitzengeschwindigkeit liegt bei 13 Knoten – keine 24 Stundenkilometer. Mit diesem Frachter wird die Überfahrt ewig dauern. Maiski versucht seine Gäste zu verstehen, aber es gelingt ihm nicht. Anscheinend haben Briten und Franzosen es nicht eilig, mit seiner Regierung ein Abkommen zu schließen. Denn verhandelt werden muss ja auch noch. »Und das zu einer Zeit, da in Europa der Boden unter unseren Füßen zu brennen beginnt!«, schreibt Maiski in sein Tagebuch. »Unglaublich! Will die britische Regierung wirklich ein Abkommen? Ich gelange immer mehr zu der Überzeugung, dass Chamberlain ungerührt ein eigenes Spiel spielt: Was er braucht, ist kein Dreierpakt, sondern Gespräche über einen Pakt als Trumpfkarte, um mit Hitler gut verhandeln zu können.«

Tatsächlich verachtet Chamberlain »Nazis« und »Bolshies« gleichermaßen. Aber den Kontakt mit Hitler sucht der Brite nur aus politischen Gründen – weltanschaulich steht er dem Nationalsozialismus genauso fern wie dem Sozialismus. Chamberlain versucht die Sowjetunion aus realpolitischen Gründen von Europa fernzuhalten, ebenso wie die Vereinigten Staaten von Amerika. So will er Englands Weltmachtrolle erhalten. In einem Punkt hat Maiski aber recht: Der britische Premier brennt wirklich nicht besonders für den Pakt mit der UdSSR. Im Gegensatz zu Winston Churchill, der im Frühjahr zu einer Abendveranstaltung in die sowjetische Botschaft gekommen war und aktiv für ein Bündnis mit den Russen wirbt.

Also bleibt Maiski gegenüber Chamberlain skeptisch. Und seine Zweifel an den Zielen der Militärkommission teilt er Moskau mit. Stalin und Molotow, der Volkskommissar für auswärtige Angelegenheiten, sind empört. Sie haben bereits von Spionen aus England erfahren, welche geringe Bedeutung einem Abkommen mit Stalin in London beigemessen wird. Aber diese offensichtliche Verzögerungspolitik ist besonders beleidigend. Molotow tobt, dass die Briten lediglich zweitklassige Beamte und Militärs schicken. Künftige Bündnispartner sollten mehr Wertschätzung füreinander zeigen.

Endlich erfährt der Leiter der SS-Fechtschule in Bernau, was die merkwürdigen Besucher gestern bei ihm wollten. Heydrichs Chefadjutant teilt ihm am Telefon mit, dass in den nächsten Tagen ein größeres Aufgebot von SS-Männern in seine Schule einziehen wird. Sie seien für einen besonderen Einsatz vorgesehen, der strikt der Geheimhaltung unterliege. Mindestens 120 SS-Leute und Gestapo-Mitarbeiter würden zu ihm kommen, vermutlich aber viel mehr. Die SS-Schule habe für Verpflegung und Unterbringung zu sorgen.

Am Abend um kurz nach acht Uhr landet die Asien-Expedition der SS in Berlin-Tempelhof. Die Mission endet damit nach sechzehn entbehrungsreichen Monaten. Ernst Schäfer und seine Mitstreiter gehen auseinander. Sie treffen endlich ihre Familien wieder, haben Zeit für Freunde und Hobbys, können die letzten warmen Tage des ausgehenden Sommers genießen. Heinrich Himmler hat allen hohe Dienstgrade in der Schutzstaffel verliehen. Feste Posten haben sie noch keine, sie sollen sich erst mal einige Wochen lang erholen.

5. August 1939, Sonnabend

Der Schreinergeselle Georg Elser zieht nach München. Dort
mietet er sich eine kleine Werkstatt. Elser, 36 Jahre alt, gibt
sich als Erfinder aus und beginnt, den Zeitzünder für eine
Bombe zu bauen. Elser will den Wahnsinn eines Weltkriegs
stoppen, bevor es dafür zu spät ist. Dafür ist er bereit zu mor-
den. Seinen Sprengsatz baut er für einen Anschlag auf den
»Führer«. Denn die Welt steuert wegen Hitler auf einen großen Krieg zu.

Bereits im Herbst 1938 hat er begonnen, über ein Attentat
nachzudenken. Als Schreiner arbeitete er für die Firma Wal-
denmaier, eine Armaturenfabrik, in Heidenheim. Dort erfährt
er von einer »Sonderabteilung für Rüstungsaufträge«, die im
Werk gegründet worden war, um lukrative Aufträge für die

Wehrmacht zu erhalten. Aufrüstung bedeutet für Elser steigende Kriegsgefahr. Also plant er einen Anschlag, um die Kriegstreiber aufzuhalten. In der Fabrik kann der Schreiner, der auf seine Kollegen durchaus gesellig wirkt, manchmal aber etwas eigenbrötlerisch daherkommt, mindestens 250 Presspulverstücke beschaffen, zum Sprengen. Er versteckt das Pulver in seiner Wohnung im Kleiderschrank, später in einem Holzkoffer mit doppeltem Boden. Im April 1939 arbeitet Elser dazu in einem Steinbruch bei Königsbronn, wo er mehr als 100 Sprengpatronen und 125 Sprengkapseln entwendet. Nach einem Arbeitsunfall im Mai ist er krankgeschrieben, nun kann er sich ganz auf seine Tat konzentrieren.

Elser hat keine Ausbildung für den Bombenbau und keinerlei Vorwissen. Er besitzt keine Schusswaffe und kann damit auch nicht umgehen. Er spielt gern Zither, engagiert sich in einem Trachtenverein, ist Vater eines unehelichen Jungen. Und er operiert allein – niemand unterstützt ihn bei seinem geplanten Tyrannenmord.

Aber er weiß, wo Adolf Hitler sich jedes Jahr am 8. November aufhält. Dann feiern die Nationalsozialisten den Jahrestag des Putschversuches von 1923 und ihren Marsch auf die Feldherrenhalle. Jahr für Jahr hält Hitler vor »alten Kämpfern« im Münchener Bürgerbräukeller eine Rede. Dort will Elser ihn erwischen. Im Vorjahr war er extra nach München gefahren, um sich das Spektakel anzuschauen. Ihm fiel auf, dass der Bürgerbräukeller nicht streng gesichert ist. In der Gastwirtschaft könnte er vielleicht gleichzeitig auch Göring und Goebbels treffen, also mit einer Bombe die gesamte Führungsmannschaft des NS-Staates töten.

Auch Elsers Zielperson trifft heute in München ein. Adolf Hitler verbringt einige Stunden in der »Hauptstadt der Bewegung«. Länger schon war er nicht mehr in seiner Wohnung am Prinzregentenplatz und auch nicht im »Braunen Haus«, der

Parteizentrale. Für seine NSDAP nimmt er sich nur wenig Zeit. Stattdessen hat er ein Treffen mit einer jungen, auffallend gut aussehenden Blondine. Unity Mitford hat sich wieder einmal mit ihm verabredet. Sollten britische Journalisten von dem Treffen erfahren, wird es sicherlich wieder große Schlagzeilen in der englischen Presse darüber geben.

Mancher Reporter deutete bereits an, Hitler habe mit der attraktiven Lady eine Affäre. Mitford dürften diese Gerüchte durchaus schmeicheln. Sie schwärmt weiterhin für Adolf Hitler. Und Mitford hat eine Mission. Sie versucht Hitler davon überzeugen, dass England nicht sein Feind ist. Ihr Heimatland dürfe auf keinen Fall gegen Deutschland Krieg führen, lautet ihr Credo. Vielleicht gelingt ihr heute, Adolf Hitlers Zorn auf die Briten ein wenig zu mildern. Beide wollen gemeinsam Mittag essen in der *Osteria Bavaria*, dort, wo sie sich im Februar 1935 kennengelernt haben.

Im März noch hat Adolf Hitler bei einem Essen ihre Hand gehalten und hat sie immer wieder mit »Kind« angesprochen, ganz liebevoll. Damals hat er es sehr bedauert, dass England und Deutschland sich so feindlich gegenüberständen.

Was für ein Getümmel am Bahnsteig. Junge Mädchen, Damen, Reporter und Fotografen drängen sich am Gleis, um »Goodbye« und »Au revoir« zu sagen oder um einfach bei einem geschichtsträchtigen Moment dabei zu sein. Iwan Maiski, der sowjetische Botschafter in London, ist ebenfalls zum Bahnhof St. Pancras gekommen, um sich von Admiral Drax und den anderen Generälen zu verabschieden. Von dort brechen die britische und die französische Militärdelegation gemeinsam zu ihrer Reise nach Russland auf. Per Zug fahren sie zum Hafen und gehen dort an Bord des Frachters.

Maiski trifft im Bahnhof auch Joseph Édouard Aimé Doumenc, den Leiter der französischen Mission. In *Le Matin*, der großen französischen Tageszeitung, hat ein früherer Kriegsminister über den Sinn der Reise geschrieben. »Die Soldaten werden uns sagen, was die russische Armee wert ist«, lautet die Überschrift. Viele Botschafter und viele Offiziere der russischen Armee sind in den vergangenen Jahren Stalins »großem Terror« zum Opfer gefallen. Drei von fünf Marschällen, dreizehn von fünfzehn Armeekommandeuren, acht von neun Admiralen und fünfzig von siebenundfünfzig kommandierenden Generälen hat Stalin verhaften und meist auch hinrichten lassen. Bis zu 35 000 Führungskräfte des Militärs insgesamt sind verschwunden. Nun wollen die Franzosen wissen, wie der neue Generalstab in der Sowjetunion tickt und wie weit die Aufrüstung fortgeschritten ist. Die UdSSR will allerdings ein Bündnis schließen und nicht nur Informationen über die Wehrkraft austauschen.

Die Briten, die gestern bei ihm in der Botschaft zu Gast waren, begrüßen Maiski wie einen alten Bekannten. Der Diplomat wünscht allen Glück, und das kommt von Herzen. Auch wenn er sich immer noch darüber ärgert, dass die Militärs an Bord des langsamen Frachters nach Leningrad reisen, hofft Maiski doch, dass eine Allianz gegen Hitler zustande kommt.

Auf dem Nachhauseweg kommt der Botschafter ins Grübeln. Er traut den Engländern weiterhin nicht, fürchtet, dass Premierminister Chamberlain gemeinsam mit den Nationalsozialisten einen Block gegen die UdSSR bilden könnte. In »Mein Kampf«, so weiß es Maiski, hat Hitler schließlich wohlwollend über die Briten geschrieben und hasserfüllt über die Slawen im Osten. »Der Slawe«, heißt es darin, »ist eine geborene Sklaven-Masse, die nach dem Herrn schreit.« Mit Slawe meint Hitler die Ukrainer, die Russen, Weißrussen und Polen. Nicht nur Maiski, auch Stalin hat »Mein Kampf« gelesen. Nazi-Deutschland müsste der natürliche Feind der UdSSR sein. Maiski hofft deswegen so sehr auf ein Bündnis seines Staates mit den Briten.

Ein tröstender Gedanke: Chamberlains Appeasementpolitik hat London und Berlin nicht näher zusammengebracht. Hitler fordert einfach immer wieder zu viel. Nun muss Maiski schmunzeln. Die Geschichte zeigt doch bisweilen einen boshaften Sinn für Humor.

Sicherlich weiß Maiski, dass Chamberlain noch vor elf Monaten vor seinem Kabinett Hitler als »skrupellos«, »grausam« und »herrschsüchtig« bezeichnet hat, aber auch als beeindruckende Persönlichkeit, als Mann, »dem man vertrauen kann, sobald er einmal sein Wort gegeben hat«. Was für ein Irrtum. Die Tschechen können das bezeugen.

Der diplomatische Vertreter Polens in der Freien Stadt Danzig schickt ein offizielles Schreiben an den Senat. Marian Chodacki kündigt darin an, dass die polnischen Zollinspektoren, die an der Grenze des Freistaats patrouillieren, künftig ihren Dienst bewaffnet verrichten würden. Bei einer weiteren Behinderung der Beamten durch Danziger Behörden werde Polen unverzüglich Vergeltung üben. Chodacki lässt, nachdem der Brief unterwegs ist, die Frauen und Kinder seiner Mitarbeiter evakuieren. Der Streit um die Zöllner eskaliert damit weiter – diesmal sorgen die Polen dafür, dass der Konflikt ernster wird.

Generalmajor Friedrich Eberhardt wird die Note des polnischen Vertreters genau studiert und daraus seine Schlüsse gezogen haben. Seine Männer könnten schon bald gegen die bewaffneten Zöllner in den Kampf ziehen. Eberhardt ist erst seit wenigen Wochen in Danzig. Am 9. Juni hat er hier einen Spezialauftrag übernommen. Eberhard, 47 Jahre alt, soll offiziell neue Polizeieinheiten aufbauen, tatsächlich aber stellt er eine paramilitärische Truppe auf, die »Gruppe Eberhardt«. Er diente schon im Ersten Weltkrieg, er machte danach Karriere, war Kommandeur des 44. Infanterieregiments. Am 1. April wurde er zum Generalmajor befördert. Er gilt als bewährter Ausbilder und Organisator. In Danzig hat er den heikelsten Auftrag seiner Karriere auszuführen.

Nun trägt er die Uniform eines Polizeigenerals. Ihm unterstehen zwei Danziger Polizeiregimenter, die mit den in die Stadt geschmuggelten Kriegswaffen ausgerüstet werden, ein Bataillon der SS und einige Einheiten der Wehrmacht. Sein Stab setzt sich aus Reservisten aus Danzig und aus Offizieren zusammen, die heimlich aus dem Reich in die Stadt versetzt wurden.

Ob Danzig ein Gesprächsthema beim Mittagessen in München ist? Adolf Hitler betritt mit einigen Begleitern die *Osteria Bavaria*. Das italienische Restaurant gehört zu seinen Lieblingsplätzen. Es liegt an der Ecke Schellingstraße und Schraudolfstraße, ganz in der Nähe des Ateliers von Hitlers Fotografen Heinrich Hoffmann und der alten Zentrale der NSDAP. Der Raum ist eng, dunkles Holz dominiert, hier sieht es nach altbayerischem Wirtshaus, mehr nach Haxe und Kraut als nach leichter mediterraner Küche aus. Adolf Hitler schätzt die Küche der *Osteria*, die auch für ihn als Vegetarier viel bietet.

Gern zieht er sich weit in den Raum zurück, sitzt hinten rechts in der Ecke oder bei gutem Wetter an einem Tisch im Innenhof. Seine Adjutanten warnen den Wirt stets vor, wenn Hitler kommt. Denn längst ist in München bekannt, dass der »Führer« hier gern speist. Seine SS-Leibwache muss oft genug Schaulustige davon abhalten, Hitler beim Essen zu stören.

Gemeinsam mit Unity Mitford setzt Hitler sich auch heute an einen Tisch in einer ruhigen Ecke. Die englische Aristokratin wirkt in solchen Momenten einfach nur glücklich. Am liebsten würde sie jeden Tag in seiner Nähe verbringen. Doch in diesem Sommer, in dem Hitler mögliche Angriffe plant und versucht, seine außenpolitischen Ziele durchzusetzen, sieht sie ihn nur sehr selten. Viel Zeit hat Hitler auch heute nicht für sie. Am späten Nachmittag will er schließlich noch zum Obersalzberg bei Berchtesgaden fahren. Wenn er große Entscheidungen fällen muss, zieht er sich gern auf seinen *Berghof* zurück.

Stundenlange Gespräche mit seinen Mitarbeitern und Vertrauten bei Spaziergängen, beim Auf- und Abgehen auf der Terrasse oder beim Teetrinken bringen ihm Klarheit, meistens sind die Gesprächsanteile jedoch ungleich verteilt, führt er endlose Monologe.

Unity Mitford sollte sich in Berchtesgaden besser nicht sehen lassen. Denn Eva Braun, die inoffizielle Lebensgefährtin des »Führers«, verbringt dort den Sommer mit ihm. Schon mit 18 Jahren hat sie sich in Hitler verliebt, den sie im Atelier des Fotografen Heinrich Hoffmann kennengelernt hat, wo sie damals arbeitete. Sie ist eine attraktive Frau, mittelgroß, blond und hat eine sportliche Figur. Und sie ist sehr eifersüchtig, vor allem auf Unity Mitford, die sie als Kontrahentin um Hitlers Gunst ausgemacht hat. Vor einem Jahr saßen beide Frauen beim Parteitag in Nürnberg ganz nah beieinander auf einer Tribüne. Braun hat sich in ihrem Tagebuch schon negativ über die britische »Walküre« ausgelassen, die sich für ihren Adolf interessiere. Freundinnen werden Unity und sie sicherlich nicht mehr. Zumal Unity sich bestens mit Magda Goebbels versteht, der Grande Dame des »Dritten Reiches«, die Hitler immer wieder zu öffentlichen Anlässen begleiten darf. Eva Braun hingegen muss dann zu Hause bleiben. Ihre Existenz wird vor der Öffentlichkeit geheim gehalten. Darunter leidet Braun, die von einer Hochzeit mit Hitler träumt. Zwei Selbstmordversuche hat sie schon unternommen.

Eine Ehe kommt für ihren Adolf nicht in Frage. Zumindest nicht aktuell. Er weiß, dass viele deutsche Frauen an ihm hängen, weil er ledig ist. Sie würden ihn nicht mehr anhimmeln, fürchtet Hitler, er wäre nicht mehr ihr Idol, wenn er gebunden wäre.

Auf dem *Berghof* lebt Eva Braun an der Seite Hitlers – zumindest solange kein offizieller Besuch kommt, dann muss sie sich in ihrem Zimmer verstecken. Wenn keine ausländischen Diplomaten, Staatschefs oder Militärs zu Gast sind, tritt Eva Braun als Hausherrin auf. Hitler und sie leben durchaus luxuriös. Der *Berghof* verfügt über eine Zentralheizung, das Kino, große Küchen mit allen möglichen Apparaten und Maschinen, einen Wintergarten, Sommerlauben. Verbaut wurde exklusives Material, Marmor und Natursteine, erlesene Hölzer aus Südamerika. Die Möbel stammen aus dem Biedermeier oder dem Barock. Um den Haushalt kümmert sich eine Heerschar von Bediensteten.

In der Nachbarschaft haben sich Hermann Göring und Albert Speer ihre Landhäuser gebaut. Und die SS-Wachkompanie unterhält eine eigene Kaserne mit Mannschaftsunterkünften, einer Turnhalle, unterirdischem Schießstand und Bunkern. Zum Berg gehört auch noch ein Gutshof mit Backstube sowie Mostkelterei, ein Postamt, ein Gästehaus, ein Gewächshaus und ein Gestüt. Über allen thront das Landhaus von Martin Bormann, der für Hitler den Obersalzberg ausbaut und verwaltet. Er sucht stets die Nähe zu seinem »Führer« und kann von seinem Anwesen auf den *Berghof* blicken.

Nach dem Essen verabschiedet sich Hitler wie immer in großer Höflichkeit von Unity Mitford. Beiden ist wohl klar, dass sie sich länger nicht wiedersehen werden.

In Danzig erfährt Carl Jacob Burckhardt von der Note des polnischen Vertreters. Seine Aufgabe ist es, zwischen Deutschen und Polen zu vermitteln. Der Hohe Kommissar des Völkerbundes wird mit der »erstinstanzlichen Entscheidung aller Streitigkeiten betraut«, heißt es in Artikel 103 des Versailler Vertrags. Sogleich spricht Burckhardt mit Chodacki, dem polnischen Vertreter, und mit dem deutschen Senatspräsidenten Arthur Greiser. Der Nationalsozialist, der öffentlich meist in der schwarzen Uniform eines SS-Offiziers auftritt, versichert Burckhardt, die Deutschen hätten nie beabsichtigt, die polnischen Zöllner zu behindern. Er verspricht dem Völkerbund-

Diplomaten, dass er Chodacki anrufen werde, um das Missverständnis aufzuklären. Aber Greiser ist ein rabiater Nationalsozialist, ein Einpeitscher, der seit Jahren die Polen immer wieder provoziert. Mit 17 meldete er sich als Kriegsfreiwilliger. Er kämpfte als Marineinfanterist in Flandern und kam dann zur Luftwaffe. Im Jagdgeschwader Richthofen erhielt er Auszeichnungen und wurde zum Offizier befördert. Nach dem Krieg schloss er sich rechten Freikorps an. 1928 trat er in die NSDAP ein und war bald als Schläger bekannt, ein Mann für Saalschlachten.

Mit solchen Charakteren hat der 47-jährige Burckhardt, der Intellektuelle, der Schweizer Gelehrte und Feingeist, der Freund des Dichters Hugo von Hofmannsthal und Sohn einer Basler Bürgerfamilie, in Danzig zu tun.

Im Streit mit Polen scheint Greiser diesmal aber nachzugeben. Tatsächlich telefoniert er mit Chodacki. Burckhardt ist erleichtert, wenigstens den Konflikt um die Zollinspektoren konnte er entschärfen. Ein kleiner Erfolg in diesen angespannten Tagen in Danzig.

Die Manns beenden ihren Sommerurlaub in Noordwijk in der Provinz Südholland. Katia Mann hat alles zusammengepackt. Ihr Mann Thomas hat einfach genug vom Wetter an der niederländischen Nordseeküste. Am 15. Juni waren Katia und Thomas Mann ins *Huis ter Duin* gezogen. Sie hatten sich so auf Europa gefreut. Eigentlich wollten sie in diesem Sommer auch noch in die Schweiz reisen. Aber Katia Mann war das zu gefährlich – für ihren Vater und ihre Mutter, die immer noch in Deutschland festgehalten werden. Beide haben jüdische Vorfahren und sind daher in Gefahr, Opfer des nationalsozialistischen Rassenwahns zu werden. Seit den Novemberpogromen im Vorjahr, bei denen die Nationalsozialisten überall in Deutschland jüdische Einrichtungen, Läden und Synagogen zerstört haben sowie Dutzende Menschen ermordet und mindestens 30 000 Juden in Konzentrationslager verschleppt haben, ist klar, dass Alfred und Hedwig Pringsheim so schnell es geht ihr Heimatland verlassen müssen. Seit Monaten bereitet Katia Mann die Ausreise ihrer Eltern vor. Endlich scheint es so, als ob die Pringsheims das Land verlassen dürfen. Sie sollen bald nach Zürich auswandern. 75 Prozent ihres Vermögens müssen sie vorher den deutschen Behörden übergeben: Reichsfluchtsteuer nennen die Nationalsozialisten die erzwungene Abgabe. Und obwohl Alfred Pringsheim mehrfacher Millionär war vor der Machtübernahme der Nationalsozialisten, muss er große Teile seiner Kunstsammlung verkaufen, um die Ausreise bezahlen zu können.

Aber noch sind die Eltern nicht in Sicherheit. Und deshalb wollen die Manns, die von den Nationalsozialisten gehasst und auch im Ausland beobachtet werden, die Ausreise nicht dadurch gefährden, dass sie in der Schweiz warten. Angespannte Wochen sind das für Katia Mann – und ihren Thomas.

Ihr Mann arbeitet dennoch fleißig. Andere Schriftsteller verstummen im Exil, finden keine neuen Verleger oder keine Worte mehr, um ihre Erfahrung auszudrücken. Nicht so Thomas Mann. Er zehrt von seinem Weltruhm. 1929 hat er den Literaturnobelpreis verliehen bekommen. Ihn wollen Leser auf dem ganzen Globus lesen.

Das wissen auch die deutschen Diplomaten. Sie beobachten überall auf der Welt, was die Manns auf ihren Reisen tun – und noch wichtiger, wie sie sich über Deutschland äußern. Kritisiert er die Regierung in Berlin? Spricht er negativ über den Nationalsozialismus? All das wird notiert und an das Außenministerium geschickt.

Ernst von Weizsäcker, einst deutscher Vertreter in Bern, hatte beispielsweise von dort gemeldet, dass Thomas Mann den »bisherigen Langmut der deutschen Behörden gegenüber seiner Person mit höhnischen Bemerkungen bedacht« habe. Der Literat erfülle den Tatbestand »feindseliger Propaganda gegen das Reich im Ausland«. Tatsächlich hatte Mann nach Hitlers Machtübernahme gut drei Jahre lang weitgehend geschwiegen. Dann begann er seinen publizistischen Kampf gegen das Regime. »Hitler – das Chaos« überschrieb er einen Essay im vergangenen Jahr. »Die Heimsuchung Deutschlands nun gar durch den Hitlerismus hat diesen ursprünglich unpolitischen Schriftsteller zu einem aus tiefster Seele Protestierenden, hat ihn zum Emigranten und zum politischen Kämpfer gemacht«, schrieb Thomas Mann über sich selbst.

Deswegen hat Reinhard Heydrich, Chef der Geheimen Staatspolizei, der Sicherheitspolizei und des Sicherheitsdienstes, großes Interesse an allen Informationen über den Literaturnobelpreisträger. Er bekämpft schließlich sämtliche »Volksfeinde«. In einem Aufsatz hat er 1937 geschrieben: »Die Gesamtaufgabe der Sicherheitspolizei ist, das deutsche Volk als Gesamtwesen, seine Lebenskraft und seine Einrichtungen gegen jede Art von Zerstörung und Zersetzung zu sichern«, und weiter: »die Angriffe aller Kräfte abzuwehren, die in irgendeiner Weise die Gesundheit, Lebenskraft und Handlungsfähigkeit des Volkes und des vom Volk organisierten Staates schwächen und zerstören können«.

Und Heydrich zählt die Familie Mann zu diesen »Gefährdern«. Schon im Sommer 1933 stellte er einen »Schutzhaftbefehl« gegen Thomas Mann aus. Doch der Literat war in der Schweiz vor seinen Nachstellungen sicher. Danach hatte Heydrich mehrfach vergeblich die Ausbürgerung der Manns gefordert. Das Auswärtige Amt verhinderte diesen Schritt lange, aus Sorge um den Ruf Deutschlands im Ausland. Doch 1936 setzten sich Heydrich und andere Hardliner durch: Thomas Mann und seiner Frau Katia wurde die Staatsangehörigkeit aberkannt.

Der SD ist offiziell der Geheimdienst der Partei, tatsächlich aber dient er vor allem den Interessen der SS. Mehr als 3000 Mitarbeiter sind für den Sicherheitsdienst tätig, fast alle sind Mitglieder der Schutzstaffel. Zum Staatsschutzkorps gehören zudem die Polizisten der Gestapo. Für sie arbeiten mehr als 7400 Beamte. Die Nationalsozialisten bauen die Überwachung ihrer Gegner immer weiter aus.

Heydrich sieht aus wie ein SS-Mann aus dem nationalsozialistischen Bilderbuch: Blonde Haare, blaue, kalte Augen, ganz und gar eine nordische Erscheinung: 1,85 Meter groß, rank und schlank. Viele Menschen, die ihn treffen, finden sein Auftreten furchteinflößend, irgendwie unheimlich. Vielleicht schreckt sie bereits die Macht ab, die Heydrich ausstrahlt. Er verantwortet gemeinsam mit seinem Chef Himmler den permanenten Terror durch die Sicherheitskräfte. Er gilt als fähiger Organisator, der über eine rasche Auffassungsgabe verfügt und über ein ausgezeichnetes Gedächtnis für Namen und Gesichter sowie über ein unnachahmliches Gespür für das, was Adolf Hitler wirklich wichtig ist.

Über ihn öffentlich Witze zu reißen, ist nicht ratsam. Tausende Spitzel arbeiten für Gestapo und SD. Heydrich zum Gegner zu haben, das überleben in Deutschland nicht viele. Gegen die Familie Mann vorzugehen, dafür fehlt Heydrich allerdings die Zeit. Er hat gerade Dringlicheres zu tun.

Immer wenn Hitlers riskante außenpolitische Pläne umgesetzt werden sollen, kommt Heydrich ins Spiel. Im vergangenen März war er beim Anschluss Österreichs und des Sudetenlandes in erster Reihe dabei. Und in diesem Frühjahr half er dabei, die Tschechoslowakei auszuschalten. Das Land hatte 1936 Katia, Thomas und Golo Mann die Staatsbürgerschaft verliehen, nachdem die deutschen Behörden den Literaten heimatlos gemacht hatten. Nun beschäftigt sich Heydrich mit Polen. Eine »Zentralstelle IIP Polen« legt seit Mai bereits Orts- und Personenkarteien an. Damit sammelt Heydrich Informationen über Feinde – und mögliche Einsatzorte seiner Männer.

Im Juli traf sich Heydrich mit seinen Amtsleitern bei sich zu Hause. Sie beschlossen das Aufstellen von Einsatzgruppen in Polen. Kurz darauf erlässt Heydrich schließlich die »Richtlinien für den auswärtigen Einsatz der Sicherheitspolizei und des SD«, darin legt er den Auftrag der Einsatzgruppen fest: »Bekämpfung aller reichs- und deutschfeindlichen Elemente in Feindesland rückwärts der fechtenden Truppe«.

Anfang August führt er zudem viele Gespräche mit seinen Männern wegen verschiedener Geheimaufträge im Osten. Einer von ihnen ist Herbert Mehlhorn. Ihn hat Heydrich aus der Slowakei nach Berlin beordert. In seinem Amt weiht der SD-Chef seinen Untergebenen in seine Pläne ein. Auf Befehl des Führers sollen Zwischenfälle an der deutsch-polnischen Grenze vorgetäuscht werden, sagt der SD-Chef. Mehlhorn ist entsetzt. Das sei doch Aufgabe der Wehrmacht, erwidert er. Mehlhorn hat Skrupel. Wenn die Aktion auffliegt, werde das dem Ansehen Deutschlands schaden. Heydrich hört seinem Gesprächspartner ruhig zu. Dann sagt er nur, es handle sich um einen Führerbefehl. Dagegen gebe es keine irgendwie gearteten Erwägungen.

Nun geht der SD-Chef ins Detail. Er plane einen Überfall auf den Sender Gleiwitz, den Einfall einer angeblich polnischen Kompanie bei Ratibor und die Attacke eines Insurgentenhaufens bei Kreuzburg. Mehlhorn spielt die Ideen kurz durch. Eine so groß angelegte Aktion mit so vielen Mitspielern sei Unsinn, sagt der SS-Offizier. Es gebe zu viele Zeugen, das nachträgliche Bekanntwerden sei unvermeidlich.

Eigentlich hatte Heydrich vorgesehen, Mehlhorn mit der Gesamtleitung der Aktion zu beauftragen. Doch dessen offensichtliche Zweifel schrecken den zweitmächtigsten Mann der SS ab. Mehlhorn, so befiehlt es Heydrich, solle lediglich die Planung für die Missionen bei Pitschen und Kreuzburg überprüfen – als »generalstabmäßiger Bedenkenrat«. In Oppeln soll der SS-Offizier in der dortigen Gestapo-Stelle seine Operationszentrale einrichten. Sein Auftrag lautet: mögliche Pannen verhindern. Dafür solle der Offizier sich »an Ort und Stelle die Gegebenheiten« ansehen. Die Leitung der Gesamtoperation bleibt bei Reinhard Heydrich, er behält nun die gesamte Befehlsgewalt für sich.

Eine Geheimoperation, wenn auch ganz anders, als Heydrich sie plant, läuft heute in Hamburg an. Sieben Engländer reisen auf verschiedenen Wegen in die Hansestadt. Sie checken in den Luxushotels *Vier Jahreszeiten* und *Atlantic* an Innen- und Außenalster ein. Die Briten sind nach Deutschland gekommen, um mit Göring darüber zu sprechen, wie der Frieden erhalten werden kann. Birger Dahlerus wartet schon in Hamburg auf die kleine Delegation.

Der Schwede, 48 Jahre alt, kennt Europa und die Europäer. Die Briten schätzt er für die Freundschaft und das Vertrauen, das sie ihm entgegenbringen. Deutschland kennt Dahlerus ebenfalls seit Jahren, im Ersten Weltkrieg arbeitete er für das Bergedorfer Eisenwerk bei Hamburg. Auf Geschäftsreisen in Deutschland lernte er eine Witwe kennen, Elisabeth Nissen, die er heiraten wollte, aber die Behörden machten ihm dabei Probleme. Ein Vormund musste der Ehe zustimmen, weil es einen Sohn aus erster Ehe gab. Doch der Mann, ein Nationalsozialist, weigerte sich. Dahlerus beschwerte sich 1934 deswegen bei Göring, dem preußischen Ministerpräsidenten. Und dieser half dem Schweden tatsächlich. Das Paar bekam die Hochzeitserlaubnis. Der Unternehmer bedankte sich persönlich beim Ministerpräsidenten und versprach ihm, dessen Stiefsohn, der in Stockholm lebte, bei Bedarf zu unterstützen. Im Mai 1935 rief Göring dann bei Dahlerus in dessen Kontor an und bat den Industriellen darum, seinem Stiefsohn eine Anstellung zu verschaffen.

Dahlerus besorgte dem jungen Mann einen Job. Göring war ihm dankbar. Beide Männer sahen sich nun öfter, meist zweimal im Jahr, wenn der Nationalsozialist in Schweden war oder der Geschäftsmann in Berlin. Nun hilft Dahlerus erneut Göring und organisiert dessen kleine diplomatische Konferenz. Er hofft, dass der Politiker kein Spiel mit ihm spielt. Denn als Pazifist ist der Nationalsozialist nicht gerade bekannt. Im vergangenen Jahr konnte es Göring nicht schnell genug gehen, als der Anschluss Österreichs vorbereitet wurde. Damals galt er als einer der Scharfmacher. Seine Mission hält Dahlerus dennoch bei allen Zweifeln für so wichtig, dass er dieses Risiko eingeht. Er sieht es als die Pflicht der verantwortlichen Politiker an, einen Krieg zu vermeiden.

Am Abend kommen die Engländer mit Dahlerus zusammen, sie besprechen den Plan für die nächsten Tage. Montag werden sie in zwei Autos mit schwedischen Kennzeichen, die Dahlerus bereitstellt, nach Norden fahren in Richtung dänischer Grenze. Dort, in der norddeutschen Einsamkeit, sollen sie dann auf Hermann Göring treffen.

Um Krieg und Frieden geht es auch bei einem vertraulichen Gespräch in London. Guy Burgess isst zu Abend mit einem Major. Burgess, ein britischer Spitzenbeamter und Gentleman, spioniert seit Jahren für die Sowjetunion. Das ahnt der Offizier nicht, der eine anregende Unterhaltung mit Burgess führt. Und so erfährt der Spion heute viel über die britische Militärmission, die nach Moskau reist. Der Major hat einige Mitglieder getroffen und weiß, dass sie kaum Befugnisse haben und kein Abkommen mit den Sowjets schließen dürfen. Warum treten sie denn überhaupt die beschwerliche Reise an? Burgess meldet diese brisanten Neuigkeiten gleich nach dem Treffen an seine Auftraggeber.

Burgess ist einer von mehreren Spionen, die an den Schnittstellen der Macht sitzen und für den sowjetischen Geheimdienst NKWD arbeiten. Stalins Männer gehören zum britischen Establishment. Sie sammeln streng geheime Informationen über die Außenpolitik, die Aufrüstung und das Militär.

Die aktuellen Informationen dürften das Misstrauen bei Stalin und Molotow gegenüber den Briten noch stärken. Die Wiederauferstehung der Entente aus dem Ersten Weltkrieg gegen Deutschland wird damit eher unwahrscheinlich.

III. Feuerteufel

6. August 1939, Sonntag

Zu den Kriegsvorbereitungen des Dritten Reiches gehören die seit Jahren betriebenen verschiedenartigen Unternehmungen zur Unterwühlung der englischen Machtposition. Das von Deutschland ausgebildete System einer Kombination von Propaganda, Spionage und Organisation der Auslandsdeutschen wird an allen wichtigen Punkten des Empire angewendet.

Neuer Vorwärts, Sozialdemokratisches Exil-Wochenblatt

Engländer bestätigt Polens Raubgier
Berichterstatter des ›Daily Express‹ sucht vergeblich nach ›deutschem Aufmarsch‹.

Völkischer Beobachter

Polen feiert mit einem Staatsakt ein Ereignis, das ein Vierteljahrhundert zurückliegt: die Gründung der polnischen Legion, eines Verbands, der im Ersten Weltkrieg an der Ostfront gegen die russische Armee kämpfte. In Krakau hält Marschall Edward Rydz-Smigly eine Ansprache vor Tausenden Zuhörern. Er bezeichnet das jahrhundertelang mit Polen verknüpfte Danzig als »Lunge des polnischen Wirtschaftskörpers«. Und er droht unverhohlen den Regierenden in Berlin. Jeder Versuch, die Interessen, Rechte und Würde Polens anzutasten, werde zurückgewiesen. Unter den Nationen habe Polen viele Freunde, die den polnischen Standpunkt verständen.

Nach seiner Ansprache vor den Mitgliedern vieler uniformierter Verbände geht Rydz-Smigly in die Wawel-Kathedrale. Das mehr als 900 Jahre alte Gotteshaus gilt als Nationalheiligtum, in seinen Mauern wurden die polnischen Monarchen getraut, gekrönt und bestattet. Auch bekannte Künstler und Helden des Landes wurden in der Kathedrale zu Grabe getragen. Dort ehrt Rydz-Smigly an der Gruft Marschall Pilsudskis den Begründer des modernen polnischen Staates, der vor vier Jahren gestorben ist. Danach nimmt er eine Parade der Armee und von paramilitärischen Verbänden ab. Polen marschiert an diesem Sonntag, Polen zeigt Stärke.

Mit Sorge verfolgen die Amerikaner die diplomatische Annäherung zwischen der UdSSR und Deutschland. Ein Mitarbeiter in der deutschen Botschaft in Moskau versorgt die USA ständig mit Informationen über Hitlers diplomatische Vorstöße. Präsident Roosevelt versucht nun, Stalin davon abzuhalten, sich mit den Nationalsozialisten einzulassen. Er lässt den mächtigen Mann der Sowjetunion warnen, dass Hitler nach einem Sieg über Frankreich als nächstes Opfer die Sowjetunion auswählen werde. Der US-Präsident appelliert an Stalin, ein Bündnis mit England und Frankreich zu schließen.

Dass Hitler düstere Pläne verfolgen könnte, das befürchtet Stalin natürlich selbst. Er ist schließlich bekannt für seine Paranoia. Und er hat »Mein Kampf« gelesen. Für ihn ist Hitler kein neuer Freund, er hält ihn weiterhin für einen ideologischen Widersacher und ahnt, dass er künftig ein Feind sein dürfte. Stalin hofft aber, mit einer Annäherung an die Deutschen den Krieg nach Westen verlagern zu können. Sollen sich doch Großbritannien und Frankreich mit den Deutschen herumschlagen. Ein solcher Konflikt würde die Sowjetunion nur stärken. Der Vertrag mit Deutschland ist für ihn nicht mehr als eine Zweckehe auf Zeit. Die Frage ist nur, wie lange sie halten wird.

Viel Verständnis hat Albert Einstein in den vergangenen Jahren für Stalin aufgebracht, selbst die brutalen und zynischen Schauprozesse in Moskau hat er verteidigt. Die Sorge Roosevelts, dass die sowjetische Außenpolitik naiv wäre, teilt er auch nicht. Was sollte Stalin denn anders machen? Er betreibe eben Realpolitik.

Denkt Einstein heute an die große Politik, oder kann er unbeschwert den Sommer auf Long Island genießen? Der Begründer der Relativitätstheorie pflegt zwei Leidenschaften in seinem Urlaub: Violine spielen und Segeln gehen. Sein Boot heißt »Tinef«, Jiddisch für Kram oder Plunder. Einstein ist ein schlechter Seemann, der auf dem offenen Meer beim Navigieren und Kreuzen gegen den Wind oft Probleme bekommt. Die Einheimischen schmunzeln über den genialen Kopf da draußen auf dem Wasser, der sich mit dem Boot abmüht. Die Bewohner von Long Island wachsen quasi auf dem Ozean auf. Was die meisten nicht wissen: Einstein kann nicht schwimmen. Seiner Liebe zur See tut das keinen Abbruch.

Aufs Wasser, genauer auf Alster und Elbe, schauen heute auch sieben Briten in Hamburg. Birger Dahlerus hat für die Delegation aus London eine Rundtour durch die Stadt organisiert. Sie essen danach gemeinsam Lunch. Später kommen sie im Luxushotel *Vier Jahreszeiten* zusammen. Dahlerus hat einen Bekannten aus Hamburg dazu geladen, einen Architekten, dessen Mutter Engländerin ist. Als Person mit Weitblick hat der Schwede den Mann in Erinnerung. Er soll den Briten einen Einblick geben, wie normale Deutsche die internationale Krise dieser Tage bewerten. Was der Architekt dann erzählt, gefällt Dahlerus nicht besonders, und die Briten sind entsetzt. Deutschland habe mit wirtschaftlichen Schwierigkeiten zu kämpfen, weil es sich wegen der von England, Frankreich, den USA und Russland getroffenen Maßnahmen nicht erholen könne. Solange die anderen Staaten gegen Deutschland arbeiteten, würden die Sorgen der Menschen nicht geringer werden. Die Propaganda wirkt – der Architekt glaubt, was ihm die vom Staat gelenkten Medien servieren.

Am Nachmittag steigen die Briten dann in zwei Wagen Dahlerus', die er extra aus Schweden hat kommen lassen. Die Chauffeure sind zuverlässig und verschwiegen. Ihr Ziel ist der Sönke-Nissen-Koog in Nordfriesland. Sie übernachten dort. Damit seine Gäste wirklich ungehemmt über alles reden können, quartiert sich Dahlerus in einem kleinen Hotel in Bredstedt ein, gut elf Kilometer vom Koog entfernt.

In seinem Sonderzug fährt Hermann Göring heute ins Sudetenland. Dort trifft er Funktionäre und lässt sich über die wirtschaftliche Lage informieren. Vor allem interessiert ihn das sudetendeutsche Braunkohlerevier. Lange bleibt Göring nicht in der Region. Am Landungsplatz Bodenbach steigt er an Bord seiner Luxusjacht, die dort auf ihn wartet. Mit der »Carin 2« geht es die Elbe stromabwärts nach Dresden. Erneut führt er Gespräche über Wirtschaftsfragen. Dann setzt der Generalfeldmarschall seine Bootstour fort. Er steuert Meißen an. Seine Sommerreise als wichtigster Wirtschaftsbeauftragter des »Führers« steht ganz im Zeichen der Aufrüstung.

In Dessau macht er noch einen Stopp bei den Junker-Werken. Dort baut der Konzern Kampfflugzeuge für die Wehrmacht. Göring, der Kampfflieger im Ersten Weltkrieg war, bleibt mehrere Stunden. »Es ist schon einige Jahre her, seit ich das letzte Mal zu Euch sprechen konnte«, sagt er in einer Rede vor der Belegschaft. »Diese Jahre waren voll gewaltiger, geschichtlicher Ereignisse. Und zwar mit deshalb, weil Deutschland wieder über eine gewaltige Luftflotte verfügt.« Auch über die Außenpolitik spricht der Generalfeldmarschall. England sei dabei, das Drama von 1914 zu wiederholen. »Wir bedrohen England nicht«, ruft Göring. »Wenn es aber glaubt, uns überall in der Welt treten zu können, muss

es auch die Verantwortung für die Störung des Friedens übernehmen.«

Görings inoffiziell Beauftragter für die Geheimdiplomatie liegt
in dieser Nacht sehr lange wach. Birger Dahlerus findet nicht
in den Schlaf. Viel zu aufgeregt ist er. Die Konferenz morgen
beschäftigt ihn. Will Göring wirklich den Frieden erhalten?
Und was ist mit Hitler? Im Hotel *Landwirtschaftliches Haus* in
Bredstedt spuken Dahlerus immer neue Gedanken, weitere
Probleme und Lösungen im Kopf umher. Wie wird der mor-
gige Tag ablaufen, fragt er sich. Kann das von ihm organisierte
Treffen wirklich dazu beitragen, den Frieden zu bewahren?
Würden die Briten Vertrauen zu Göring aufbauen können?
   Birger Dahlerus weiß nur zu gut, dass er ein einfacher Bürger aus einem kleinen neutralen Staat ist. Unendlich wenig
kann ein Einzelner bewirken. Wenn er aber nur einen ganz
kleinen Teil dazu beitragen könnte, eine Katastrophe zu verhindern, dann lohnt sich jede Mühe. Erschöpft fällt Dahlerus
irgendwann in einen kurzen, wenig erholsamen Schlaf.

7. August 1939, Montag

Polen versuchten Brandstiftung auf Danziger Gebiet

Deutsches Nachrichtenbüro

Polnische Brandstifter am Werk

Rheinsberger Zeitung

Polnische Brandstiftung auf Danziger Gebiet

Baruther Anzeiger

Inmitten der nordfriesischen Marsch trifft sich gleich eine illustre Runde. Im Haus von Birger Dahlerus' Frau soll Hermann Göring mit den sieben britischen Geschäftsmännern auf dem Sönke-Nissen-Koog an der Nordsee zusammenkommen. Erst seit 1926 ist der Koog eingedeicht. Hof *Elisabethbay* hat weiße Außenwände und ein grünes Dach, ein gemütlicher Ort für eine Konferenz. Das Wetter an der Küste ist heute prächtig, die Sonne strahlt mit Kraft, der Himmel ist wolkenlos, den Urlaubern an der See steht ein schöner Tag am Strand bevor.

Dahlerus hat alles versucht, um dem Anwesen einen neutralen Anschein zu geben. Auf dem Koog weht die schwedische Flagge, es gibt schwedische Speisen, und der Hausherr hat schwedische Angestellte mitgebracht.

Die Briten sind gut vorbereitet, sie waren früh im Bett und warten nun auf Göring. Gemeinsam mit Dahlerus frühstücken sie. Dann verlässt ihr Gastgeber die Runde und fährt nach Bredstedt. Dort will er Hermann Göring treffen.

Der Besuch des mächtigen Mannes in der Region bleibt nicht geheim. Als sein Sonderzug kurz vor acht Uhr morgens im Bahnhof der Kleinstadt Bredstedt einrollt, gibt es einen Menschenauflauf. Einer der bekanntesten Männer des »Dritten Reiches« in Nordfriesland? Vermutlich will er sich hier in der Abgeschiedenheit erholen, denkt mancher Friese. Das Treffen mit den Briten bleibt tatsächlich geheim.

Im großen Wohnzimmer von *Elisabethbay* stellen die sieben Engländer und Göring, der noch zwei Mitarbeiter mitgebracht hat, sich vor. Dann beginnen die Gespräche. Göring gibt einen längeren Überblick über die deutsche Außenpolitik. Sollte es zum Krieg gegen Polen kommen, dann muss sich die Regierung in London heraushalten, das wünscht sich der einflussreiche Nationalsozialist. So deutlich sagt er das seinen Gegenübern nicht. Aber er versucht auch heute wieder, England von einer militärischen Hilfe für Polen abzuhalten und seine Zuhörer davon zu überzeugen, dass Deutschlands Drang nach Osten keine britischen Interessen verletzt.

Göring ist mittelgroß und stark übergewichtig. Seitdem er beim Hitler-Putsch 1923 angeschossen wurde, nimmt er starke Schmerzmittel, ist abhängig von Opiaten. Doch seine Sucht sieht man ihm nur selten an. Sein glatt rasiertes Gesicht hat sympathische Züge, ein energisches Kinn, einen gut geschnittenen, fast weichen Mund, dessen Winkel optimistisch nach oben gebogen sind. Seine Nase ist klein, sein Haar voll und immer noch mittelblond. Seine grün-blauen Augen können sehr streng blicken, aber auch gewinnend, wenn ihm der Gesprächspartner wichtig ist. Göring spricht in einem wohlklingenden Bariton – manchmal ist seine Stimme aber auch schneidend und scharf. Er neigt zu cholerischen Wutausbrüchen. Aber die Gäste aus England behandelt er ausgesprochen zuvorkommend.

Ein Nationalsozialist aus Danzig, der seine Karriere auch Hermann Göring verdankt, trifft heute Adolf Hitler. Der »Führer« hat Gauleiter Albert Forster zu sich auf den Obersalzberg zitiert. Auf dem *Berghof* empfängt der »Führer« seinen Gast. Natürlich sprechen beide über die Krise mit Polen. Forster, 37 Jahre alt, gewinnt den Eindruck, dass Hitler die Grenzen seiner Geduld mit den Polen erreicht habe. Seit gut fünfzehn Jahren ist er NSDAP-Mitglied, 1923 trat er in die Partei ein, zählt zu den »alten Kämpfern der Bewegung«. Sein Vater war Beamter im Gefängnis in Fürth. Forster war zu jung, um im Ersten Weltkrieg zu kämpfen, die revolutionäre Stimmung 1918/19 entsetzte und prägte ihn: Er glaubte an einen starken Staat, an einen Führer, und bald an Adolf Hitler. In der rechtsradikalen Bewegung machte er Karriere, wurde 1925 Ortgruppenleiter der NSDAP in Fürth. Im Berufsleben scheiterte er und war einige Jahre arbeitslos. 1930 zog er für die NSDAP in den Reichstag ein, mit 28 Jahren war er der jüngste Abgeordnete im Parlament. Im selben Jahr wurde er auf Vorschlag von Hermann Göring zusätzlich NSDAP-Leiter in Danzig. Das sorgte in der Stadt bei manchem alten Nationalsozialisten für Unmut. Ein junger Reichsdeutscher wurde ihr Vorgesetzter. Vor allem Arthur Greiser, ein einflussreicher Nationalsozialist in Danzig, bekämpfte Forster leidenschaftlich. Doch Forster setzte sich durch, er wurde Gauleiter. Er machte rasch auf sich aufmerksam, als die von ihm geführte NSDAP bei den Wahlen zum Volkstag in Danzig gleich zwölf Plätze gewann – vorher war nur ein Abgeordneter der Partei im Parlament des Freistaats vertreten gewesen. In den kommenden Jahren baute Forster seinen Einfluss in der Stadt aus, die Mitgliederzahl der NSADP stieg mit ihm als Gauleiter von 1310 im Dezember 1930 binnen zweier Jahre auf 9519.

Nun wohnt Forster in der Colbatzerstraße 95 im Prominentenviertel Danzig-Oliva in einer Villa und hat dazu eine Sommerresidenz in Wordel. In der Partei ist er weit über die Grenzen Danzigs bekannt. Vor wenigen Tagen, am 26. Juli, hat die Stadt seinen 37. Geburtstag pompös gefeiert.

Hitler hält Forster einen seiner berüchtigten Vorträge. In der Regierung in Warschau sieht Deutschlands Reichskanzler nur Marionetten der Briten und Franzosen. Hitler gibt Forster die Anweisung, die Krise weiter zu schüren. Eine Rede, die der Gauleiter in drei Tagen halten soll, biete sich dafür an.

Forster gilt als ein Schützling Hitlers, der ihn bei internen Machtkämpfen stets unterstützt hat. In einem Schreiben notierte der Anführer der NSDAP, dass »Pg. Gauleiter Forster mein Vertrauensmann im Freistaat Danzig« ist. Sogar die Hochzeit des Danziger Parteichefs mit Gertrud Deetz hat Hitler ausgerichtet: in der Reichskanzlei in Berlin. Der »Führer« und sein Stellvertreter Rudolf Heß waren die Trauzeugen. Und der Gauleiter weiß, wie er sich die Gunst seines mächtigen Mentors erhalten kann. Erst am 20. April, zur Feier Hitlers 50-jährigen Geburtstags, hat Danzig den Reichskanzler zum Ehrenbürger ernannt. Die von Forster kontrollierten Zeitungen beschworen die »Liebe zum Führer«.

Von den Besuchen hochrangiger Gäste abgesehen, geht es auf dem Obersalzberg meist eher unpolitisch zu. Hitler sucht hier Ruhe und Entspannung. Er wählt die Menschen gründlich aus, die ihn auf dem *Berghof* umgeben. Sympathisch müssen sie ihm sein, und sie dürfen seine Gedanken nicht stören. Die Menschen, die mit ihm auf dem *Berghof* leben, sind für ihn eine Art Ersatzfamilie. Mehrere komfortable Einzel- und Doppelzimmer stehen für Gäste bereit, Hitler will immer Bewunderer um sich haben. Zu seinem »Hofstaat« gehören einige Sekretärinnen, seine Adjutanten, der Chef seiner Leibwache Sepp Dietrich, sein Leibarzt Professor Theo Morell, der Architekt Albert Speer, der Stellvertreter des Führers Rudolf Heß, Martin Bormann, der Fotograf Heinrich Hoffmann und natürlich Eva Braun, seine Geliebte. Die Küche ist bayerisch, Hitler lässt für sich immer vegetarisch kochen; wenn die anderen am Tisch Fleisch essen, stört ihn das nicht. Gelegentlich erzählt er aber, wie es in den Schlachthäusern zugeht. Fleischkonsum hält Hitler für ein Laster, das zu weiteren Sünden wie Alkohol und Zigaretten führt. Raucher müssen sich vor Hitler rechtfertigen. Tabak hat er in der gesamten Reichskanzlei verbieten lassen. Alkohol dürfen seine Gäste trinken, das stört ihn nicht. Betrunkene aber, die verachtet Hitler.

Auf ihn vertraut der »Führer«, das weiß Reinhard Heydrich. Und er weiß auch, was Hitler von ihm erwartet: einen Grenzzwischenfall mit Polen, der für eine weitere Eskalation sorgt. Heydrich schaut in diesen Tagen die Berichte seiner Männer aus dem polnischen Grenzgebiet ganz genau durch. Aus der Reichskanzlei hat er die Anweisung bekommen, dass Hitler laufend über Grenzverletzungen und Provokationen unterrichtet werden will. Leider halten sich die Polen in diesen Tagen sehr zurück. Sollte es so bleiben, muss Heydrich selber die Initiative ergreifen und für einen Zwischenfall sorgen. Er weiß auch schon, wer für einen solch schmutzigen Auftrag perfekt geeignet wäre: SS-Sturmbannführer Alfred Helmut Naujocks, im SD-Hauptamt für die Auslandsnachrichtenabteilung tätig. Ihn hat Heydrich bereits als Spion und als Mörder eingesetzt. Ein vielversprechender Mann.

Um ganz sicher zu gehen, denken Heydrich und Himmler aber größer. Mit einer einzigen Provokation ist es nicht getan. Die SS-Spitze hat noch weitere Pläne. Deswegen ist es mit der Ruhe in der Fechtschule in Bernau vorbei. Ein Vorauskommando hat in den vergangenen Tagen bereits alles vorbereitet, nun sind per Lastwagen mehr als 80 Mann der SS dort eingetroffen. Alle sind in Zivil gekommen. Weitere Transporte mit SS-Leuten und Polizisten werden bald erwartet. Die Männer wurden ohne Angaben von Gründen per Fernschreiben oder telefonisch einberufen und mussten sich beim SD-Hauptamt in Berlin, Wilhelmstraße, melden. Ausgewählt wurde verlässliches und bewährtes Personal. Die Teilnehmer an dieser Sonderaktion sollten nicht zu jung sein, eine soldatische Ausbildung haben und am besten aus dem Osten stammen, aus Schlesien oder als »Volksdeutsche« aus Polen.

Um halb zwei Uhr am Mittag unterbricht Birger Dahlerus als Gastgeber die Diskussion auf dem Sönke-Nissen-Koog zwischen Göring und den Engländern. Er bittet zu Tisch. In einer sehr kurzen Rede spricht er seine Hoffnung aus, dass die Zusammenkunft in seinem Haus ein positives Ergebnis haben und zu einer friedlichen Lösung der Probleme führen möge. Göring steht auf, hebt sein Glas und ruft »Skal« und stößt mit den Briten auf den Frieden an.

Nach dem Essen reden beide Seiten noch bis zum Abend miteinander. Sie vereinbaren, ihren Regierungen vorzuschlagen, eine offizielle Konferenz einzuberufen, am besten auf neutralem Boden, so schnell es geht, am besten in Schweden. Zum Abschied reichen Dahlerus' Chauffeure einige Drinks. Engländer und Deutsche prosten einander zu. Dann steigt Göring in seine Limousine und lässt sich nach Niebüll fahren. Von dort setzt er mit seinem Sonderzug nach Sylt über.

Die britischen Gäste nehmen mit Dahlerus das Dinner ein, dann ziehen sie sich zurück, um einen Bericht zu verfassen. Erst ums zwei Uhr nachts sind sie damit fertig und gehen zu Bett.

8. August 1939, Dienstag

Die neuste polnische Provokation: Warschauer Blatt droht mit der Bombardierung Danzigs

Völkischer Beobachter

Die DNB-Meldung ›Polen droht mit der Beschießung Danzigs‹ muss auf der ersten Seite groß aufgemacht werden. Die Meldung ist im Sinne des DNB-Kommentars zu kommentieren.

Presseanweisung des Reichspropagandaministeriums

Die deutschen Journalisten bekommen heute klare Vorgaben, wie sie über den Konflikt mit Polen zu berichten haben. In der Pressekonferenz beim Reichspropagandaministerium ergeht der Befehl: »Die polnischen Ausschreitungen gegen Volksdeutsche sollen nach wie vor nur auf Seite 2 in Erscheinung treten.« Weiter bekommen die Medienvertreter als Order: »Die günstigen amerikanischen Pressestimmen über Danzig können gebracht werden.«

Propagandaminister Goebbels hat sich intensiv damit beschäftigt, wie das Volk zu beeinflussen ist. Sein wichtigster Ratgeber dabei war das Buch »Psychologie der Massen« des Franzosen Gustave le Bon. »Der Nimbus ist in der Tat eine Art Zauber, den eine Persönlichkeit, ein Werk oder eine Idee auf uns ausübt«, schreibt le Bon. »Diese Bezauberung lähmt alle unsere kritischen Fähigkeiten und erfüllt unsere Seelen mit Staunen und Ehrfurcht.«

Goebbels glaubt, dass sein »Führer« einen solchen Nimbus ausstrahle. Alle kritischen Fähigkeiten der Deutschen sind deswegen dennoch nicht ausgelöscht – zumindest nicht in der Außenpolitik. Einen großen Krieg lehnen die meisten Bürger ab. Sie wollen auf keinen Fall erneut gegen England und Frankreich kämpfen. Diese Kriegsmüdigkeit soll Goebbels nach dem Wunsch seines »Führers« in Euphorie für einen Waffengang umwandeln. Eine propagandistische Stärkung des »Wehrwillens« wünscht sich Hitler. Wahrlich keine leichte Aufgabe. Dennoch versucht Goebbels, die Friedenssehnsucht zu vertreiben. Dabei spielen die Medien eine Schlüsselrolle.

Täglich haben Redaktionsvertreter im Propagandaministerium zur Reichspressekonferenz zu erscheinen – manchmal gibt es mehrere solcher Termine an einem Tag. Dort wird ihnen mitgeteilt, was die Machthaber lesen wollen und was nicht. Wer sich nicht daran hält, bekommt scharfe Verweise und Drohungen. Renitente Blätter verbieten die Nationalsozialisten einfach oder sperren die Schriftleiter ein.

Aber nicht nur Goebbels sagt den Journalisten, was sie schreiben sollen. Auch der Reichspressechef der NSDAP, Otto Dietrich, gibt verbindliche Tagesparolen heraus. Verschiedene Zensurstellen überwachen, dass wirklich nichts erscheint, was von der Regierung nicht gewollt ist.

Zum ersten Mal treffen sich in Berlin einige hochrangige SS-Offiziere in der Zentrale des Sicherheitsdienstes, um über eine geheime Reichssache zu sprechen. Den Vorsitz der Runde führt Reinhard Heydrich selbst. Zu den Teilnehmern gehört einer seiner Adjutanten, außerdem Heinrich Müller von der Gestapo, Herbert Mehlhorn, der von Heydrich ernannte »Bedenkenrat«, SS-Obersturmbannführer Otto Hellwig, Kommandant der Führerschule der Sicherheitspolizei in Berlin-Charlottenburg, Hans Trummler, Kommandeur der

Grenzpolizeischule Pretsch, und Otto Rasch, der bis vor Kurzem die Gestapo in Linz geleitet hat.

Alle Teilnehmer seien für ein Unternehmen bestimmt, über das sie mit niemandem außerhalb dieser Runde reden dürfen. Für den Fall, dass Polen selber keinen Übergriff auf deutsches Territorium liefere, sagt Heydrich, müsse man darauf vorbereitet sein, diesen vorzutäuschen.

Mehlhorn legt erneut seine Bedenken dar – diesmal vor der ganzen Runde. Heydrich hört zu, reagiert zunächst gar nicht. Schließlich übergibt ihm Mehlhorn ein handgeschriebenes Dokument, in dem er alle Zweifel aufgeführt hat. Ungelesen legt sein Chef das Blatt beiseite. Das werde zu den Akten genommen, sagt er mit einem Unterton, den Mehlhorn als bedrohlich zweideutig wahrnimmt. Schließlich behandelt Heydrich seine Untergebenen oft zynisch und gilt als doppelzüngig. Wenn er Befehle seiner Vorgesetzten ausführt, zeigt er keine Gefühle oder Gewissensbisse. Das Gleiche erwartet er von seinen Männern. Heydrich verkündet vor der gesamten Runde, dass alle Bedenken unerheblich seien, ausschlaggebend sei allein der Führerbefehl. Alle fügen sich.

Hellwig soll eine kampfstarke Kompanie ausbilden, bis zu 250 SS-Männer und Polizisten, die von Polen aus vorstoßen und die vorgetäuschten Überfälle ausführen. Als Tarnname für die Operation legt Heydrich »Tannenberg« fest. In der Nähe des ostpreußischen Ortes Tannenberg hatte es im Ersten Weltkrieg eine Entscheidungsschlacht gegeben, die General Paul von Hindenburg gegen die Russen gewinnen konnte. Fast genau 25 Jahre ist das her. Diesmal soll in Schlesien ein Gefecht gewonnen werden, wenn auch in einem Schattenkrieg, der von Heydrichs Geheimdienst SD angezettelt wird.

Heydrich kam eher zufällig zur Aufgabe, einen Nachrichtendienst für die SS aufzubauen. Er stammt aus einer bürgerlichen Familie, sein Vater leitete ein Konservatorium in Halle. Für den Ersten Weltkrieg war Reinhard Heydrich zu jung.

1922 legte er mit 18 Jahren die Reifeprüfung ab und trat in die Marine ein. Er wurde zum Nachrichtenoffizier ausgebildet, diente an Bord des Linienschiffes »Schleswig-Holstein«. Einer seiner Vorgesetzten bei der Marine war Wilhelm Canaris, der heute die Abwehr leitet und mit dem SD um Befugnisse streitet.

Canaris sammelt seit den Pogromen im November 1938 belastendes Material gegen Heydrichs Männer – und natürlich auch gegen ihren Chef. Sein Wissen behält er nicht für sich, sondern versorgt auch das Oberkommando der Wehrmacht damit. Was Canaris über Himmler und dessen Vasallen erfährt, verrät er auch Staatssekretär Ernst von Weizsäcker, der ebenfalls besorgt über den Kampf der Gestapo und der SS gegen alle innen- und außenpolitischen Gegner ist. Der Vizeadmiral weiß wirklich viel über seine Kontrahenten. Er kennt auch den größten Makel im Leben von Reinhard Heydrich.

Im April 1931 wurde Heydrich unehrenhaft aus der Marine entlassen, weil er einem Mädchen die Hochzeit versprochen und sich dann doch mit einer anderen Frau, Lina von Osten, verlobt hatte. Arbeitslos und verzweifelt, die Weltwirtschaftskrise erschütterte Deutschland, schloss sich Heydrich der SS an. Er besuchte im Juni Heinrich Himmler auf dessen Hühnerfarm in Waldtrudering, einem Vorort Münchens. Der Diplomlandwirt besaß dort ein Haus, züchtete Geflügel, baute Obst und Gemüse an. Der SS-Chef wollte einen eigenen Geheimdienst schaffen, der Informationen über seine Feinde in anderen Parteien, im Militär und bei der Polizei, aber auch über die Gegner in der nationalsozialistischen Bewegung sammeln soll. Heydrich kannte sich mit Funk und Technik aus, nicht mit dem Gewinn oder dem Auswerten von Nachrichten. Dennoch skizzierte er Himmler den möglichen Aufbau eines Geheimdienstes so plausibel, dass er eingestellt wurde. Auch sein »germanisches Aussehen«, das Himmler beeindruckte, spielte dabei eine Rolle. Lina von Osten, eine überzeugte Nationalsozialistin, be-

zeichnete den Tag, an dem ihr künftiger Ehemann in die Schutzstaffel eintrat, als »Sternstunde meines Lebens, unseres Lebens«. Bald schon verlässt sich Himmler voll auf Heydrich, der
seine Karriere im NS-Staat vor allem dem Reichsführer-SS verdankt – und seiner Skrupellosigkeit.

Um neun Uhr am Vormittag frühstückt Birger Dahlerus mit
den sieben Engländern. Die Herren haben einen neuen Vorschlag. Sie fänden es am besten, wenn aus einer deutsch-briti-
schen Konferenz, die sie ihrer Regierung vorschlagen wollen,
ein »Vier-Mächte-Treffen« würde. Wie schon bei der Münchner Konferenz im vergangenen Jahr sollten auch Frankreich
und Italien dazu geladen werden. Dahlerus britische Freunde
bitten ihren Gastgeber, diese Idee unverzüglich Göring vorzutragen. Der Schwede greift also zum Telefon und lässt sich mit
Sylt verbinden. Hermann Göring ist nicht zu erreichen, aber
er erfährt, dass dieser bereits einen General per Flugzeug nach
Berchtesgaden geschickt hat, um Hitler zu informieren. Erst
um zwei Uhr mittags bekommt Dahlerus Göring ans Telefon.
Doch der Nationalsozialist will solch heikle Fragen lieber persönlich besprechen und bittet Dahlerus zu sich.

Neville Henderson schickt aus der britischen Botschaft in Berlin eine Mitteilung an das Außenministerium in London. »Die
kritische Zeit für den Frieden liegt meiner Meinung nach zwischen jetzt und dem Nürnberger Parteitag.« Der »Parteitag des
Friedens« soll am 2. September beginnen. Bis dahin sind es nur
noch wenige Tage. Henderson meldet besorgniserregende Entwicklungen in Deutschland: Reserve-Divisionen würden aufgestellt, Privatfahrzeuge vom Militär beschlagnahmt, der Ben-
zinverkauf sei eingeschränkt, Treibstoff rationiert, und Offiziere
des Oberkommandos der Wehrmacht bekämen Impfungen gegen Typhus und Cholera. All das deutet daraufhin, dass die
Wehrmacht sich für einen Krieg vorbereitet. Allerdings gab es

im September 1938 ähnliche Schritte, und damals lösten England, Frankreich und Deutschland den Konflikt diplomatisch – auf Kosten der Tschechoslowakei, die das Sudetenland verlor.

In München bereitet Unity Mitford in ihrer Wohnung alles für eine kleine Party vor. Sie ist heute 25 Jahre alt geworden. Hausarbeit überlässt sie einer Putzfrau, die jeden Morgen kommt. Als Lady hat sie nie richtig gelernt, Betten zu machen, aufzuräumen oder gar den Boden zu wischen. Sie erwartet Besuch. Ein Freund hat sich angemeldet, zu einem Geburtstagsfest in kleinem Kreis – vielleicht kommen noch Bekannte aus München dazu.

»Holiday time, ladies and gentlemen!« Die Stimme von Winston Churchill dringt aus Radiogeräten in den Vereinigten Staaten. Von London aus spricht er zur amerikanischen Nation, ein Rundfunksender hat die Übertragung organisiert. Churchill wendet sich an die »Freunde über dem Atlantik«, bevor er in die Sommerferien geht. Churchill gilt als der entschiedenste Gegner Hitlers in der englischen Politik, aber seine Karriere schien bereits ihren Höhepunkt überschritten zu haben. Seit einigen Monaten sehen in ihm viele wieder einen Kandidaten für einen Ministerposten. In London hing bereits wochenlang ein riesengroßes Plakat: »Churchill muss zurückkommen!«.

Der Politiker ist ein unbequemer Geist, der immer wieder seine Unabhängigkeit beweist. Von den Konservativen wechselte er zu den Liberalen und dann wieder zurück zu den Konservativen. Bereits 1914 bescheinigte ihm die britische Zeitung *The Spectator*, alle Fähigkeiten zu haben, die ein Staatsmann brauche: schnelle Auffassungsgabe, die Kraft, andere von sich zu überzeugen, Mut und sogar einen Hauch von Genie. Doch die Redaktion stellte auch eine große Spur Egoismus und

Rücksichtslosigkeit bei Churchill fest. Seiner Karriere schadete das nicht. Er war Lord der Admiralität, also Marineminister, und Schatzkanzler, wie der Finanzminister auch genannt wird, außerdem war er in verschiedenen Kabinetten für Handel, Kolonialangelegenheiten und das Kriegsministerium zuständig. Seit 1929 ist er ohne Spitzenamt. In den vergangenen zehn Jahren hat er viel publiziert. Und er hat ständig vor dem Nationalsozialismus gewarnt, vor Hitlers Machtanspruch auf die ganze Welt. Ganz plötzlich scheint Churchill kein Mann mehr von gestern zu sein. Deutschland droht schon wieder mit Krieg. Hatte Churchill nicht genau das prophezeit und die Politik der kleinen und großen Zugeständnisse an die Faschisten verdammt? Nun hören ihm wieder viele zu, sogar in Nordamerika. In seiner Rede erinnert Churchill an den Sommer vor 25 Jahren. Einen Sommer, in dem ein großer Krieg gegen den preußischen Militarismus ausbrach. Und heute, ein Vierteljahrhundert später? »Da ist ein Schweigen überall in Europa, nein, über der ganzen Welt, das nur durchbrochen wird von japanischen Bomben, die auf chinesische Städte fallen, auf chinesische Universitäten oder in die Nähe britischer und amerikanischer Schiffe.«

Die Chinesen, sagt Churchill, »kämpfen unsere Schlacht für Demokratie«. Das Schweigen in Europa sei vor allem ein Schweigen der Angst. Churchill aber hält nichts von dieser furchtsamen Stille. Er fragt seine Hörer, ob sie nicht auch ein Geräusch ausmachen könnten, das Trampeln von schweren Stiefeln der Militärs, zwei Millionen deutsche und eine Million italienische Soldaten, die angeblich nur ins Manöver ziehen. Churchill erinnert an Österreich, an Albanien, an die Tschechoslowakei und Äthiopien, an die Länder, die in den vergangenen Jahren ihre Freiheit an Diktatoren verloren hätten. Winston Churchill warnt mit sprachlicher Eleganz und analytischer Brillanz. Wer seine Radioansprache gehört hat, wird sie sicherlich so schnell nicht vergessen. Am Ende sagt er: »Wenn Herr Hitler keinen

Krieg beginnt, wird es keinen Krieg geben. Niemand sonst wird einen Krieg anfangen.«

Das Telefon klingelt. Als Emanuel Schaefer zum Hörer greift, merkt er rasch, dass dies kein normales Telefonat wird. Der Anruf kommt aus Berlin. Und sein Gesprächspartner meldet sich im Auftrag eines der mächtigsten Männer der Schutzstaffel. Schaefer, SS-Sturmbannführer, ist gewohnt, selbst Befehle zu geben. Er leitet die Gestapostelle Oppeln. Nun sitzt er an seinem Schreibtisch in seinem Dienstzimmer und erhält klare Anweisungen. Morgen habe Schaefer mit seinem Auto um 18 Uhr am Feldflughafen Neustadt in Oberschlesien zu sein. In Zivil. Dort erwarte ihn Reinhard Heydrich. Der Anrufer ist ein Adjutant des Chefs des Sicherheitsdienstes. Schaefer dürfe mit keinem Menschen über die Angelegenheit sprechen. Es handele sich um eine geheime Reichssache. Dann ist das Telefonat auch schon vorbei.

Abends zieht es Hitler in sein Privatkino. Der Film »Unwertes Leben« zeigt Behinderte in Heimen. Das Werk soll das Euthanasie-Programm begleiten, den Mord an Abertausenden Kranken. Erregt diskutiert hinterher ein großer Kreis über den Film. Adolf Hitler legt die »Rassenplatte« auf, schreibt ein Adjutant despektierlich in sein Tagebuch. Er referiert über Arier und »Untermenschen«. Damit langweilt er durchaus seine Umgebung. Anmerken lässt sich das aber niemand.

Stalin schreibt einen Brief an eine der wenigen Personen, die ihm wirklich wichtig sind. »Ich grüße Dich, Hausfrau!«, beginnt er. Dann weiter: »Deine beiden Briefe erhalten. Schön, dass Du Papi nicht vergisst. Ich hab nicht gleich antworten können, sehr beschäftigt.« Stalin nennt seine Tochter Swetlana »Hausfrau« oder »Hausherrin«. Im Sommer sieht sie ihren Vater noch weniger als sonst. Sie verbringt die Tage auf dem Land, Stalin ist meist in der Hauptstadt. »Wann gedenkst Du nach Moskau zurückzukehren? Wird's nicht bald Zeit? Ich glaube schon. Reise am 25. August, oder, noch besser, am 20. ab. Schreib mir doch, wie Du darüber denkst. Meine Gesundheit? Ich bin gesund und munter. Nur langweile ich mich ziemlich ohne Dich, aber Du wirst ja bald kommen. Ich küsse Dich, mein Spätzchen.«

Seine Briefe an die Tochter unterschreibt er meist mit: »Der kleine Sekretär der Hausfrau Setanka, der arme J. Stalin.« Er liebt dieses Spiel mit Swetlana, das er sich ausgedacht hat. Seine Tochter, die »Herrin« oder der »Boss«, schickt ihm »Anweisungen« wie »Ich befehle Dir, mich mit ins Theater zu nehmen.«

Trotz dieser liebevollen Briefspiele: Auch als Vater macht Stalin, »der Stählerne«, seinem Namen aus Revolutionstagen alle Ehre: Schlechte Noten der Kinder in der Schule bestraft er. Stalin sieht abends oft die Hausaufgaben durch und zeichnet sie ab. Und er schreibt Mitteilungen an die Lehrer. Von Swetlana und ihrem älteren Bruder verlangt er Disziplin und Benehmen. Als seine Tochter ihm einmal zeigte, dass sie sich in seiner Gegenwart langweilte, sprach er eine ganze Zeit lang nicht mehr mit ihr.

Mit gesenktem Haupt steht Robert Koch vor der Leiche einer jungen Frau. Er hebt das Tuch hoch, das sie bedeckt. Auf den Gesichtszügen der Toten liegt sanfter Lichtschein, engelsgleich wirkt sie. Bärtig und von tiefen Falten gezeichnet schaut Koch, der Bakteriologe, in die Kamera. So beginnt »Robert Koch. Der Bekämpfer des Todes«. Er läuft heute in Venedig, auf dem berühmtesten und größten Filmfest der Welt. Propagandaminister Joseph Goebbels hat persönlich entschieden, dass das Werk auf der Biennale uraufgeführt wird. Sein »Führer« hat ihn aufgefordert, endlich für nationalsozialistische Filme zu sorgen. »Robert Koch« könnte ein Werk sein, das Adolf Hitler gefällt. Im vergangenen Jahr hat in Venedig bereits ein deutscher Film gewonnen. Leni Riefenstahl bekam für »Olympia« den ersten

Preis, der nicht mehr »Goldener Löwe«, sondern »Coppa Mussolini« heißt. Die Auszeichnung für Riefenstahl und ihren Propagandafilm über die Spiele 1936 in Berlin war ein Skandal. Doch die deutsch-italienische Freundschaft scheint in diesen Tagen ein wichtigeres Kriterium zu sein als große Kunst. Goebbels persönlich schaut sich die Uraufführung von »Robert Koch« an. Später erhält der Minister einen Pokal für den besten Filmbeitrag. Erneut sind die internationalen Kritiker entsetzt. Abermals wird ein nationalsozialistischer Streifen geehrt.

Ernst von Weizsäcker ist nicht in alle geheimen Kriegsszenarien der NS-Spitze eingeweiht. Aber er merkt natürlich, dass die aggressive Außenpolitik des »Führers« die Lage immer mehr aufheizt. Wohin wird dieser unverantwortliche Kurs das Land nur bringen? Vermutlich fühlt sich Weizsäcker fatal an die Jahre vor dem Ersten Weltkrieg erinnert. Auch damals diente er dem Staat, ohne mit der Außenpolitik einverstanden zu sein.

Er wuchs in Schwaben auf, fühlte sich aber schon als Jugendlicher dem Deutschen Reich verpflichtet, nicht nur dem Land Württemberg, dem sein Vater Carl als Spitzenbeamter diente. 1882 wurde Ernst Heinrich geboren, das zweite Kind. Zwei weitere Kinder folgten, zu sechst lebten die Weizsäckers in einer geräumigen Wohnung in der Nähe des Stuttgarter Schlosses und des Justizgebäudes, in dem der Vater arbeitete. Carl von Weizsäcker machte rasch Karriere im württembergischen Staatsdienst. Einen Tag vor seinem 44. Geburtstag wurde er 1897 bereits zum Ministerialdirektor ernannt – ein hoher Verwaltungsrang. Gleichzeitig wurde er in den Adelsstand erhoben, noch war der Titel nicht erblich, das änderte sich einige Jahre später. Weizsäcker senior trat in die Regierung ein, Württemberg war damals eine Monarchie. Er wurde später Ministerpräsident, und 1916 dankte König Wilhelm II. ihm für seine treuen Dienste und ernannte ihn zum Freiherrn.

Die Weizsäckers waren nun ein Adelsgeschlecht, und die Kinder trugen ein »von« im Namen, auch sein Sohn Ernst, der sich 1900 nach dem Abitur der Kaiserlichen Marine anschloss und eine Offizierslaufbahn anstrebte. 18 Jahre war er alt. Innerhalb der ersten fünf Jahre im Dienst kam er nach Nordeuropa, in den Mittelmeerraum, Indien und in den Fernen Osten. Sorgenvoll beobachteten er und viele seiner Offizierskameraden dann, wie die weltpolitische Lage sich immer mehr zuspitzte und die riskante Außenpolitik des Kaisers einen großen Krieg immer wahrscheinlicher machte.

Seit dem Herbst 1912 diente Weizsäcker, mittlerweile zum Kapitänleutnant befördert, im kaiserlichen Marinekabinett in Berlin. Dort bekam er mit, wie die Außenpolitik zur Isolation Deutschlands in Europa führte. Als der Erste Weltkrieg ausbrach, ließ sich Weizsäcker zur Flotte versetzen. Die Politik, die zum Krieg geführt hatte, lehnte er ab. Sein Land in der Not im Stich zu lassen, kam für ihn dennoch nicht infrage. Während es für ihn nie wirklich gefährlich wurde, die deutsche Flotte wurde schließlich kaum eingesetzt, starb sein älterer Bruder an der Front in Frankreich.

Ernst von Weizsäcker wurde zum Korvettenkapitän befördert und zum Admiralstab der Seekriegsleitung versetzt. Er diente als Verbindungsoffizier zum »Großen Hauptquartier« und erhielt so im Sommer 1918 einen tiefen Einblick in die Lage Deutschlands. Den legendären Generalstabschef Paul von Hindenburg lernte er aus der Nähe kennen. Damals schrieb Weizsäcker in sein Tagebuch, dass die Gründe für den für Deutschland so schmerzhaft zu Ende gehenden Krieg in dem »vorzeitigen und parvenühaften Versuch Deutschlands« zu suchen seien, »eine Weltrolle zu spielen mit Englands Gegnerschaft, ehe eine kontinentale Sicherung des jungen Reiches erfolgt war«. Deutsche Außenpolitik sollte Realismus und Pragmatismus verpflichtet sein, mit dem Hauptziel, den Bestand des Reiches zu bewahren. Auch deswegen wechselte er nach dem Krieg in den diplomatischen Dienst.

Nun beobachtet von Weizsäcker, wie Hitlers Außenpolitik Deutschland in die nächste Krise treibt. Diesmal will er nicht tatenlos zusehen.

Als ehemaliger Marineoffizier hat Weizsäcker einen guten Draht zu Vizeadmiral Wilhelm Canaris von der Abwehr, der ebenfalls gern zur See gefahren ist. Der Geheimdienstchef gilt als einer der am besten informierten Männer Deutschlands.

Beide fühlen sich verbunden und tauschen Informationen aus, vorsichtig natürlich, wie es ihrem Naturell entspricht. Aber sie vertrauen sich. Im direkten Gespräch unter vier Augen machen sie keine unnötigen Worte: Ihre Hauptthemen sind die Vermeidung des Kriegs und das Ausheben des Hitler-Nestes.

Birger Dahlerus bricht am Nachmittag nach Sylt auf. Mit der Bahn geht es über den Damm. Am Bahnhof trifft er Göring und steigt zu ihn in den Wagen. Sie fahren im Auto über die Insel und unterhalten sich.

Göring äußert sich sehr zufrieden über das Treffen gestern. Eine Konferenz mit Vertretern der vier Nationen könne er sich vorstellen, sagt er. Ihre Tour dauert so lange, dass Dahlerus eigentlich den letzten Zug zum Festland verpasst hätte, aber Göring befiehlt einfach, dass die Bahn warten soll. Um halb zehn am Abend trifft Dahlerus dann wieder einen seiner britischen Freunde in einer Kneipe in Niebüll. Dort informiert er ihn über das Gespräch auf Sylt. Danach lässt Dahlerus seine englischen Gäste mit seinem Wagen nach Hamburg bringen. Der Unternehmer aus Stockholm bricht hingegen nach Norden auf. Über Dänemark geht es für ihn nach Hause.

Abends stehen Sophie Scholl und Fritz Hartnagel an der Hamme, einem Nebenfluss der Weser. Er fließt durch das Teufelsmoor, das Worpswede umgibt. Bei Nacht herrscht hier eine eigenartige Stimmung, sanft und schwermütig. Perfekt eignet sich das Teufelsmoor zum Abschiednehmen. Denn heute endet für Fritz der Urlaub im Norden, er muss das Künstlerdorf und auch Sophie verlassen. Sie will noch einige Tage in der Jugendherberge bleiben und an ihren Zeichnungen arbeiten. Sie illustriert ein Buch über Peter Pan für einen Bekannten. Fritz Hartnagel muss zurück zu seiner Einheit. Wie auch Hans Scholl wurde er zum Wehrdienst verpflichtet. Wann werden sich Sophie Scholl und Fritz Hartnagel wiedersehen? In diesen Zeiten ist so vieles ungewiss. Beiden bleibt jetzt wieder nur noch übrig, sich lange Briefe zu schreiben.

In Basel steigt William Shirer in den Nachtzug. Sein Ziel heißt Berlin. Er betrachtet seine Mitreisenden, die meisten sind Deutsche. Sie sehen ehrlich und anständig aus, ganz wie die liebenswerten Deutschen aus der Vor-Nazi-Zeit. Mittlerweile verzweifelt Shirer oft an seinen Bekannten und Freunden im Reich. Zu viele fadenscheinige Ausreden und Brüche von Verträgen durch Hitler hat er schon erlebt. Und dennoch schenken so viele Deutsche den Lügen der Propaganda immer noch Glauben.

9. August 1939, Mittwoch

Danzig warnt Warschau
Abfuhr für alle Eroberungsgelüste.

Der Angriff

Polonia hüte Dich!
Durch die Drohung des polnischen Blattes ›Czaz‹ mit Kanonen, falls Danzig auf die Erfüllung seiner nationalen Ansprüche bestehen sollte, wurde eine neue antipolnische Pressekampagne ausgelöst, deren Ton immer und immer schärfer wird.

Deutsch-Chinesische Nachrichten, Exilzeitung

Die unverschämte polnische Sprache und die Drohung mit polnischen Geschützen gegen Danzig kann nur eine klare Antwort finden: Danzig hat sich – nachdem die militärische Eroberung der deutschen Stadt an der Weichselmündung von polnischen Politikern und Generalen prophezeit wurde – für eine Verteidigung eingerichtet.

Völkischer Beobachter

Ernst Freiherr von Weizsäcker bestellt Polens Geschäftsträger in Berlin ein. Der deutsche Staatssekretär gibt sich bei ihrem Treffen gar nicht diplomatisch. Er verliest eine Mitteilung, die ihm gestern Nacht von seinem Außenminister diktiert wurde. Darin warnt Ribbentrop im scharfen Ton vor Übergriffen auf Danzig. Im Auftrag der Reichsregierung übergibt Weizsäcker eine Note an den polnischen Vertreter.

109

Darin fordern die Deutschen, dass die Polen alle Maßnahmen gegen Danzig beenden.

Und sollten die Polen erneut Forderungen an die Freie Stadt stellen, die wie ein Ultimatum klängen, dann würde das die deutsch-polnischen Beziehungen sehr schwer belasten, die Verantwortung für alle Konsequenzen würde der Regierung in Warschau zufallen.

Zweimal liest Weizsäcker die Note vor, weil der polnische Gesandte sich Notizen machen will, da er überraschend nichts Schriftliches ausgehändigt bekommt. Als der polnische Vertreter im Anschluss darüber sprechen will, unterbricht ihn Weizsäcker barsch. Er möchte seiner Mitteilung weder eine amtliche noch eine private Unterhaltung folgen lassen, sagt er. Dann komplimentiert er den Gast hinaus. Der hochrangige deutsche Beamte von Weizsäcker klingt heute ein wenig wie ein Mafiapate.

Den Krieg mit England will er vermeiden. Das Schicksal von Polen interessiert ihn kaum. In Warschau reagieren verantwortliche Politiker auf die neuen prahlerischen Töne aus Berlin entrüstet. Bedrohen lasse man sich nicht. Im polnischen Außenministerium wird eine heftige Reaktion vorbereitet, eine Antwort, die es in sich hat.

Am frühen Morgen sitzt William Shirer in Berlin im *Hotel Adlon* und bestellt ein Frühstück. Ob es möglich sei, einen Orangensaft zu bekommen, fragt er den Kellner. »Selbstverständlich haben wir Orangen«, sagt die Bedienung im hochmütigen Ton. Das *Adlon*, Unter den Linden, liegt wenige Schritte vom Brandenburger Tor entfernt. 1905 hat es eröffnet und steht bei Amerikanern hoch im Kurs, zumindest bei denen, die sich das Luxushotel leisten können. Doch als der Kellner das Essen bringt, räumt er kleinlaut ein, dass in Berlins bestem Etablissement keine einzige Orange aufzutreiben sei. Seit Monaten bestehen Handelsbeschränkungen gegen Deutschland. Devisen werden knapp. Südfrüchte sind selbst in der Hauptstadt offenbar schwer zu bekommen.

Sophie Scholl aus Ulm genießt unbeschwerte Tage in Worpswede, dem Künstlerdorf bei Bremen. Begeistert berichtet sie ihrer älteren Schwester Inge in einem Brief, was sie schon alles erlebt hat. Öfter hat sie die Weberei von Martha Vogeler besucht. Sie bestaunt in deren Werkstatt die bunten Stoffe, die Bilder und Möbel. Und sie entdeckt die Werke von Paula Modersohn-Becker und ist hingerissen von der Malerin. »Ich verehre sie richtiggehend«, schreibt Scholl. »Sie hat für eine Frau ungeheuer selbstständig gearbeitet, sich in ihren Bildern nach niemandem gerichtet.«

Ein Vorbild für die junge Frau, der es so schwerfällt, sich an die nationalsozialistische Gesellschaft anzupassen. Ihre Eltern, Robert und Magdalena Scholl, stehen den Nationalsozialisten fern. Ihr Vater war lange Bürgermeister einer Kleinstadt, er ist Kriegsgegner. Er litt sehr darunter, dass seine Kinder sich gegen seinen Willen 1933 der Hitlerjugend angeschlossen hatten. Sophie und ihr Bruder Hans wurden sogar Anführer und zwangen andere Kinder, in der HJ mitzumachen. Sophie trug zu ihrer Taufe die Kluft des Bunds Deutscher Mädchen, der weiblichen Hitlerjugend. Erst später schlossen sich die Kinder der inneren Opposition der Eltern an und legten ihre Ämter in der HJ nieder. Aus kindlichen Anhängern Hitlers sind früh erwachsene Gegner geworden.

Ende November 1937 wurde Sophie Scholl sogar verhaftet – als Sechzehnjährige. Sie war rasch wieder frei, aber ihre Geschwister Inge und Werner kamen acht Tage lang ins Gestapo-Gefängnis. Und ihr Bruder Hans, der als Soldat nicht der zivilen Justiz unterstand, wurde einen Monat später verhaftet. Vorgeworfen wurde den Geschwistern Scholl, dass sie zu einer verbotenen Jugendbewegung gehörten: Trotz der Auflösung der bündischen Verbände – auch der »d. j. 1. 11«, mit dem die

Scholls sympathisierten, war verboten worden – hatten sie Kontakte zu ehemaligen Mitgliedern gepflegt. »D. j.« steht für Deutsche Jungenschaft. Die Scholls und ihre Freunde taten nichts Gefährliches, sie bekämpften nicht das Regime, sie gingen zusammen wandern, sangen Lieder, die auf dem Index standen, und hielten sich von der Hitler-Jugend fern. Im »Dritten Reich« war das schon genug, um zum Feind des Staats erkoren zu werden.

Kaum erwähnt William Shirer die aktuelle Krise um Polen, da gerät sein Gesprächspartner bereits in Rage. Er hat einen Hauptmann der Wehrmacht getroffen, einen Veteranen des Ersten Weltkriegs, der während der Münchner Krise vor einem Jahr noch strikt gegen einen Krieg war. Nun ruft er mit donnernder Stimme: »Warum mischen sich die Engländer in der Danzig-Frage ein und drohen mit Krieg wegen der Rückholung einer deutschen Stadt? Warum provozieren uns die Polen? Haben wir nicht das Recht auf eine deutsche Stadt wie Danzig?«

Shirer, der seit 21 Jahren aus dem Ausland für amerikanische Medien berichtet, lässt sich nicht so leicht einschüchtern, auch nicht vom Kasernenhofton eines deutschen Offiziers.

»Haben Sie auch das Recht auf eine tschechische Stadt wie Prag?«, fragt er zurück. Sein Gegenüber schweigt, verweigert die Antwort. Er setzt den üblichen starren Blick auf, den Shirer bei den Deutschen seit der Machtübernahme der Nationalsozialisten schon so oft gesehen hat.

Dann endlich sagt der Hauptmann doch noch etwas. »Warum haben die Polen das generöse Angebot des Führers nicht akzeptiert?«, fragt er. »Weil sie ein zweites Sudetenland fürchteten«, antwortet der Journalist. »Sie meinen, dass sie dem Führer nicht trauen?«

Bevor Shirer darauf reagiert, blickt er sich vorsichtig um. Hört jemand zu? Dann sagt er: »Seit dem 15. März wohl kaum noch.«

Schließlich wissen die Experten wie Shirer, dass die Besetzung des Sudetenlandes und der Tschechoslowakei den Deutschen zahlreiche Devisen, Rohstoffe und Waffen gebracht hat, also alles, was sie für einen großen Krieg brauchen. Allein 600 Panzer, 48 000 Maschinengewehre und über eine Million Gewehre aus tschechoslowakischer Produktion gingen direkt an die Wehrmacht.

Um drei Uhr am Nachmittag landet Birger Dahlerus in Stockholm. Seine lange Reise von der deutschen Nordseeküste bis in die schwedische Hauptstadt mit Auto und Flugzeug ist endlich vorbei. Die zurückliegenden Tage waren anstrengend. Müde ist er, aber hoffnungsvoll. Seine Mission für den Frieden ist heute aber noch nicht vorbei. Per Telefon informiert er sich, ob seine englischen Freunde ebenfalls wohlbehalten zu Hause angekommen sind. In den nächsten Tagen wollen sie häufig telefonieren, um sich abzustimmen. Nun werden die sieben Engländer erst mal Regierungsvertretern von ihrem Treffen mit Göring berichten.

Am Nachmittag steigt SS-Sturmbannführer Emanuel Schaefer in sein Auto. Er fährt nach Neustadt zum Flugfeld. Dort arbeitet gerade eine Baukompanie an der Landebahn. Schaefer ist verwundert. Er fragt den Verantwortlichen und auch den Flugplatzkommandanten, ob für heute noch ein Flugzeug gemeldet sei. Nein, sagen beide. Schaefer wartet also. Ob Heydrich wirklich um 18 Uhr hier landen will?

Hermann Göring beendet seine Sommertour mit der Motorjacht »Carin II.«. Benannt ist das Schiff nach seiner ersten, verstorbenen Frau. Vor zwei Jahren haben Industrielle ihm die Jacht geschenkt, sie kostete 750 000 Reichsmark. Göring ist für viele Unternehmer der wichtigste Ansprechpartner im NS-Staat. Er stammt aus gutem Elternhaus und kann ein sehr charmanter Gesprächspartner sein. Zudem ist bekannt, dass er den Luxus liebt und stets Geldbedarf hat. Allein der Ausbau seines Anwesens *Carinhall* in der Schorfheide, 60 Kilometer von Berlin entfernt, hat ein Vermögen gekostet. Delikate Geschenke wie die Jacht und andere kostspielige Gaben, das wissen die Wirtschaftsvertreter, erhalten die Freundschaft Görings. Mehrere Wochen war der Vertraute Hitlers mit dem Schiff über Binnengewässer in den Niederlanden und Deutschland geschippert, den Dortmund-Ems-Kanal durchquerte er im Juli. Die Tour hatte er immer wieder unterbrechen müssen für aktuelle politische und militärische Fragen und für das Treffen mit den Briten auf dem Sönke-Nissen-Koog. Nun widmet er sich wieder ganz der Regierungsarbeit.

Was in Deutschland passiert, darüber ist Hermann Göring bestens informiert. Er kontrolliert einen Geheimdienst, von dem selbst viele führende Nationalsozialisten nichts wissen, »Forschungsamt der Luftwaffe« genannt. Dessen Mitarbeiter hören Funk- und Fernsprechverkehr im Reich ab. Selbst Minister und Parteigrößen sind vor diesen Lauschern nicht sicher. Göring lässt etwa auch Joseph Goebbels überwachen. Besonders gern hört er dessen Gespräche mit jungen Schauspielerinnen mit. Der Propagandaminister betrügt ständig seine Frau mit Filmsternchen, denen er eine große Karriere verspricht. Solch intimes Wissen kann eine Waffe sein. Schließlich hat Hitler bereits Goebbels scharf wegen der Affären verwiesen und ihn aufgefordert, die Ehe fortzuführen. Mit sanfter Gewalt hatte er die Goebbels wieder zusammengebracht. Schließlich war er der Trauzeuge des Paares. Göring weiß, dass Goebbels dennoch mehrere Geliebte hat.

Gegen sechs Uhr am Abend hört Emanuel Schaefer, Leiter der Gestapostelle in Oppeln, ein fernes Brummen, das immer lauter wird. Über dem Flugplatz von Neustadt in Oberschlesien geht tatsächlich eine Militärmaschine vom Typ Ju 52 zum Landeanflug über. Von einem nicht fertiggestellten Rollfeld lässt sich Reinhard Heydrich nicht aufhalten. Am Flugfeld wartet Schaefer auf ihn. Kaum, dass die Maschine steht, steigt Heydrich aus. Er legt seinen Mantel und seine Aktentasche auf einer Tragfläche ab und kommt gleich zum Punkt. Er sei in einer geheimen Reichssache gekommen, erklärt er Schaefer, die ganze Angelegenheit müsste mit größter Verschwiegenheit behandelt werden. »Der Führer braucht einen Kriegsgrund.«

Schaefer schaut seinen Vorgesetzten verdutzt an. »Wo können wir darüber reden«, fragt ihn Heydrich. Am besten ginge das im *Haus Oberschlesien* in Gleiwitz, dem Hotel, in dem die SS-Offiziere aus Berlin ohnehin untergebracht sind. Heydrich stimmt zu.

Die Männer steigen in Schaefers Auto. Heydrich hat Karten der Region dabei, er lässt sich die Umgebung zeigen, eine Radiostation gut sechs Kilometer von der deutsch-polnischen Grenze interessiert ihn besonders.

In der Tanzbar des Hotels trifft Heydrich abends seine Mitarbeiter, die er in die Region entsandt hat. »Der Führer braucht einen Kriegsgrund, um die Ostgrenze zu bereinigen«, sagt er erneut zu den Anwesenden. Hitler, Himmler und er hätten gemeinsam einen Plan entwickelt, sagt der SD-Chef. Von Polen aus sollen Deutsche fingierte Angriffe aufs Reichsgebiet vortragen und dabei wie Polen aussehen. Es sei eine Attacke auf den Sender Gleiwitz vorgesehen, ein Überfall auf ein Forsthaus und ein weiterer Zwischenfall. Schaefers Aufgabe sei, sagt Heydrich, kurz vor dem Beginn der Missionen die Grenzpolizei in der Region zurückzuziehen. Seit einigen Monaten untersteht die Truppe Schaefer. Bevor sich die Männer verabschieden, sagt Heydrich zu Schaefer, dass er bald von ihm hören werde und dass der Reichsführer-SS persönlich herkommen wolle, um sich die örtlichen Gegebenheiten anzusehen.

Nach dem Treffen in der Tanzbar lässt Heydrich sich noch zur Grenze fahren. Er will sich geeignete Stellen für die Zwischenfälle ansehen. Am Zollhaus Hochlinden besichtigt Heydrich die Umgebung. Erst vor wenigen Wochen ist das Gebäude eingeweiht worden. Es liegt abseits des Dorfes, direkt an der Grenze zu Polen. Lediglich ein freies Feld und ein einfacher Draht als Markierung trennen die beiden Länder. In der Nähe gibt es ein Waldgebiet, den Raudener Forst. An der Grenze spricht er mit Zöllnern. Ihn begleitet SS-Obersturmbannführer Otto Hellwig, der eines der Sonderkommandos leiten soll. Von der polnischen Seite ist die Stelle gut einsehbar. Die polnischen Grenzer wundern sich über die Uniformierten, die auf der anderen Seite aufmarschieren. Das Ganze macht auf die Beamten einen mysteriösen Eindruck.

Am Abend besucht Adolf Hitler wieder einmal eine Oper. In Salzburg sieht er sich die Aufführung von »Don Giovanni« im Festspielhaus an. Danach geht es im Auto zum Obersalzberg zurück. Wenn er dort weilt, geht Hitler nachts sehr spät ins Bett und schläft morgens gern lang, meist bis elf Uhr, manchmal bis vierzehn Uhr. Eine Arbeitsmoral wie Friedrich der Große oder Napoleon Bonaparte, zwei Staatsmänner, die der »Führer« bewundert, kennt er nicht. Selbstdisziplin ist nicht Hitlers größte Stärke. Doch in diesen Tagen der Unruhe bekommt er wenig Schlaf.

Um Mitternacht ist das Tagesprogramm von William Shirer noch nicht vorbei. Er trifft sich mit einem Kollegen in einer Taverne. Hierher kommen viele Journalisten, um nach der Arbeit einen Absacker zu trinken, deutsche Redakteure und Korrespondenten aus dem Ausland. Shirer diskutiert mit Joe Barnes über die Lage. Sein Freund, der für die *Herald Tribune* arbeitet, ist gerade aus Polen und aus Danzig zurückgekehrt. Er beschreibt das Land als ziemlich rückständig. Lediglich zwei Millionen würden dort eine Zeitung lesen, und in vielen Dörfern gebe es nicht einmal ein Radio. Barnes glaubt, dass Hitler ohne großen Ärger und gewiss ohne Krieg die Stadt Danzig und vielleicht noch mehr bekommen wird, wenn er ein paar Monate wartet. Polen könne seine Mobilmachung nicht ewig aufrechterhalten, irgendwann müsse die Regierung einfach einbrechen. Shirer widerspricht. England und Frankreich seien sehr wohl in der Lage, die Polen zu unterstützen. Aber Barnes denkt nicht, dass die beiden westlichen Großmächte wirklich bereit sind, ihren Verbündeten Polen militärisch zu unterstützen. Wenn Barnes recht hat, dann dürfte das riskante Spiel Adolf Hitlers erneut aufgehen.

10. August 1939, Donnerstag

Alle Welt weiß, dass es nicht um Danzig geht, sondern dass Danzig nur der Vorwand ist zur Erdrosselung und Vernichtung Polens, zur Schaffung noch günstigerer strategischer Punkte, zur Eroberung des Balkans und zum entscheidenden Angriff auf Frankreich und auf das englische Weltreich.

Baseler Rundschau,
Kommunistisches Zentralorgan der Schweiz

Polen. Achtung!
Antwort an Polen, den Amokläufer gegen Frieden und Recht in Europa!

B. Z., Berlin

In der Nacht legt der Dampfer »City of Exeter« endlich in Leningrad an. Die englisch-französische Delegation an Bord hat Russland erreicht, 25 Tage, nachdem Molotow sie eingeladen hat. Und am Ziel ist sie noch lange nicht. Schwierige Verhandlungen stehen an. Die Offiziere aus Frankreich und England werden von hohen sowjetischen Militärs begrüßt. Die Delegationsleiter, der französische General Joseph Doumenc und der britische Admiral Sir Reginald Plunkett-Ernle-Erle-Drax, tragen zahlreiche Orden auf der uniformierten Brust. Dennoch wirken sie auf ihre Gastgeber wenig beeindruckend. Die Russen hatten sich hochrangigere Verhandlungspartner gewünscht. »Sie meinen es nicht ernst. Die Männer können einfach nicht die nötige Autorität haben«, sagt Stalin zu einigen Getreuen. »London und Paris spielen wieder Poker.« Dennoch erweisen die Russen den Gästen alle Ehre. Tagsüber sehen die britischen und französischen Offiziere sich Sehenswürdigkeiten in Leningrad an. Ihre sowjetischen Begleiter bringen die Gäste später zum Nachtexpress nach Moskau.

William Shirer blättert durch die deutschen Tageszeitungen. Und was er liest, gefällt ihm nicht. Er wundert sich, wie isoliert die Welt ist, in der die Deutschen leben. Während überall auf dem Globus die Menschen mit Sorge beobachten, dass Deutschland drauf und dran ist, den Frieden zu brechen, behaupten die Blätter zwischen Nordseeküste und Bodensee das glatte Gegenteil. Die Nazi-Zeitungen verkündeten, dass Polen den Frieden in Europa stört, dass die Regierung in Warschau die Deutschen bedrohe. Shirer ahnt Böses: »Es ist genau jenes Deutschland vom letzten September, als die Presse ihre Blitze gegen die Tschechoslowakei schleuderte.« Für den Amerikaner sind die deutschen Nachrichten eine »perverse Verdrehung der Wahrheit«.

Die polnische Regierung reagiert auf das Einbestellen ihres Botschafters in Berlin gestern und die unverhohlenen Drohungen der Deutschen. Sie spricht in einer diplomatischen Note der Regierung in Berlin jegliches Recht ab, sich in die Angelegenheiten zwischen Polen und der Freien Stadt Danzig zu drängen. Jede weitere deutsche Einmischung würde als Angriffshandlung betrachtet. Polen gibt nicht nach. Zwar sind die Regierenden in Warschau zerstritten. Einige Minister gehören zum Lager des Präsidenten, andere sind Anhänger des einflussreichen Marschalls Edward Rydz-Smigly, beide Seiten lähmen sich gegenseitig, und Außenminister Beck steht dazwischen. Bei der Rückweisung der deutschen Forderungen sind sich die Machtblöcke in der polnischen Hauptstadt aber einig. Danzig will niemand opfern – und sei es auch aus Angst vor der Reaktion der Bürger.

»Mon frère, nun ein heiteres Grüßen von Fein zu Fein«, schreibt Klaus Mann an seinen Bruder Golo. Klaus lebt momentan in Santa Monica unter der Sonne Kaliforniens. Ein »unscheinbares Häuschen«, nennt er seine Bleibe. Dabei hat er zwei Schlafgemächer, ein Wohnzimmer, Küche und Bad. Vor allem aber sind es von dort nur drei Minuten bis zur Küste des Pazifiks. Und es sind viele Freunde und interessante Fremde zu treffen: Vicky Baum, Berthold Viertel, Rolf Nürnberg und Fritz Lang etwa. Dinner-Partys und »Cocktail gatherings« vertreiben die Zeit. Klaus, der älteste Sohn von Katia und Thomas Mann, hatte noch nicht einmal Zeit, den neuen Roman von John Steinbeck zu lesen. Nun hat er aber wenigstens mit »Früchte des Zorns« angefangen. Ein sozialkritisches Werk über die »Great Depression« in Amerika, verarmte Farmer in Oklahoma und Arkansas, die von kapitalistischen Grundbesitzern von ihren Feldern vertrieben werden. »Zu viele Menschen, zu wenig Zeit fürs Werk«, klagt Klaus Mann. Dabei ist soeben erst sein neustes Buch erschienen – natürlich nicht in Deutschland. Dort steht er auf dem Index der geächteten Autoren ziemlich weit oben. »Der Vulkan. Roman unter Emigranten« wird deswegen in Amsterdam veröffentlicht. Klaus Manns Werke erscheinen im Querido-Verlag, einem der wichtigsten deutschsprachigen Exilverlage. Er vertritt mehrere Autoren des Mann-Clans, aber auch Ernst Toller, Joseph Roth, Herbert Marcuse, Albert Einstein, Lion Feuchtwanger und zahlreiche andere geflohene Intellektuelle. Geleitet wird er von Fritz Landshoff, ebenfalls einem politischen Flüchtling, der vor der Vertreibung durch die Nationalsozialisten den Kiepenheuer-Verlag in Berlin geleitet hat. Vom NS-Regime wird er gehasst. Doch an den Querido-Verlag, Keizersgracht 333 in Amsterdam, kommen sie nicht heran.

Manns Romanhelden sind ins Ausland geflüchtete Gegner der Nationalsozialisten: Kommunisten, Widerstandskämpfer, jüdische Intellektuelle, Künstler und exilierte Großbürger treffen aufeinander. Klaus Mann hält das neue Buch für sein bestes Werk. Entspannte Zufriedenheit spürt er dennoch nicht. Er macht sich Sorgen, wie die Kritiker den Roman aufnehmen werden. Und ihn beunruhigt die internationale Lage. »Ich erwarte den Krieg«, schreibt er an Golo. Die Amerikaner setzten auf »Appeasement«, die Beschwichtigung Hitlers – was Klaus Mann sich nicht vorstellen kann.

Golo Mann steht heute vor einem wichtigen Behördengang. Er stellt sich bei der Fremdenpolizei in Zürich vor. Seit zwölf Tagen schon ist er in der Schweiz. Seine Duldung läuft noch zwei Tage. Höchste Zeit, eine Verlängerung seines Aufenthalts zu beantragen. Er erhält eine »Toleranz-Bewilligung« für weitere sechs Wochen. Ein wenig Planungssicherheit. Zumindest für anderthalb Monate kann Golo Mann sicher in Zürich leben.

Seine Eltern dürfte das beruhigen. Seit Kurzem sind auch sie endlich in der Schweiz. Katia Mann hofft sehr, bald ihren Vater und ihre Mutter in Zürich willkommen heißen zu können. Die alten Leute warten seit Monaten sehnlichst darauf, dass die Nationalsozialisten sie ausreisen lassen. Sie sind Juden. Ihrer Tochter gegenüber verschweigen sie, dass sie immer stärker drangsaliert werden.

In Danzig folgt Albert Forster am Abend dem Befehl seines »Führers« und sorgt für eine Eskalation. Bei einer Kundgebung der NSDAP auf dem Langen Markt hält er eine provozierende Rede. Vor ihm steht eine gewaltige Menschenmasse, von 60 000 Teilnehmern spricht später die nationalsozialistische Propaganda.

In den vergangenen Wochen sei alles getan worden, um einen Überfall der Polen auf Danzig abzuwehren, ruft Forster in die Mikrofone vor sich hinein. Seine Ansprache überträgt der Landessender Danzig, der Deutschlandsender und die Sender Königsberg und Breslau. »Polen mag sich darüber im Klaren sein, dass Danzig nicht allein und verlassen auf dieser Welt steht, sondern dass das Großdeutsche Reich, unser Mutterland, und unser Führer Adolf Hitler zu jeder Zeit entschlossen sind, im Falle eines Angriffs von polnischer Seite her in der Abwehr desselben uns zur Seite zu stehen.« Dann legt Forster eine dramatische Pause ein. »Möge der Tag nicht mehr fern sein, an dem wir wiederum hier zusammenkommen, nicht mehr zu einer Protestkundgebung, sondern zur Feier der Wiedervereinigung Danzigs mit dem Großdeutschen Reich«, skandiert er. Ihm antworten Tausende Anhänger in vermutlich einstudierten Sprechchören: »Ein Volk, ein Reich, ein Führer!«

Für diese verbale Brandstifterei hat der Hohe Kommissar des Völkerbundes in Danzig nichts übrig. Er hält sich von dem Aufmarsch der Nationalsozialisten fern. Was Forster verkündet, das wird er später nachlesen. Er bewirtet einige illustre Gäste und ehrt mit einem Festessen einen scheidenden Diplomaten. Tadeusz Perkowski, stellvertretender Repräsentant Polens in der Stadt, nimmt seinen Abschied. Perkowski werfen die Deutschen vor, an einem Mord beteiligt zu sein. Aus seiner Limousine heraus soll ein Mann erschossen worden sein. Ein unschuldiges Opfer polnischer Aggression, behaupten die Nationalsozialisten. Ein Fahrer habe in Notwehr geschossen, weil er von Deutschen bedrängt worden sei, sagen die Polen. Trotz des Streits richtet Burckhardt dem Diplomaten ein Abendessen aus.

Während der Feier wird Carl Burckhardt ans Telefon gerufen. Er trägt einen Schnurrbart, glatt angelegte Haare mit strengem Scheitel. Er soll die Unabhängigkeit der Stadt und die deutsch-polnische Zusammenarbeit überwachen. Momentan kann er nur ein Gegeneinander beobachten. Und einen der Verantwortlichen für die Eskalation hat er nun in der Leitung. Der deutsche Gauleiter von Danzig, Albert Forster, teilt ihm nach seiner Rede mit, dass Adolf Hitler mit dem Hohen Kommissar sprechen wolle. Schon morgen, um 16 Uhr, auf dem

Obersalzberg. Damit das kurzfristige Treffen gelingen kann, hat Hitler seine Privatmaschine nach Danzig geschickt. Abflug: Morgen früh. Burckhardt sagt zu.

Bei den Nationalsozialisten genießt der Schweizer einen guten Ruf. Vor sechs Jahren hatte er den deutschen Propagandaminister Goebbels samt Begleiter bei dessen Besuch in Genf in sein Haus eingeladen und so in der politischen Gesellschaft der Stadt »hoffähig« gemacht. Goebbels war damals im September 1933 zum Völkerbund gereist. 1935 besuchte Burckhardt im Auftrag des Internationalen Roten Kreuzes die drei deutschen Konzentrationslager Dachau, Esterwege und Oranienburg. Hinterher machte er den Nationalsozialisten einige Vorschläge zur Verbesserung der Haftbedingungen. Im Jahr darauf lud das Deutsche Rote Kreuz ihn erneut ein – im Auftrag Adolf Hitlers. Diesmal erhielt er von Reinhard Heydrich von der SS eine Orientierung über das KZ-Wesen und die angeblich bedeutenden Fortschritte, die es dort gegeben habe. Burckhardt hatte den Eindruck, mit seinen Anregungen eine wahre Reform des Lagerregimes ausgelöst zu haben.

Nach seinem zweiten offiziellen Deutschlandbesuch schickte Burckhardt ein Dankesschreiben an Hitler. Darin betonte er die »großzügige Gastfreundschaft« der Deutschen und die »hervorragende Organisation«, die es ihm ermöglicht habe »in einer kurzen Woche quer durch Deutschland die wahrhaft faustische Leistung der Reichsautobahnen und des Arbeitsdienstes kennenzulernen. Was mir einen besonderen und bleibenden Eindruck hinterließ, ist der freudige Geist der Zusammenarbeit, der sich überall kundtat.« Auf dem Briefpapier des Komitees des Internationalen Roten Kreuzes lobte er auch die soziale Fürsorge und die »aufbauenden Leistungen« im Deutschen Reich.

Als im Herbst 1936 die Stelle des Hohen Kommissars des Völkerbundes in Danzig neu besetzt werden musste, weil der Ire Sean Lester zurückgetreten war, stieß die Idee, Carl J. Burckhardt auf diesen Posten zu hieven, in Deutschland rasch auf Zustimmung. Den Anstoß dazu hatte Ernst von Weizsäcker gegeben, der zu diesem Zeitpunkt noch Gesandter in Bern war, aber bald zurück ins Außenministerium in Berlin wechseln sollte, um die Politische Abteilung zu übernehmen. Weizsäcker riet seinem Freund Burckhardt, sich für die Stelle zu bewerben. Die Deutschen wollten einen Mann ihres Vertrauens in der Danziger Völkerbundvertretung installieren. Und Weizsäcker sah in dem Schweizer einen Mitstreiter für seine Pläne, einen großen Krieg zu verhindern.

Da Deutschland nicht mehr Mitglied im Völkerbund war, konnte Weizsäcker nicht selber Burckhardt vorschlagen. Der Geschichtsprofessor hatte aber gute diplomatische Kontakte. Er gewann einen Freund im französischen Außenministerium als Unterstützer. Der Diplomat überzeugte seine Regierung, den Generalsekretär des Völkerbundes und Polen von der Personalie: Burckhardt, so führte es der Freund aus, sei ein überzeugter Liberaler, aber dennoch bei den Nationalsozialisten wohlgelitten.

Seitdem bemüht er sich, das deutsch-britische Verhältnis zu verbessern. Im vergangenen Jahr hat Burckhardt dafür gesorgt, dass Forster nach England eingeladen wurde. Der Nationalsozialist traf den Kriegsminister Leslie Hore-Belisha, Sir Alexander Cadogan aus dem Außenministerium und auch Winston Churchill, der so vehement vor Deutschlands Aufrüstung warnt. Er sprach mit seinen Gastgebern darüber, wie der Frieden in Europa und in Danzig erhalten bleiben könnte. Churchill versicherte ihm, dass die meisten Engländer Deutschland als eine der führenden Weltmächte respektierten, dass aber jedes gewalttätige Vorgehen Deutschlands beinah unvermeidlich zu einem Weltkrieg führen müsse. Nach seiner Reise durfte Forster persönlich Adolf Hitler seine Eindrücke vortragen.

Burckhardt wird von Kritikern immer wieder vorgeworfen,

er stünde den Nationalsozialisten zu nahe, schütze die Minderheiten in Danzig zu wenig, prangere die Verfassungsverstöße von Gauleiter Forster nicht vehement genug an. Aber vor seinem Amtsantritt hatte der britische Außenminister Burckhardt zur Mäßigung im Umgang mit den Nationalsozialisten aufgerufen. Und auch die polnische Regierung hatte sich beim Antrittsbesuch Burckhardts in Danzig ausdrücklich eine »normale Beziehung« zur Stadt gewünscht. Bloß nicht zu unbequem sein, bloß nicht eskalieren, das hat Burckhardt als seinen Arbeitsauftrag verstanden.

Dennoch war es Burckhardt einige Monate lang gelungen, die Nationalsozialisten in Danzig davon abzuhalten, strengere Rassengesetze einzuführen. So konnten tausende Juden noch die Stadt verlassen und große Teile ihres Vermögens mitnehmen. Deutschen Juden ist dies seit Jahren nicht mehr möglich. Ende 1938 stellten die Experten des britischen Außenministeriums fest, dass es dem Hohen Kommissar dank seiner diplomatischen und politischen Fähigkeiten sowie guter Beziehungen zum Senat und nützlicher Kontakte in Berlin gelungen sei, eine ernsthafte Verschlimmerung der Situation für die Juden in der Freien Stadt abzuwenden.

In Danzig sieht es im Sommer 1939 allerdings für Juden kaum besser aus als im »Großdeutschen Reich«. Dass die rassistischen Nürnberger Gesetze seit November auch in Danzig gelten, das konnte Burckhardt nicht verhindern – auch wenn er dagegen protestiert hatte. Solange der Völkerbund sowie die Regierungen in London und Paris aber nicht energischer gegenüber Berlin und dem Danziger Senat auftreten wollen, fehlt Burckhardt schlicht das nötige Druckmittel. Womit soll er seinen deutschen Gesprächspartnern drohen, wenn diese ihm gegenüber ankündigen, kurzfristig »Blutschutzgesetze« einzuführen? Vergeblich fragte Burckhardt damals bei der polnischen Regierung an, ob diese nicht zu einer Machtdemonstration in Danzig bereit sei, wie 1933, als sie die Mannschaft der Westerplatte, eines Munitionsdepots auf einer Halbinsel vor der Stadt, verstärkt hatte. So hätte die Regierung in Warschau gezeigt, dass es die Änderungen des Danziger Status nicht zulässt. Aber auch Polen beließ es bei diplomatischen Protesten beim Danziger Senat. Und so unternahm niemand etwas gegen eine weitere »Gleichschaltung« von Danzig mit dem Reich.

Die »Verordnung zum Schutz des deutschen Blutes und der deutschen Ehre« verbot nun auch in Danzig die Ehe und den Geschlechtsverkehr zwischen »Ariern« und Juden.

Im Februar 1939 schlossen die Nationalsozialisten in Danzig schließlich alle jüdischen Rechtsanwälte und Notare aus ihren Berufen aus – jüdische Ärzte waren schon Monate vorher von Verboten betroffen gewesen. Der brutale Druck zeigt Wirkung. Allein 1938 verließen mehr als 3500 Juden die Stadt. Im August 1939 leben noch 1660 Juden in Danzig.

Heydrich hat an der Grenze zu Polen genug gesehen. Nun will er seine Pläne für die Scheinüberfälle konkretisieren. Er lässt Alfred Helmut Naujocks zu sich kommen. Der SD-Chef befiehlt seinem Agenten, einen Anschlag auf die Radiostation bei Gleiwitz vorzubereiten. Wichtig sei, dass es so aussehe, als seien Polen die Angreifer. »Ein tatsächlicher Beweis für polnische Übergriffe ist für die Auslandspresse und für die deutsche Propaganda nötig«, sagt Heydrich. Naujocks soll mit fünf oder sechs anderen SD-Männern nach Gleiwitz fahren und vor Ort alles vorbereiten. Niemand dürfe Ausweise dabei haben, die auf SS, SD oder Gestapo hinweisen. Keine andere deutsche Behörde dürfe etwas von der Aktion mitbekommen. Wenn Naujocks dann von Heydrich das Schlüsselwort »Großmutter gestorben« durchgegeben bekäme, müsse er losschlagen und die Radiostation besetzen. Einer der SS-Leute, der Polnisch sprechen kann, solle eine Durchsage machen, dass der Angriff von polnischen Freischärlern unternommen worden sei. Heydrich drängt Naujocks zur Eile. In wenigen Tagen rechne er mit einem deutschen Angriff auf Polen. Bis dahin muss der SD bereit sein.

In der Nacht bricht William Shirer nach Danzig auf. Er denkt wieder einmal darüber nach, warum Hitler nach dieser Stadt greift. Jeder Laie wisse, dass es den Deutschen nicht um Danzig gehe. Polen müsse liquidiert werden, heißt es in Kreisen der NSDAP. Denn eine gegnerische Militärmacht an seiner Ostgrenze könne Deutschland nicht zulassen. Hitler strebe nach der ökonomischen und landwirtschaftlichen Unabhängigkeit. Wenn sein Reich autark wäre, müsste er nicht länger eine Seeblockade durch England und Frankreich fürchten wie im letzten großen Krieg. »Und dann kann sich Deutschland dem Westen zuwenden und ihn wahrscheinlich besiegen.«

IV. Va Banque

11. August 1939, Freitag

Westmächte in Verlegenheit
Allgemein hat die Beharrlichkeit der Ankündigung, dass Danzig bald zum
Reich zurückkehren werde, irritiert.

Hamburger Tageblatt

Polen fordert ›Zerstörung Deutschlands‹
Drohungen schüchtern uns nicht ein.

Der Angriff

Die Danziger protestieren
Kein Nachgeben und kein Zurückweichen gegenüber polnischen Ambitio-
nen (...)

Frankfurter Zeitung

In Danzig hebt die Privatmaschine von Adolf Hitler ab. An
Bord des Flugzeugs ist wie vereinbart Carl Burckhardt, seit
dem 1. März 1937 Hoher Kommissar des Völkerbundes, der
zehnte Vertreter der Weltgemeinschaft in der Stadt. Der
Schweizer Historiker gilt als Experte für die Probleme Mittel-
europas und hat 1935 ein vielbeachtetes Buch über Kardinal
Richelieu veröffentlicht, der im 17. Jahrhundert in Frankreich
die Strippen zog. Ein verschlagener Politiker, der vor keiner Intrige zurückschreckte, um seine Interessen durchzusetzen und
seinem Land in Europa zu mehr Macht zu verhelfen. Selbst mit
Protestanten schloss der Katholik Bündnisse, wenn das seiner

Politik dienlich erschien. »Richelieu hat, sich der Unsicherheit des Bodens, auf den er sich stellte, voll bewusst, nach der Macht dort gegriffen, wo sie sich ihm darbot; mit ihrem gewaltigen, seinem Wesen unentbehrlichen Element musste er sich vertraut machen, um in sich all die Eigenschaften des Maßes, der Beherrschung, der Treffsicherheit auszubilden, deren er zu seinem späteren Werk bedurfte«, schrieb Burckhardt über den Kardinal. Vielleicht nutzt ihm das Wissen über Richelieus politische Manöver bei seinem nächsten Termin?

Adolf Hitler will ihn heute noch empfangen. Albert Forster begleitet Burckhardt. Während des Flugs unterhält ihn der Gauleiter mit Anekdoten aus der Kampfzeit der nationalsozialistischen Bewegung, erzählt etwa von Saalschlachten mit Kommunisten. Bevor Burckhardt zum Hohen Kommissar des Völkerbundes ernannt worden war, sagte Forster in einer Rede: »Das eine kann ich heute sagen, dass der Völkerbundsrat hier in Danzig untergehen wird. Er muss untergehen. Was sitzt überhaupt im Völkerbund? Ein anständiger Staat gehört nicht zu ihm. Der Völkerbund hat hier in Danzig nichts mehr zu sagen. Der muss mit seiner Wurzel verschwinden, und er wird verschwinden.«

Burckhardt vergleicht sein Dasein in Danzig mit dem eines Staatsgefangenen: Jeder seiner Schritte werde kontrolliert, jedes seiner Worte abgehört, nach Berlin weitergeleitet, irrtümlich zitiert und meist, um irgendwelche Ziele zu erreichen, frei erfunden. Vielleicht erinnert ihn seine Situation an ein Erlebnis seiner Kindheit. Einmal flog ein Vogel in sein Zimmer, schlug gegen eine Fensterscheibe, taumelte, flatterte wieder auf und entdeckte plötzlich den Ausweg in die Freiheit. »Der hat Glück gehabt«, sagte ihm daraufhin seine Kinderfrau. »Wer weiß«, dachte der kleine Carl damals. Über Freiheit und Unfreiheit, über Glück und Unglück denkt der Schweizer seitdem oft nach.

Endlich landet das Flugzeug gegen Mittag in Salzburg. Nach einem kurzen Imbiss geht es im Auto weiter. Auf einer serpentinenreichen Straße quält der Wagen sich hinauf bis zum *Berghof,* dann geht es weiter zum *Kehlsteinhaus,* auch *Adlerhorst* genannt, einem kürzlich fertiggestellten Teehaus in schwindelerregender Gipfelhöhe. Erst in diesem Jahr wurde das *Kehlsteinhaus* eingeweiht. Bis zu dreißig Millionen Mark soll der Bau gekostet haben, das Teehaus ist über eine 6,5 Kilometer lange Straße, Viadukte, Tunnel und einen in den Berg getriebenen Fahrstuhl zu erreichen.

William Shirer trifft in Danzig ein. Sofort erkennt er, warum so viele die Stadt als Krisenherd ansehen. Deutsche Armeefahrzeuge mit Danziger Nummernschild rollen durch die Straßen. Der *Danziger Hof,* das Hotel des Journalisten, beherbergt zahlreiche deutsche Offiziere. Das Oberkommando des Heeres hat heimlich im Juni 168 hochrangige Soldaten in die Stadt gesandt, um Polizisten und Mitglieder der SS-Heimwehr auszubilden. Das Kommando führt General Friedrich Eberhardt.

Wohin Shirer in Danzig auch geht, er trifft auf deutsche Soldaten. An den Ortsausgängen stehen Panzersperren, Holzverhaue blockieren die Straßen. Der Bischofsberg und der Hagelberg, die beiden höchsten Erhebungen Danzigs, wurden zu Festungen ausgebaut. Shirer erinnert das alles an die Situation im Sudetenland vor einem Jahr. Er hört in seinen Gesprächen mit Menschen vor Ort von Waffentransporten, die nachts Danzig erreichen und aus Ostpreußen kommen. Maschinengewehre, Panzer- und Luftabwehrgeschütze, die so in Danzig landen, stammen auch aus tschechischer Produktion und damit aus Fabriken, die Hitler erst im vergangenen Jahr besetzt hat.

Shirer ist bei Weitem nicht der einzige Journalist, der in diesen Tagen nach Danzig kommt. In den Hotels, Restaurants und Cafés der Innenstadt rund um den Langen Markt haben sich zahlreiche Berichterstatter aus dem Ausland einquartiert. Alle wollen möglichst dicht am Geschehen sein. Danzig sei »die neue Sensation geworden«, klagte bereits Burckhardt. Der

Hohe Kommissar des Völkerbundes wäre wohl froh, wenn die Stadt weniger Schlagzeilen produzieren würde. Jedes Gerücht heizt die Stimmung an und macht seine Arbeit schwieriger.

Shirer sucht nach brisantem Material für seine Radiosendung. Er schlendert durch die Straßen. Auf Anhieb gefällt ihm die Hafenstadt. Die mächtigen baltisch-deutschen Türme, die gotischen Hansehäuser mit spitzen Giebeln und reich verzierten Fassaden. Den Journalisten erinnert Danzig an andere Hansestädte wie Lübeck, Bremen oder Brügge. Im Hafen liegen allerdings nur wenige Schiffe.

Verwundert stellt Shirer fest, dass die meisten Einwohner keinen Krieg erwarten. In diesen Sommertagen zieht es tausende Danziger in die Seebäder. In Zoppot amüsiert sich wie jedes Jahr ein internationales Publikum, und das Kasino dort und die Kneipen in Danzig sind gut besucht. Shirer trinkt einige Gläser »Danziger Goldwasser«, ein Schnaps, in dem winzige goldene Partikel schwimmen. Der Amerikaner findet ihn sehr gut und stark.

Sophie Scholl hat ihre Unangepasstheit mal wieder Ärger eingebracht. Kaum, dass Fritz Hartnagel sie in Worpswede allein gelassen hat, beginnt der Schlamassel. Ein Mann hat in der Jugendherberge ihre Bücher durchgesehen und wollte eines gleich zur Polizei bringen, so verdächtig fand er den Inhalt der »Heldenfibel«, eines programmatischen Werkes der freien Jugendbewegung. Die Herbergsmutter verhindert das, aber nun überwacht sie die junge Frau penibel. Sophie Scholl packt also alle Bücher, die Anstoß erregen könnten, zusammen und schickt sie per Post an Fritz. Der Vorfall hat ihre Urlaubsstimmung stark getrübt. Sie plant hastig ihre Abreise, will zurück nach Ulm. Zum Glück hat ihr Freund sie noch mit Geld versorgt, bevor er aufgebrochen ist. Nun geht es für Sophie Scholl wieder in den Süden – immerhin ist sie dort näher an der Kaserne von Fritz Hartnagel.

Endlich trifft die britisch-französische Militärmission in Moskau ein. Trotz der Reisestrapazen der Gäste soll gleich morgen in aller Frühe das Gespräch über eine Zusammenarbeit der Staaten und ihrer Armeen beginnen. Die Russen wollen so schnell wie möglich loslegen.

Die Redaktion des liberalen *News Chronicle* telegrafiert aus London nach Berlin. Empfänger der Depesche ist Hermann Göring. Er hatte ausländischen Journalisten vorgeschlagen, statt an ihren Schreibtischen zu hocken, lieber unter das deutsche Volk zu gehen. Eine gute Idee, scheinen sich die Chefs der *News Chronicle* zu denken. Sie bitten Göring, einem Reporter doch Zugang zum Konzentrationslager Sachsenhausen zu gewähren. Die Redaktion tritt stets mutig auf – und scheut kein Risiko. Während des Bürgerkriegs schickte sie drei Korrespondenten nach Spanien. Von Anfang an berichtete der *Chronicle* kritisch über den faschistischen General Franco. Über das nationalsozialistische Deutschland dürfte der Reporter ebenfalls wenig positive Worte verlieren. Eine Antwort erhält die Zeitung von Göring nicht.

Während sein »Führer« den Hohen Kommissar für Danzig erwartet, spricht Außenminister Ribbentrop wenige Kilometer entfernt in seiner neuen, prächtigen Residenz oberhalb des Fuschlsees mit seinem italienischen Kollegen, Graf Ciano. *Schloss Fuschl* im Gau Salzburg hat Ribbentrop als Sommerresidenz von Hitler erst in diesem Sommer erhalten. Ein wunderschönes, barockes Anwesen, am malerischen Ufer gelegen, dahinter die Berge. Der Außenminister soll einen luxuriösen Aufenthaltsort in der Nähe des Obersalzbergs haben, um Hitler nah zu sein.

Der Besucher aus Italien erscheint in Galauniform, sein Gastgeber trägt zum Erstaunen der Italiener einen lässigen Zivilanzug. Schlimmer aber noch ist, wie salopp Ribbentrop nun über Hitlers Außenpolitik gegenüber Polen spricht. Er hat anscheinend monatelang Mussolini nicht nur im Unklaren gelassen, sondern ihn regelrecht getäuscht. Vor wenigen Jahren war Mussolini noch der Anführer der europäischen Faschisten, und Hitler wirkte wie ein eifriger, den Duce bewundernden Schüler. Nun entscheidet der »Führer« von Deutschland aus über die Zukunft Europas, und Mussolini erhält von ihm die Rolle eines Juniorpartners zugewiesen.

Beim Spaziergang vor dem Essen im Garten fragt Ciano den Kollegen ganz direkt: »Nun also, Ribbentrop, was wollt ihr? Den Korridor oder Danzig?« Hitlers Außenminister erwidert: »Wir wollen den Krieg.«

Ciano, der Mussolinis Schwiegersohn ist, dürfte es als Anmaßung seiner Verbündeten empfinden, mit einer Ankündigung, es werde Krieg geben, abgespeist zu werden – ohne nach seiner Meinung gefragt zu werden.

Je mehr der deutsche Außenminister erzählt, desto eisiger wird die Atmosphäre. Beim Essen schweigen die beiden Minister meist. Danach ziehen sie sich für ein längeres Gespräch in einen Saal des Schlosses zurück. Dort sagt Ribbentrop, die »gnadenlose Vernichtung Polens durch Deutschland« sei unvermeidlich. Der Konflikt werde sich aber nicht zu einem Weltkrieg entwickeln.

Ciano staunt, er findet seinen Gesprächspartner stur und unvernünftig. Jede Diskussion scheint überflüssig. Vergeblich versucht der Italiener seinen Gastgeber davon zu überzeugen, dass ein Überfall auf Polen den Briten und Franzosen gar keine Wahl ließe, sie müssten Deutschland daraufhin den Krieg erklären. Sein Kollege hört ihm kaum zu. Dann bietet Ribbentrop ihm eine Wette an. Wenn Engländer und Franzosen neutral blieben, dann schulde Ciano ihm ein italienisches Gemälde. Für den Fall ihres Kriegseintritts werde Ribbentrop dem Italiener eine Sammlung altertümlicher Waffen überreichen. Eine Wette auf den Krieg? Was treibt Ribbentrop nur? Für Ciano ist das ganze Gespräch ein einziger Affront. Immer angespannter wird der Ton zwischen den Ministern.

Ribbentrop weigert sich zudem, weitere Details zum Angriffsplan zu nennen. Alle Entscheidungen seien »immer noch in der undurchdringlichen Brust des Führers verschlossen«.

Adolf Hitler mag den *Adlerhorst* nicht besonders. Er findet, dass dort oben die Luft zu dünn sei, das bekomme seinem Blutdruck nicht. Und die engen Straßen direkt am Berghang, die Bormann hat bauen lassen, erscheinen ihm als nicht sicher. Um zum Berggipfel zu gelangen, muss man auch noch Lift fahren. Dennoch empfängt er Carl Burckhardt in dieser großen Höhe. Burckhard ist ein wichtiger Gast, Hitler will ihn mit dem Blick über die Berggipfel beeindrucken.

Noch steht Danzig schließlich unter der Aufsicht des Völkerbundes. Und über Burckhardts Arbeit in der Stadt hat Hitler einiges Positives gehört, dafür hat Staatssekretär von Weizsäcker gesorgt. Der Diplomat hatte die Konsuln in Genf und Danzig gebeten, wohlwollende Berichte über Burckhardt nach Berlin zu senden. So will er Hitler dem Hohen Kommissar gegenüber positiv stimmen. Wenn der »Reichskanzler und Führer« den Schweizer achte, dann agiere er in der Danzig-Frage vielleicht vorsichtiger und provoziere die Engländer nicht zu einem Krieg. Und tatsächlich, in zwei Reichstagsreden hat Hitler bereits Burckhardt persönlich gelobt, als »Mann von persönlichem Format« und als »außerordentlich taktvollen Hohen Kommissar«. Das müsste doch eine Basis für ein gutes Gespräch sein. Weizsäcker versucht wirklich alles, um dem Frieden eine Chance zu geben. Auch Burckhardt spielt in den Plänen des Staatssekretärs eine Rolle.

Nun erfährt der Schweizer vom deutschen Reichskanzler sehr direkt, dass ein Krieg gegen Polen wahrscheinlich sei: »Wenn das Geringste in Danzig passiert«, sagt Hitler, »oder unseren Minderheiten geschieht, werde ich hart zuschlagen.« Er führt wie so oft einen Monolog. Er redet auf seinen Gast ein. Erwiderungen sind nicht erwünscht. »Dank meiner Befestigungen werde ich den Westen mit 74 Divisionen halten«, sagt er. »Der Rest wird gegen die Polen geworfen, die in drei Wochen liquidiert sein werden.«

Hitler zieht alle Register. Seine Stimme erhebt sich zu einem Crescendo des Zorns, er droht, kündigt an, kein bisschen nachzugeben beim Streit um die Zollbeamten. Wenn es nur zu dem kleinsten Vorfall kommen sollte, dann würde er die Polen ohne Warnung vernichten. Er schreit. Von dem Land werde keine Spur übrigbleiben. Und er würde nicht nach der Art Wilhelms II. kämpfen, ruft Hitler aus. Der Kaiser habe sich durch sein Gewissen Schranken auferlegen lassen. Er aber fechte rücksichtslos bis zum bitteren Ende. Dann scheint seine Stimmung urplötzlich zu kippen, traurig und resigniert klagt Deutschlands mächtigster Mann dann, wie verfahren die Situation sei. Alles, was er wolle, sei Land im Osten, um sein Volk zu ernähren. Und alles, was er unternehme, sei gegen Russland gerichtet. »Wenn der Westen zu dumm und zu blind ist, um dies zu begreifen, werde ich gezwungen sein, mich mit den Russen zu verständigen, den Westen zu schlagen und dann nach seiner Niederlage mich mit meinen versammelten Kräften gegen die Sowjetunion zu wenden.« Er habe mit seinem »Generalbereinigungsvorschlag« an Polen einen »Beitrag für die Sache des Friedens« geleistet, sagt Hitler zu seinem Gast.

Nun schaltet sich Burckhardt ein. Genau darüber will er mit Hitler sprechen. Ist diese »Lösung« endgültig ausgeschaltet, fragt der Schweizer. »Leider endgültig ausgeschaltet durch die Polen«, antwortet der deutsche Machthaber. »Nachdem sie diese Position eingenommen haben, können sie nicht mehr zurück. Das ist der Jammer.« Endlich bekommt Burckhardt die Gelegenheit, etwas zu sagen. Er erwidert, es liege vor allem an Hitler, ob der Frieden bestehen bleibe. Mehr jedenfalls als an irgendjemand anderem. Mit leiser Stimme antwortet Hitler, das stimme so nicht. Er wisse, dass England und Frankreich Polen zum Krieg aufhetzen. Er würde »lieber heute als morgen« ins Gefecht ziehen. Sollten die Polen aber Danzig in Frieden lassen, dann könne er warten.

Wie kann es nur weitergehen in dieser internationalen Krise? Hitler schlägt vor, dass ein Deutsch sprechender Engländer nach Berlin entsandt wird, vielleicht General William Edmund Ironside, Chef des britischen »Imperial General Staff«. Er nehme an, dass dieser Vorschlag eine gute Aufnahme finden werde, antwortet Burckhardt. Dem britischen Foreign Office werde er den Wunsch Hitlers gern übermitteln.

Solle er seine Kinder in Danzig lassen, fragt Burckhardt seinen Gastgeber zum Abschied. »Es kann jeden Tag in Danzig etwas geschehen, aber nur, wenn die Polen es wollen«, antwortet Hitler. Besser wären die Kinder in der Schweiz aufgehoben. Carl J. Burckhardt verlässt den Obersalzberg verwundert. Warum hat Hitler ihn eigentlich eingeladen, nur damit er den Briten einen Vermittlungsvorschlag überbringt? Eine Lösung der Danzig-Frage hat sein Besuch leider nicht bewirkt.

Um halb sechs Uhr am späten Nachmittag endet das Gespräch zwischen Ribbentrop und Ciano. Botschafter Attolico und weitere italienische Diplomaten warten ungeduldig am Ufer des Fuschlsees. Sie haben natürlich die kühle Atmosphäre beim Essen mitbekommen und den entsetzten Gesichtsausdruck ihres Ministers wahrgenommen. Und Ciano sagt ihnen gleich, wie ernst die Lage sei. Ribbentrop sei davon überzeugt, dass die Westmächte »unbewegt der Abschlachtung Polens zusehen« werden, empört sich Ciano. Niedergeschlagen fühlt er sich und erschöpft. Doch Zeit für eine Pause hat er nicht. Das offizielle Besuchsprogramm sieht nun ein Abendessen im bekannten Restaurant *Weißes Rössl* am Wolfgangsee vor. Auch hier haben sich die Diplomaten der verbündeten Länder nicht mehr viel zu sagen.

Als die Italiener nach mehr als zehn Stunden endlich ihr Hotel erreichen, trifft sich die italienische Delegation beim Minister in der Suite. Alle drängen sich ins Badezimmer. Dort, so hoffen sie, sind sie von Abhörversuchen sicher. Sie sind sich einig: Die Deutschen haben den Stahlpakt verletzt. In dem Vertrag ist eine gegenseitige Informationspflicht vereinbart. Und Hitler und Ribbentrop haben stets versichert, wenigstens in den kommenden Jahren den Frieden wahren zu wollen. Nun hat Ciano begriffen, dass die Partner in Berlin ihn verraten haben. Von jetzt an, sagt der Minister zu seinen Mitarbeitern, werde sich Italien weigern, jegliche deutsche Aktion gegen Polen mitzutragen. In einem von Berlin provozierten Konflikt werde seine Regierung unbedingt neutral bleiben.

Im Tagebuch notiert Ciano nach dem Gespräch über Ribbentrop: »Er weist jegliche Lösung zurück, die Deutschland zufriedenstellen und zugleich den Kampf verhindern würde.« Wie verzweifelt der Graf ist, zeigen seine nächsten Gedanken. »Ich weiß mit Sicherheit, dass die Deutschen selbst dann, wenn alle ihre Forderungen erfüllt würden, gleichwohl angreifen würden, weil sie vom Teufel der Zerstörung besessen sind.« Ihm sei nun klar geworden, wie wenig »wir in den Augen der Deutschen wert sind.«

Während die italienische Delegation in melancholische Stimmungen verfällt, trifft Vizeadmiral Wilhelm Canaris in Berlin den italienischen Militärattaché, Mario Roatta. Beide kennen sich aus Spanien, wo der Italiener im Bürgerkrieg eine faschistische Freiwilligenmiliz befehligte. Sie sprechen über den Konflikt um Danzig. Italiens Haltung sei entscheidend in der Frage, ob es Krieg geben wird, sagt Canaris.

Der Geheimdienstchef hat die Italiener schon häufiger mit sensiblen Informationen versorgt. Mehrfach hat er die Botschaft vor den Gefahren des Abhörens und der Entzifferung telegrafischer Berichte durch die Gestapo gewarnt. Aufgrund von Canaris' Hinweisen hat Botschafter Attolico bereits den Geheimcode wechseln lassen. Wenn Reinhard Heydrich mitbekommt, wie der Vizeadmiral seine Arbeit durchkreuzt, dürfte er noch entschiedener gegen die Abwehr vorgehen. Canaris hat natürlich ein Eigeninteresse bei seinen Warnungen: Er will nicht, dass Heydrichs Männer ihn dabei erwischen, wie er die Regierung in Rom mit Interna versorgt. Bei jedem seiner Telefonate geht der Vizeadmiral davon aus, abgehört zu werden. Selbst in Gesprächen mit Freunden bleibt er oft im Vagen. Und dahinter steckt keine Paranoia – sondern gesunde Vorsicht.

Ein Katz-und-Maus-Spiel läuft in diesen Sommertagen in Berlin. Fraglich bleibt, wer die Katze ist – und wer die Maus.

12. August 1939, Sonnabend

Jugend wird vormilitärisch erzogen
Die Vereinbarung zwischen Wehrmacht und HJ in Kraft getreten.

Westdeutscher Beobachter

Nun kenne ich den Feind. Nun kann ich die Waffe schmieden, die ihn vernichten wird. Und wenn ich dereinst fallen werde, werde ich meine Waffe weitergeben in die Hände derer, die nach uns kommen. Der Kampf beginnt und wird nicht enden, bevor der Feind besiegt ist.

Filmzitat aus *Robert Koch. Bekämpfer des Todes*

Für Graf Ciano ist seine deprimierende diplomatische Mission in Deutschland noch nicht vorbei. Der italienische Außenminister trifft auf dem *Berghof* heute Adolf Hitler zum Frühstück. Im Arbeitszimmer des deutschen Reichskanzlers liegen demonstrativ militärische Karten auf dem Schreibtisch. Und Hitler spielt sich als Feldherr auf, zeigt seinem Gast, wo früher die Franzosen die Westgrenzen attackiert haben und wie er diese nun schützen lasse. Er empfiehlt Italien, rasch Jugoslawien zu besetzen. Ciano weist diese Idee energisch zurück. Sein Land sei nicht bereit für einen Krieg, sagt er. Ein großer Konflikt würde das italienische Volk ins Elend stürzen.

Hitler hört ihm mit sichtbarem Desinteresse zu. Zu Polen sagt er nur, dass ein Krieg mit dem Nachbarland auf keinen Fall zu einem größeren Konflikt anwachsen werde. Danzig sei eine urdeutsche Stadt, die in jedem Deutschen sentimentale

Regungen wecke. Gerade dieses psychologische Element zwinge ihn, der Volksstimmung Rechnung zu tragen.

Sie sprechen später allein und besuchen das *Kehlsteinhaus*, den sogenannten *Adlerhorst*, wo Hitler gestern noch mit Burckhardt konferiert hat. Der »Führer« nimmt sich Zeit für den Besucher. Viel Freude kommt bei Ciano dennoch nicht auf. Ohne Verlust an Prestige könne Deutschland die ständigen Provokationen Polens nicht überstehen, sagt der Gastgeber. »Ich bin felsenfest davon überzeugt, dass weder England noch Frankreich in einen allgemeinen Krieg eintreten werden.« Auch wenn die Regierungen beider Länder ordentlich Lärm machen, würden sie nicht kämpfen. Ciano begreift, dass er – wie bei Ribbentrop auch – hier nichts mehr erreichen kann. Er notiert über das Treffen: »Er hat beschlossen, zuzuschlagen, und er wird zuschlagen.«

Während Hitler mit Ciano konferiert, erhält Ribbentrop auf dem *Berghof* ein Telegramm. Die Russen, so erfährt der Außenminister, seien bereit für direkte Verhandlungen in Moskau. Der Außenminister bittet seinen »Führer« zu einem raschen Gedankenaustausch. Hitler lässt Ciano allein und bespricht sich mit Ribbentrop. Bestens gelaunt kehrt er dann zu seinem Gast aus Italien zurück. Ein Durchbruch sei erzielt worden. In Berlin haben die Unterhändler beider Staaten sich auf den deutsch-sowjetischen Handelsvertrag geeinigt, teilt Hitler mit. Den Hintergrund erläutert er seinem Besucher nicht: Nach den Gesprächen über Kredite und Warenaustausch können nun die politischen Verhandlungen beginnen. Der Weg sei frei, erklärt Hitler dem verblüfften Ciano. Ein deutscher Unterhändler könne in die UdSSR reisen.

Für den Italiener ist das eine weitere besorgniserregende Information. Der »Duce«, der italienische Faschistenanführer Mussolini, hat ihn nach Deutschland gesandt, um Hitler von seinem Kriegskurs abzubringen. Ciano weiß, dass seine Mission gescheitert ist. Von Ribbentrop fühlt er sich permanent hintergangen. Und Hitler traut er jede Bösartigkeit zu. Vergeblich versucht er ihm seine Idee von einer internationalen Konferenz schmackhaft zu machen, mit der Italien die Danzig-Krise beenden will.

Eva Braun, die Geliebte Hitlers, hält den Besuch des italienischen Außenministers mit ihrer Kamera fest. Sie ist begeisterte Amateurfilmerin und dreht in Farbe, am liebsten auf dem Obersalzberg, wenn prominente Gäste da sind. Allerdings darf sie heute nur aus dem Fenster ihres Zimmers filmen. Bei offiziellen Terminen hat sie schließlich Stubenarrest.

Für heute hat Adolf Hitler genug von seinem Gast. Er wolle über Cianos Ausführungen nachdenken, sagt er. Der Graf möge bitte morgen wiederkommen. Am nächsten Tag könne man die Gespräche fortsetzen.

In Moskau beginnen die Verhandlungen zwischen der britisch-französischen Militärdelegation und den Sowjets. Es ist ein ungewöhnlich schwüler Tag. An einem runden Tisch im Spiridonowka-Palais kommen die Vertreter aus Paris und London mit ihren Gastgebern zusammen. In dem Saal ist kaum noch Platz, neben den offiziellen Teilnehmern drängen sich Dolmetscher und Stenographen. Der Raum füllt sich rasch mit dem Rauch russischer Zigaretten.

Angeführt wird die sowjetische Delegation von einem engen Vertrauten Stalins: Marschall Kliment Woroschilow, Kommissar für Verteidigung. Er hat sich als brutaler Feldherr in der Schlacht von Zarizyn erwiesen und in diesem Jahr ein Massaker an 40 000 seiner eigenen Offiziere befohlen.

Die Vertreter der UdSSR fragen gleich zu Beginn nach, ob ihre Gäste befugt sind, Abkommen zu unterzeichnen. Woroschilow sagt, Stalin habe ihn ermächtigt, sofort einen Pakt zu schließen. Wie sehe das bei den Gästen aus? Die Franzosen spielen auf Zeit, die Briten verneinen. Können sie überhaupt offiziell für ihre Länder sprechen und verhandeln, fragen sich nun die Russen verärgert. Nehmen die Gäste das Treffen wirklich ernst? Die sowjetische Seite bittet um eine Pause. Der Start für die Gespräche fällt denkbar schlecht aus.

Auf Long Island setzt sich Albert Einstein an seinen Schreibtisch. Er verfasst einen Brief an eine Freundin in Europa, an Königin Elisabeth von Belgien. Er bedankt sich dafür, dass die Monarchin geholfen hat, einen Bekannten Einsteins aus dem »Großdeutschen Reich« zu holen und so zu retten. »Beim Lesen ihres Briefchens verblassten alle die bitteren Gefühle, die sonst mit dem Gedanken an Europa zu unlöslich verbunden sind«, schreibt ihr Einstein. »Der Wunsch, nach langen sechs Jahren wieder den vertrauten Boden zu betreten, regt sich mächtig.«
Aber Einstein weiß, dass er in den Vereinigten Staaten bleiben wird. Schlecht geht es ihm hier schließlich nicht, was er seiner Brieffreundin auch gleich versichert. Er beschreibt die stille Meeresbucht, an der er in diesem Sommer gerne sitzt, und schwärmt von seinem Segelboot. Einstein hat eine Idylle gefunden, in der er sich von Princeton erholt. Der Weltlage aber entkommt er auch hier nicht. »Wären nicht Zeitung und unzählige Briefe, käme es mir gar nicht zum Bewusstsein, dass ich in einer Zeit lebe, in der menschliche Unzugänglichkeit und Grausamkeit beängstigend überhandnimmt.«

Der Geschäftsträger der sowjetischen Botschaft in Berlin, Georgi Alexandrowitsch Astachow, schickt dem Außenkommissar Molotow in Moskau einen wichtigen und vertraulichen Bericht. Die Deutschen, so schreibt er, drängten auf Verhandlungen mit der UdSSR über militärische und politische Fragen. Der drohende Konflikt mit Polen setzt die Regierung in Berlin anscheinend unter Druck.

John F. Kennedy trifft in München ein. Er kommt, um das aktuelle Politikgeschehen zu studieren. Er hat schon viel Material für seine »Senior Thesis« gesammelt, mit der er sein Studium in Harvard abschließen will. Kennedy beobachtete verwundert, wie schleppend die Aufrüstung in Großbritannien in Gang kam. Noch im vergangenen Jahr bestand das britische Heer lediglich aus 180 000 Mann. Die deutsche Wehrmacht ist ungleich größer. Die Royal Air Force besaß 1600 Flugzeuge – die Deutschen hatten 5000 Stück. Lediglich die britische Marine ist der deutschen Flotte eindeutig überlegen. Die British Army jedoch scheint Kennedy zu klein zu sein, um wirkungsvoll auf dem Kontinent zu kämpfen.

Aber seit Hitlers Einmarsch in die Tschechoslowakei haben die Briten erkannt, dass sie schon bald in einen Krieg verwickelt werden könnten. Nun sollen die Streitkräfte und die Landesverteidigung massiv verstärkt werden.

Sein Vater Joseph P. Kennedy, der US-Botschafter in London, hilft seinem Sohn bei seinen Recherchen in Deutschland mit Kontakten. Auf seinen Kollegen in Berlin muss Kennedy senior keine Rücksicht nehmen. Nach den Pogromen gegen Juden in Deutschland im Vorjahr hat Washington seinen Botschafter aus Berlin abberufen. Dort vertritt nur noch ein Geschäftsträger die amerikanischen Interessen.

Vor einem Monat war John F. Kennedy zuletzt in München. Damals, im Juli, stellte er fest, wie radikal so mancher Deutscher ist. Gemeinsam mit Freunden fuhr er in einem Auto mit britischem Kennzeichen durch die Stadt. Sie kamen an einem Denkmal vorbei, SA-Männer entzündeten davor gerade Flammen.

Interessiert schauten die jungen Amerikaner zu. Den Männern der Sturmabteilung gefiel das nicht, sie schimpften, schrien, drohten. Kennedy und seine Begleiter wunderten sich noch über das Gebaren dieser verrückten Deutschen, als plötzlich Steine in ihre Richtung flogen. Ziegel prasselten auf das Auto nieder. Die SA griff an. Schnell flohen die Amerikaner mit ihrem Wagen. Verstört notierte Kennedy: »Wie können wir einen Weltkrieg vermeiden, wenn diese Leute so empfinden.«

»Staatspolitisch und künstlerisch besonders wertvoll, jugendwert« urteilt die Zensur über den Film »Robert Koch. Der Bekämpfer des Todes«, der vor vier Tagen auf der Biennale in Venedig seine Premiere hatte. Die von Goebbels' Propagandaministerium gelenkte Reichsfilmkammer hat strenge Vorgaben gemacht zu »Tod in Kunst und Film«. Immerhin gehen zehn Prozent der Deutschen wöchentlich ins Kino – dabei soll keine schlechte Stimmung aufkommen. Koch, als entschlossener Kämpfer gegen die Widrigkeiten seiner Zeit, der mit großer Opferbereitschaft für eine größere Sache streitet, passt aber so gut in diese Tage, dass es gegen den Film keinerlei Einwände der Zensoren gibt. Obwohl gleich zum Beginn eine Frauenleiche zu sehen ist. Auch die Sprache im Film hat sich der erregten Stimmung angepasst. Der »Erreger« ist für Koch ein »Feind«, er wird »aufgespürt« und »ausgerottet«. In gut fünf Wochen, am 26. September, soll die deutsche Erstaufführung von »Robert Koch« über die Leinwand flimmern.

Der echte Robert Koch arbeitete übrigens am Anfang seiner Karriere in Wollstein in der preußischen Provinz Posen als Landarzt. Heute gehört die Region zu Polen. Ob das für die Propagandisten in Berlin bei der positiven Bewertung eine Rolle spielte?

Nach dem Mittagsimbiss treffen in Moskau wieder die Militärmissionen aus Frankreich und England auf die sowjetischen Vertreter. Wie viele Infanteriedivisionen die Briten mobilisieren können, will Stalins Vertrauter Kliment Woroschilow wissen. Die englischen Unterhändler antworten, es seien sechzehn. Dolmetscher übersetzen und blicken in erstaunte Gesichter. Die sowjetischen Delegationsmitglieder bitten, ihnen die Zahl erneut mitzuteilen – für so lächerlich niedrig halten sie die Angabe. Sechzehn? Sie fragen nach. Und die Briten geben dann an, das nur vier Divisionen sofort einsatzbereit seien. Die Franzosen haben immerhin 110 Infanteriedivisionen und 4000 Panzer zu bieten. Die Sowjets sagen, sie hätten mehr als 300 Divisionen, davon 120 sofort einsetzbar, dazu 5000 schwere Geschütze, bis zu 10 000 Panzer und 5000 Kampfflugzeuge. Sie führen die Gespräche mit wenig Begeisterung fort. Was können und was wollen diese Briten ihnen eigentlich bieten.

Eine weitere Nacht verbringt Italiens Außenminister im »Großdeutschen Reich«. Erneut notiert er die jüngsten Ereignisse in seinem Tagebuch. Die Treffen mit den Deutschen regen ihn einfach zu sehr auf, er scheint sich seine Emotionen von der Seele schreiben zu wollen. »Ich spüre, dass das Bündnis mit uns für die Deutschen nur so viel wert ist, wie viele feindliche Kräfte wir von ihren Fronten fernhalten können. Nichts weiter. Unser Schicksal ist ihnen egal. Sie gehen davon aus, dass der Krieg von ihnen und nicht von uns entschieden werden wird. Letztendlich versprechen sie uns bloß Almosen.«

Am späten Abend trifft sich die Delegation erneut in Cianos Zimmer. Die Diplomaten beschließen, dass es keine Pressemitteilung zu dem Besuch in Salzburg und Berchtesgaden geben soll. Bevor er ins Bett geht, greift Ciano zum Telefon. Er lässt sich mit seinem Schwiegervater in Rom verbinden. Es wird ein kurzes Telefonat. Ciano teilt Mussolini mit: »Die Lage ist sehr ernst: Einzelheiten mündlich in Rom.«

13. August 1939, Sonntag

Noch kann der Krieg verhütet werden. Gewinnt das deutsche Volk für den Frieden!

Neuer Vorwärts

Demokratie auf Ferienreise ... und Polen?
Bis Oktober, so meint der englische Premierminister, wird sich allem Anschein nach nichts Ernsthaftes in Europa ereignen. Also gehen wir auf Ferien. Etwas will man vom Leben doch haben.

Der Deutsche Weg, katholische Exilzeitung

Außenminister von Ribbentrop bringt seinen italienischen Amtskollegen Graf Galeazzo Ciano nach einem weiteren Besuch bei Hitler zum Flughafen. Der »Führer« hatte noch mal ausufernd erklärt, warum er möglichst schnell gegen Polen losschlagen wolle. Ciano hatte versprochen, dem »Duce« alles vorzutragen. Um Viertel nach zwei hebt seine Maschine gen Italien ab. Nach der Landung in Rom lässt sich Ciano in den *Palazzo Venezia* fahren, um Mussolini ausführlich über seine unerfreuliche Deutschlandreise zu berichten. Beide sind betroffen über Hitlers Kurswechsel. Diese Abkehr von der antikommunistischen Politik lehnen sie grundsätzlich ab. Eine Verständigung mit Moskau, ein Pakt mit den Bolschewiken, wie konnte das alles nur geschehen? Vor allem aber sind beide empört über die Demütigung, die Italien durch die arroganten Deutschen erlitten hat.

Ciano spricht sich für einen neuen Kurs gegenüber Deutschland aus. »Ich mache mir über die Deutschen keine Illusionen mehr: Morgen wird Ungarn an der Reihe sein, dann wir. Wir müssen sofort handeln, solange es noch geht.« Mussolini spürt kalten Schrecken. Die Beziehungen zu Deutschland will er nicht schroff abbrechen. Auf Ciano wirkt sein Schwiegervater so, als wolle er einen Teil der Beute haben, die vermutlich von den Deutschen im Kriegsfall gemacht und verteilt wird. Belgrad etwa, Kroatien und Dalmatien. Lohnt es sich dafür, von den Deutschen hin und her geworfen zu werden? Mussolini denkt nach und agiert zögerlich.

Was ist nur mit diesem Hitler los, fragt sich auch Burckhardt nach seinem Besuch auf dem *Adlerhorst*. Er empfängt in Basel, im Haus seiner Mutter, zwei hochrangige Diplomaten aus England und Frankreich, um von seinem Treffen auf dem Berghof zu berichten. Roger Makins vom britischen Foreign Office und Pierre Arnal vom französischen Außenministerium bekommen von ihm eine detaillierte Schilderung. Der Diktator habe auf ihn weit älter gewirkt als bei der letzten Begegnung vor zwei Jahren, berichtet Burckhardt. Auf ihn habe Hitler einen nervösen, ja sogar ängstlichen Eindruck gemacht.

Seine Gäste hören ihm aufmerksam zu, sie werden nach dem Gespräch Berichte für ihre Vorgesetzten verfassen. Was der Schweizer erzählt, dürfte ihnen nicht gefallen. Hitlers martialische Drohtiraden gegen Polen und die Westmächte lassen nichts Gutes erahnen. Die konzilianteren Töne des Diktators, keinerlei territoriale Wünsche in Richtung Westen zu haben, notieren sie sich auch. Die wichtigste Botschaft: Für den Osten fordert Hitler weiterhin »freie Hand«.

Burckhardt schmeichelt die Aufmerksamkeit seiner Gäste. Er wollte immer Teil der großen Politik sein. Was er zu sagen hat, interessiert heute die Mächtigen in London, Paris und Berlin. Nach der »großen Politik« hatte sich Burckhardt als kleiner Attaché der Gesandtschaft der Eidgenossen in Wien gesehnt. Damals hatte er noch geklagt: »Ja, wenn man in England geboren wäre, da hätte man noch lernen können, was Außenpolitik ist. Aber wir (…) haben Verwaltungsarbeit, Notariatsarbeit und allerdings mehr und mehr wirtschaftliche Aufgaben.« Nun ist Burckhardt ganz nah dran an den Männern, die über Krieg und Frieden in Europa und in der Welt entscheiden.

Für den Frieden will auch Birger Dahlerus weiterkämpfen. Täglich telefoniert er mit seinen Freunden in England. Aber es gibt nichts Neues, es scheint sich gar nichts zu tun. Die Regierung in London wartet anscheinend ab. Ein großer Teil der maßgeblichen Personen sei in Urlaub, erfährt Dahlerus. Für seine Freunde ist es wohl schwierig, überhaupt geeignete Ansprechpartner zu finden. Es werde noch einige Zeit dauern, bis sie ihm eine Antwort der Regierung übermitteln können. Unbegreiflich ist Dahlerus diese Verzögerung. Er wird immer unruhiger – und kann doch nichts tun.

Auf der Westerplatte kann Major Sucharski endlich die Verteidigung seines kleinen Stützpunktes konkret planen. Nun weiß er, wie viele Männer ihm dafür zur Verfügung stehen: Die letzten Soldaten sind heute eingetroffen, wieder heimlich. Die Besatzung von 88 Mann, diese Stärke wurde vom Völkerbund genehmigt, haben die Polen seit Juli heimlich erhöht. Gut 80 Armeeangehörige kamen zur Garnison mit einem raffinierten Trick dazu. Zivile Mitarbeiter des Stützpunktes fuhren in Armeeuniform per Schiff an Land. Dort legten sie die Uniformen ab, die von echten Soldaten angezogen wurden, die bald zum Stützpunkt zurückkehrten. Am nächsten Morgen kamen die Mitarbeiter dann wieder in Zivilklamotten zum Stützpunkt und nutzten ihre Ausweise, um die deutschen Kontrollen zu passieren. 40 weitere Männer wurden auf anderen Wegen auf die Westerplatte geschmuggelt. 210 Männer vom Heer, von der Marine und der Luftwaffe befehligt Sucharski nun. Sechs Offiziere, gut 20 Unteroffiziere und 180 Mannschaftsdienstgrade, die meisten davon Wehrpflichtige. Einige der Männer haben schon am Ersten Weltkrieg teilgenommen, auch der Kommandeur Sucharski. Er wurde 1898 im südlichen Polen geboren, das damals zu Österreich-Ungarn gehörte. Sucharski diente in der österreichischen Armee, kommandierte ein Sturmbataillon. Nachdem Polen selbstständig wurde, trat er dort ins Militär ein. Seit Dezember 1938 führt er die Besatzung der Westerplatte. Nun verteilt er die Männer auf die verschiedenen Unterstände, Geschützstellungen, Wachhäuser und Maschinengewehrnester. Eigentlich brauchte Sucharski mehr Soldaten. Seit Tagen herrscht ständige Alarmbereitschaft, kein Mann kommt richtig zur Ruhe, ständig ist jeder für irgendeinen Dienst, für irgendeine Aufgabe eingeteilt. Wenigstens hat der Major genügend Lebensmittel im Lager. Konserven und Zwieback reichen für mindestens vier Wochen, und frisches Trinkwasser kommt aus einem eigenen Brunnen.

Opernabend in München. Richard Wagners »Tannhäuser« steht auf dem Programm des Nationaltheaters. Zum Publikum zählt der junge Amerikaner John F. Kennedy. Wagner. Hitlers Lieblingskomponist. Am 14. Juli saßen Hitler und Goebbels hier in einer Loge, genossen die Darbietung und applaudierten hinterher den Sängern und Musikern. Für Kennedy bedeutet der Besuch in der Oper eher Recherchearbeit. Wagner gehört nicht gerade zu seinen Lieblingskomponisten.

14. August 1939, Montag

Hauptbrunnenvergifter Chamberlain
Englische Agitation hält Kriegspsychose auf dem Siedepunkt.

Teltower Kreisblatt

Das Blut ist stärker als Diktate
Gauleiter Forster antwortet in Fürth den Engländern und Franzosen.

Briesetal-Bote, Lokalzeitung im Kreis
Niederbarnim bei Berlin

Winston Churchill trifft heute in Paris ein. Ihn heißt der stellvertretende Generalstabchef willkommen. Frankreich hält Churchill für den wichtigsten und engsten Verbündeten seines Landes. Und die Franzosen wissen, dass sie in ihm seit Jahren einen Fürsprecher haben. Lange bleibt Churchill nicht. Am Nachmittag verlässt er schon wieder die Hauptstadt und fährt nach Osten. Sein Ziel ist die Grenzregion zu Deutschland. In Straßburg erwartet ihn der französische Oberbefehlshaber. Churchill ist ein wichtiger Gast. Frankreichs höchster Soldat zeigt ihm persönlich die Maginot-Linie, die Verteidigungsanlagen, mit denen die Grande Nation die Deutschen fernhalten will.

Während Premierminister Chamberlain in Schottland angelt, marschiert sein Kontrahent Churchill durch die Bunkeranlagen, im gedeckten Anzug mit einem Hut auf dem Kopf. Ein schweißtreibender Einsatz, den der alte Haudegen der britischen Politik dort zeigt. Lohnen tut sich das sicherlich für ihn. Zahlreiche Fotografen halten seinen Besuch in Frankreich fest. Seinen Wählern in England dürfte so viel Engagement in den Parlamentsferien gefallen. Zehn Tage lang will Churchill im Osten Frankreichs bleiben.

Wie die Maginot-Linie exakt beschaffen ist, weiß die deutsche Abwehr unter Wilhelm Canaris ebenfalls. Im Frühjahr 1939 gelang es Agenten, einwandfreie Fotos des gesamten Verteidigungssystems zu bekommen, alle Forts, Sperren, Transport- und Nachrichtenverbindungen sowie Waffenstellungen zu gewinnen. Diese Bilder sind viel detaillierter als die bislang gemachten Luftaufnahmen. Sollte sich die Wehrmacht gegen den Westen wenden müssten, dann gewinnt das Material der Abwehr an Bedeutung. Für Canaris ist es ein Coup, über solches Geheimwissen zu verfügen – auch wenn er hofft, dass Frankreich und England nicht zu Feinden Deutschlands werden.

Außenminister von Ribbentrop weist seinen Botschafter in Moskau an, den Sowjets offizielle Gespräche über die Abgrenzung der gegenseitigen Interessensphären anzubieten. Sein Staatssekretär Ernst von Weizsäcker hatte schon im April festgestellt, dass Stalin eine Kooperation mit Deutschland vielversprechender erscheine als ein Abkommen mit England und Frankreich. Nun soll die Stunde von Ribbentrop schlagen.

Stalin sieht sich nicht als Diplomat, auf dem internationalem Parkett ist er auch nicht gerade erfahren. Aber er ist ein verschlagener und gerissener Politiker. Momentan befindet er sich in einer angenehmen Situation: Sowohl die Westmächte als auch Deutschland buhlen um seine Gunst. Beiden Seiten misstraut er. Aber das schadet den anstehenden Verhandlungen nicht. Denn eigentlich vertraut Stalin niemandem – außer seiner Mutter, die er sehr verehrt. Als Josef Wissarionowitsch Dschugaschwili war er am 6. Dezember 1878 in Gori, in der Provinz Georgien zur Welt gekommen. Bagdad lag seinem Geburtsort deutlich näher als St. Petersburg. Seine Mutter Ekaterina nannte ihren Sohn liebevoll »Soso«. Sie zog ihn praktisch alleine groß. Der Vater war ein gewalttätiger Alkoholiker, der Frau und Kind brutal verdrosch und die Familie später verließ. Als Kind bekam Josef Windpocken, die Krankheit hinterließ einige Narben in seinem Gesicht, bei einem Kutschenunfall verletzte er sich dann den linken Arm schwer, den er zeitlebens nur eingeschränkt bewegen kann. Stalin war ein blasser, untersetzter Junge, dessen Intelligenz aber herausragend und dessen Gesang ganz einmalig war. Als Chorknabe verdiente er früh Geld. Er besuchte eine kirchliche Schule und wechselte später auf das Priesterseminar in Tiflis. Josef litt in dem Internat unter den dort herrschenden Praktiken der Jesuiten: Überwachung, Bespitzelung, Verletzung von Gefühlen und harte Strafen. Stalin übernahm einige Methoden seiner damaligen Lehrer und verfeinerte sie später. Im Priesterseminar wurde er Atheist und Marxist. 1899 musste er das Seminar verlassen. Er hatte gemeinsam mit anderen Schülern verbotene Literatur gelesen und sich politisch engagiert. Stalin schloss sich der Sozialdemokratischen Arbeiterpartei an und begann eine Karriere als Berufsrevolutionär.

Verfolgt von der zaristischen Geheimpolizei lernte er, nur auf sich selbst zu vertrauen. Viele damalige Mitkämpfer erwiesen sich als Verräter. Stalin soll in den Verhören mit Polizisten allerdings auch skrupellos seine parteiinternen Gegner ans Messer geliefert haben. 1902 wurde er das erste Mal nach Sibirien verbannt. Viele weitere Strafen folgten. In diesen Jahren lernte Stalin, was er brauchte, um nach Lenins Tod 1924 nach und nach die ganze Macht in der UdSSR an sich zu ziehen. Von Adolf Hitler wird er sich nicht übervorteilen oder gar täuschen lassen, da ist Stalin sicher. Schließlich haben ihn in den vergangenen Jahren zu viele unterschätzt. Alle Gegner im Kampf um die Macht hat er ausgeschaltet.

Hochrangige Soldaten treten heute beim »Führer« an. Der Oberbefehlshaber des Heeres, Walther von Brauchitsch, und der Chef des Generalstabes, Franz Halder, bekommen von Hitler einen Vortrag über die Westmächte zu hören. »Das Geld, um einen Weltkrieg durchzufechten, hat heute England nicht«, sagt er. Frankreich habe von sich aus kein Interesse, einen Krieg zu führen. Alles spreche dafür, dass beide Länder nicht in den Krieg eintreten. »Die Köpfe von München werden das Risiko nicht auf sich nehmen.«

Damit meint er Chamberlain und Daladier. Für Hitler sind seine Gesprächspartner auf der Münchner Konferenz im vergangenen Jahr nur zögerliche, mutlose Gestalten. An ihn, an sein Genie, reichen sie nicht heran – denkt er.

Russland, so führt der »Führer« weiter aus, sei nicht bereit, für die Westmächte die »Kastanien aus dem Feuer zu holen«, und werde nicht in einen Krieg eingreifen. Norwegen, Schweden, Dänemark, die Schweiz, die Niederlande und Belgien würden neutral bleiben. Italien habe kein großes Interesse an einem großen Konflikt, aber sehr wohl an der Korrektur seiner Grenzen. Er sei sich sicher, dass Großbritannien und Frankreich allein die Last eines Krieges auf sich nehmen müssten. Und ob sie dazu wirklich bereit sind? Hätte England gegenüber Polen weitergehende Zusagen gemacht, dann wäre das Nachbarland »viel frecher«.

Polen spielt in den strategischen Betrachtungen Hitlers schon keine bedeutende Rolle mehr. In sechs bis acht Wochen sei man mit dem Land fertig.

John F. Kennedy und sein Freund Torbert Macdonald, mit dem er auf Europatour ist, kommen in Wien an. Sie sind heute Morgen in München mit einem Mietwagen losgefahren. Nun haben sie wenigstens deutsche Nummernschilder und fallen weniger auf. So werden sie hoffentlich nicht wieder von der SA mit Steinen beworfen. Und von der SS halten sich Kennedy und sein Begleiter diesmal sicherlich auch fern. Schließlich wurden sie im *Hofbräuhaus* in München schon einmal von einem dieser Kerle vorgeführt. Der Mann in der schwarzen Uniform hatte sich einige Biere von den Fremden ausgeben lassen und dann ermutigt, zwei leere Maßkrüge als Souvenir mitzunehmen. Doch an der Tür stellte sie ein Kellner, nahm ihnen die Gläser ab und beschimpfte sie. Als sich Kennedy und Mac-Donnald dabei zu dem SS-Mann umdrehten, lachte dieser sie aus. Jetzt haben die Amerikaner erst mal genug von Hitlers Parteisoldaten.

15. August 1939, Dienstag

Fakten, die die Welt verändern
Wenn der Leser diese Nummer unseres Blattes in der Hand hält, so stehen in Europa folgende Truppen unter Waffen:
Deutschland 2 000 000
Frankreich 1 000 000
Polen 1 000 000
England 750 000
Italien 560 000

Der Aufbau

Nationalpolen desertieren aus der Armee
Zunehmende Zersetzungserscheinungen in Polen.

Rheinsberger Zeitung

In Moskau trifft der deutsche Botschafter den sowjetischen Außenkommissar. Graf von der Schulenburg teilt Molotow mit, dass der deutsche Außenminister Ribbentrop schon bald Russland besuchen könne. Ziel dieser Reise sei eine »Klärung des deutsch-russischen Verhältnisses«. Der Botschafter richtet eine lange Nachricht seines Ministers aus. Darin heißt es unter anderem: »Wahr ist, dass sich Deutschland und Sowjetrussland durch die Jahre der weltanschaulichen Gegnerschaft heute misstrauisch gegenüberstehen. Viel Schutt, der sich angesammelt hat, ist noch zu beseitigen. Festzustellen ist aber, dass auch während dieser Zeit die natürliche Sympathie der Deutschen für das Russische nie verschwunden ist.«

Eine diplomatische Charmeoffensive, gewissermaßen. Molotow begrüßt diesen Vorschlag sehr vorsichtig. Er wittert eine Intrige und verlangt, dass die Deutschen vor dem Besuch seines Kollegen detaillierte Informationen vorlegen, über welche Punkte sie mit der UdSSR verhandeln wollen: Wie könnte etwa ein militärisches Abkommen aussehen?

Der sowjetische Außenkommissar ist stämmig und untersetzt, er hat eine hohe Stirn, braune Augen, die durch eine runde Brille meist sehr streng schauen. Wenn er aufgeregt ist, stottert Molotow häufig. Wie niemand sonst in Stalins Umgebung verfügt er aber über ein Sensorium, was politisch machbar ist. In der Außenpolitik scheint das gerade eine Menge zu sein.

Molotow ist in einer recht bequemen Situation. Seine Regierung verhandelt momentan schließlich auch mit Großbritannien und Frankreich. Die Deutschen müssen schon etwas bieten für eine engere Zusammenarbeit.

»L. K.«, schreibt Monika Mann zum Beginn ihres Briefs. »Lieber Klaus«. Sie schickt ihrem Bruder aus London ein Feedback zu seinem neuen Buch »Der Vulkan«: »Ich habe Deinen Roman schon sehr fleißig, mit Berührtheit, mit achtungsvoller Kritik und teils ganz hingenommen durchgelesen! – Vor allem, habe ich Dir zu danken für das Quälende und Schöne, dessen die Stunde der Lektüre gewesen und das zum Weitersein Füllendes beitragen wird!«

In diesem Jahr ist es das zweite Buch, das von Klaus Mann erschienen ist. Im April war »Escape to life« herausgekommen, das er zusammen mit seiner Schwester Erika verfasst hat. Sie haben kurze Porträts von Exilanten verfasst, Albert Einstein kommt vor und natürlich der übermächtige Vater Thomas.

Dessen Name hat ihnen alle Türen geöffnet. Und das Beste:

Das Buch verkauft sich gut. Endlich mal ein Werk, das Geld bringt. Spaß gemacht hat die Arbeit daran Klaus Mann aber nicht. Erika ist eine knallharte Partnerin gewesen: Entnervt hat sie einige Stellen als »Dreck« bezeichnet, natürlich waren es vor allem die Passagen des Bruders. Klaus musste viel Frust herunterschlucken. Die Kritik von Erika geht ihm immer so nah.

Mehrfach notiert er in den Monaten seine Todessehnsucht im Tagebuch. Oft denkt er an Suizid. Seiner Schwester Erika und der Mutter Katia will er das nicht antun. Klaus Mann weiß aber ganz sicher, dass er nicht ewig der Versuchung widerstehen wird, aus der Welt, in der er sich oft so fremd fühlt, zu scheiden. Seit Monaten flieht er immer wieder zu seinen Drogen. Opiate nimmt er seit einem Entzug nicht mehr, aber süchtig bleibt er, nun wirft er Tabletten ein. Vergeblich fordert Erika ihn in ihren Briefen auf, »brav« zu sein. Seit Monaten verlangt sie von ihm, keine Tabletten mehr zu schlucken, genug ist genug. Klaus Mann gibt ihr recht. Und konsumiert mit schlechtem Gewissen weiterhin seine Stimmungsaufheller.

Um halb eins mittags empfängt Neville Henderson, der britische Botschafter, einen alten Bekannten. Ulrich von Hassell, der ehemalige Spitzendiplomat, der bei den Nationalsozialisten in Ungnade gefallen ist, besucht ihn in der Botschaft. »Tollhaus oder Krankenhaus«, fragt Henderson seinen Gast zur Begrüßung ganz unvermittelt und meint natürlich die internationale Lage. »Wohl eher Tollhaus«, antwortet Hassell, früher deutscher Botschafter in Rom. Dann werden beide ernst. Der Deutsche warnt Henderson, dass es falsch wäre, wenn England sämtliche offizielle Verhandlungen mit Deutschland abbräche. Das würde nur dazu führen, dass die Menschen noch geschlossener hinter Adolf Hitler stehen. Der britische Botschafter erwidert, dass seine Regierung natürlich lieber mit anderen Leuten verhandeln würde, aber dennoch bereit sei, mit den Nationalsozialisten zu sprechen. Aber nur, wenn Hitler gewisse Garantien gebe. Den deutschen Einmarsch in Prag bezeichnet Henderson als ein großes Übel. Jetzt sei es unmöglich, dass Premierminister Chamberlain noch einmal nach Deutschland zu Besuch käme.

In einem Bericht an seinen Außenminister seziert Henderson heute zudem die aktuelle Lage. Er schreibt: Wenn Herr Hitler den Krieg wünsche, dann wisse er genau, wie er ihn herbeiführen könne.

Wie so viele Dinge in Deutschland beginnt auch die Aufstellung der 1. Baulehrkompanie D. K. z. b. V. als langweilig anmutender Verwaltungsakt. Das Wehrkommando XVII. stellt diese Truppe auf. Hinter den Abkürzungen steht ein Sonderkommando, das von der Abwehr geführt wird. D. K. steht für Deutsche Kompanie und z. b. V. für »zur besonderen Verwendung«. Die Abwehr will die Baulehrkompanie dafür nutzen, einen möglichen Angriff auf Polen vorzubereiten. Erste Erfahrungen hat die Wehrmacht mit solchen Spezialeinheiten beim Einmarsch ins Sudetenland im Vorjahr gesammelt. Geflohene Sudetendeutsche stellten sich freiwillig der Wehrmacht zur Verfügung. Sie wurden ausgebildet und ausgerüstet für Spezialaufträge wie das Sichern von Brücken. Solche Fähigkeiten sind wieder gefragt. In der Deutschen Kompanie dienen vor allem »Volksdeutsche« aus Polen und der früheren Tschechoslowakei. Mitte August sollen die Freiwilligen in die Slowakei, in die Nähe von Preßburg gebracht werden. Jeweils fünf Männer bilden einen Trupp. Sie kommen im polnischen Grenzgebiet bei deutschstämmigen Familien unter und werden aus Verstecken mit Waffen versorgt.

Im Kriegsfall sollen sie polnische Bergwerke in Oberschlesien bewachen, verhindern, dass die Weichselbrücke bei Dirschau und Fabriken zerstört werden. Außerdem gehört zu ihren Aufträgen, Tunnel und Pässe für den Durchmarsch der deutschen Armee freizuhalten.

Und die »Deutsche Kompanie« ist bei Weitem nicht die einzige Spezialeinheit, die von der Abwehr aufgeboten wird. Angehörige der ukrainischen Minderheit, die sogenannten »Bergbauern«, werden von Experten ausgebildet und bewaffnet. Die Ukrainer werden in Polen teilweise schlecht behandelt. Wie die anderen Sonderkommandos lernen auch sie bei der Abwehr verschiedene Sabotagetechniken.

In der *Deutschen Allgemeinen Zeitung* erscheint ein Artikel eines Physikers. Der Autor erklärt den Lesern die »Uranmaschine«, eine energieerzeugende Anlage, die mit der Kernspaltung arbeitet. Der Artikel weckt die Aufmerksamkeit eines Forschers, der für das Heereswaffenamt arbeitet. Er wirbt bei seinen Vorgesetzten seit Längerem für ein militärisches Kernwaffenprogramm. Die Sorgen von Albert Einstein und den amerikanischen Physikern vor einer deutschen Atomwaffe scheinen mehr als berechtigt zu sein.

Der Bericht von Burckhardt, dem Hohen Kommissar für Danzig, über sein Treffen mit Hitler wird in London ausgewertet. »Hitler, allem Anschein nach unentschlossen, recht gealtert«, notiert Sir Alexander Cadogan, Ständiger Unterstaatssekretär im Außenministerium. Wie also nun umgehen mit den Drohungen, Wutausbrüchen und Angeboten? Die Briten empfehlen ihren Verbündeten in Polen dringend, sich mit allen Provokationen zurückzuhalten.

Aus Danzig treffen weitere Informationen von Burckhardt in London ein. Der britische Generalkonsul in der Stadt hat mit dem Hohen Kommissar konferiert und schickt einen telegrafischen Bericht über das Treffen. Erneut habe Burckhardt auf den Vorschlag Hitlers hingewiesen, General Ironside zu ihm zu schicken. Gauleiter Forster habe Druck auf ihn ausgeübt, um das gewünschte Treffen rasch Realität werden zu lassen.

Der Vorschlag Hitlers, dass er General Edmund Ironside in

Deutschland als Gast empfängt, verwundert Politiker, Militärs und Diplomaten in England. In London diskutieren die Entscheider darüber. Wie kommt Hitler nur auf diesen General? Ironside ist Generalinspekteur der überseeischen Streitkräfte, er gilt als einer der bedeutendsten Köpfe der Armee im britischen Empire. Aber politischen Einfluss hat er aktuell nur bedingt.

Die Deutschen hatten erfahren, dass Ironside durch Polen gereist war. Nach seiner Rückkehr habe er seiner Regierung einen kritischen Bericht über die militärische Schlagkraft des Verbündeten erstattet, glauben die Nationalsozialisten. Hitler hofft wohl, Ironside, der anscheinend ohnehin den Polen nicht zutraut, die Wehrmacht aufzuhalten, dazu zu bringen, seinen Premierminister Chamberlain vor einem Kriegseintritt zu warnen. Aber Hitler hat sich in Ironside getäuscht. Der General gehört zum Lager von Winston Churchill, der seit Monaten dazu aufruft, sich keine Provokation aus Deutschland mehr gefallen zu lassen. Mit den Anhängern der Beschwichtigungspolitik um Chamberlain hat Ironside nichts zu schaffen.

Der General hat zudem gar nicht negativ über die polnische Armee berichtet. Im Gegenteil. Er war recht beeindruckt von dem, was er bei einem Manöver gesehen hat.

Der britische Außenminister Lord Halifax schreibt an Burckhardt: »Ich prüfe den Vorschlag, dass ein Engländer mit Herrn Hitler spricht«. Der Hohe Kommissar solle »seine Verbindungslinie zu Hitler offenhalten«. Lord Halifax, der mit bürgerlichem Namen Edward Frederick Lindley Wood heißt, war einst Vizekönig Indiens und ist ein langjähriger Vertrauter von Premierminister Chamberlain. Er setzte sich stark für eine »Beschwichtigungspolitik« gegenüber Hitler ein. Halifax, 58 Jahre alt, hat in Indien mit Gandhi verhandelt, er überlebte einen Anschlag, hatte im Kabinett verschiedenste Posten inne und ist Präsident der Eliteuniversität Oxford. Außerdem veröffentlichte er zwei Bücher mit Geistergeschichten. In London gibt es neben Winston Churchill kaum einen erfahreneren Staatsmann. Doch die Außenpolitik von Adolf Hitler hat Lord Halifax immer noch nicht richtig verstanden. Er hofft anscheinend nach wie vor, Hitler mit den üblichen Mitteln gepflegter Diplomatie von einem Überfall auf weitere Staaten abhalten zu können.

Ob Burckhardt auch einen alten Bekannten in Berlin über seine Eindrücke vom Treffen mit Hitler informiert? Er pflegt gute Beziehungen zu Staatssekretär Weizsäcker. Beide kennen sich aus der Schweiz, als Burckhardt noch Professor für Neuere Geschichte in Zürich sowie Genf war und Weizsäcker als Konsul in Basel arbeitete. Kennengelernt haben sie sich Anfang der Zwanzigerjahre, beide verband bald eine Freundschaft. Burckhardt hatte 1922 nach drei Jahren als Attaché bei der Gesandtschaft in Wien die diplomatische Laufbahn verlassen, um seine Doktorarbeit abzuschließen. Der neun Jahre ältere Weizsäcker machte währenddessen Karriere im Auswärtigen Amt.

Weizsäcker empfängt heute noch den britischen Botschafter. Momentan kommen viele Spitzendiplomaten zu ihm. Am Vormittag war der französische Botschafter sein Gast. Nur den polnischen Vertreter hat Weizsäcker anscheinend länger nicht gesehen. Lebt Lipski noch, hat er erst kürzlich Henderson gefragt. Heute stellt der Brite in ihrem Gespräch die Fragen. Er erkundigt sich, wie der Besuch von Ciano bei Ribbentrop und Hitler gelaufen sei. Weizsäcker geht nicht wirklich darauf ein. Er warnt hingegen, dass sich die Lage zwischen Berlin und Warschau bedenklich verschlechtert habe. Henderson gibt daran den Deutschen die Schuld und wirft dem Staatssekretär vor, dass Waffen nach Danzig geschmuggelt würden. Weizsäcker sagt, die militärischen Maßnahmen in der Stadt hätten rein defensiven Charakter. Außerdem seien die Briten an der Verschärfung der Situation schuld. Sie hätten mit ihrer Garantieerklärung im Kriegsfall den Polen »Narrenfreiheit« gewährt. Nun stünden sich die Truppen gegenüber, ein einziges Missverständnis könne zur Katastrophe führen. Deutschland könne sich nicht vorstellen, sagt Weizsäcker, dass England unter allen Umständen kämpfen werde. Und abermals widerspricht Henderson: »Falls die Polen durch irgendeinen Akt Deutschlands gezwungen würden, zu ihrer Verteidigung zu den Waffen zu greifen, so gebe es nicht den Schatten eines Zweifels«, beteuert er, dass England »volle bewaffnete Unterstützung« gewähren werde. Beide streiten sich mit Schärfe, aber keiner überzeugt den anderen.

Gut möglich, dass Weizsäcker mit seinen provokanten Thesen die Briten erneut dazu bringen wollte, eindeutig mit einer militärischen Intervention zu drohen, sollte Hitler nach Polen greifen. Für eine solche klare, unmissverständliche Ankündigung von Gewalt ist Henderson aber wohl einfach nicht der Typ. Er bleibt auch beim hitzigen Disput stets Gentleman.

Joseph Goebbels, der Reichspropagandaminister, hat in diesen Tagen viel zu tun: Er muss die Medien lenken. Jeden Tag hält sein Ministerium mindestens eine Pressekonferenz ab. Ständig gibt es neue Anweisungen für die Journalisten, wie sie zu berichten haben.

Viele Treffen mit den Medienvertretern hält Goebbels persönlich ab. Er weiß genau, was sein »Führer« von ihm erwartet. Schließlich hat Adolf Hitler im vergangenen Jahr betont, »wie ungeheuer die Macht einer Presse« gegenüber dem Ausland sein könne, »die als ein Instrument der Führung« genutzt und einheitlich gelenkt werde. Die Wehrmacht mag bevorstehende Gefechte vorbereiten, Joseph Goebbels befindet sich bereits im Krieg, im Kampf um die öffentliche Meinung im In- und Ausland.

Wenn Goebbels vor den Journalisten sitzt, klein gewachsen, unscheinbare Statur, schmächtiger Oberkörper, großer Kopf, fahles Gesicht, dünne Lippen, dunkelbraune, nach hinten gekämmte Haare und schwarze Augen, dann strömt er noch immer diesen revolutionären Eifer aus, diesen bedingungslosen Glauben an seinen »Führer«. Goebbels vergleicht seine Aufgabe mit der Rolle Robespierres während der Französischen Revolution. In Hitler sieht er die Kühnheit des Eroberers Napoleon. Weiß er nicht, welches Ende die beiden genommen haben? Robespierre wurde öffentlich enthauptet, unter dem Beifall des Volkes. Und Napoleon starb einsam und entmachtet in der Verbannung auf der Insel St. Helena.

V. Aufmarsch

16. August 1939, Mittwoch

Polnische Zollinspektoren als Aufwiegler entlarvt

Deutsches Nachrichtenbüro

Unterwegs jetzt viel Arbeit und Ärger. Aber in der Presse des Auslands macht sich allmählich Nachgiebigkeit bemerkbar. Danzig wird nun schon von zwei Seiten aus diskutiert. Das ist richtig und so hatten wir es erwartet. Nun heißt es nachstoßen.

Joseph Goebbels,

Reichspropagandaminister, im Tagebuch

Margarete Himmler ist, seitdem sie ihren »Heini« kennt, eine gläubige Nationalsozialistin. In ihrem Tagebuch notiert sie heute: »Die Worte: ›Ein Volk, ein Reich, ein Führer‹. Es wurde zum ersten Mal beim Einzug des Führers in die Ostmark gerufen.« Mit Ostmark meint sie Österreich, das die Wehrmacht im Vorjahr besetzt hat.

Ihr Mann Heinrich hat am Aufstieg der NSDAP, am Entstehen des »Großdeutschen Reiches« einen großen Anteil, da ist sich Margarete, die Marga gerufen wird, ganz sicher. Sie leidet immer wieder daran, dass seine harte Arbeit nicht von allen anerkannt wird. Heinrich hat viele Feinde, denkt sie. Aber auf Hitler ist Verlass. Und auf Heini, der so verlässlich ist. Und so tatkräftig.

Lange Zeit wurde Heinrich Himmler unterschätzt, dieser stille, unscheinbare »Buchhaltertyp«, wie ihn in den Anfangsjahren der NSDAP noch Parteigenossen verspotteten. Auch sein ganz und gar ungermanisches Äußeres sorgt für Häme. Himmler ist klein und dunkelhaarig. »Wenn ich so aussehen würde wie Himmler, würde ich von Rasse überhaupt nicht reden«, sagte Danzigs Gauleiter Albert Forster einmal, der ein sehr gespanntes Verhältnis zum SS-Chef pflegt.

Heute ist Himmler 38 Jahre alt. Und seine stetig wachsende Macht im NS-Staat kann niemand bestreiten. Die SS begann als kleine Leibgarde von Adolf Hitler und als Saalwache. Etwas mehr als 3000 Mann standen unter Himmlers Befehl, als er Anfang 1929 die SS übernahm. Rasch wuchs die Truppe. Himmler baute seine Schutzstaffel immer weiter aus: Zum Jahresbeginn hatte sein »Schwarzes Korps« mehr als 200 000 Mitglieder – und macht der Wehrmacht längst Konkurrenz. Allein in Danzig befehligt Himmler 8000 Mann.

Längst gebietet er über stehende, bewaffnete Einheiten, die unabhängig von der Armee sind: die Totenkopfverbände, deren Männer die Konzentrationslager bewachen, und die kasernierten Verfügungstruppen. Mit ihnen und dem SD haben Himmler und seine rechte Hand Reinhard Heydrich im Sommer 1934 die SA-Spitze ausgeschaltet. Sie behaupteten, Ernst Röhm, Chef der Sturmabteilung, habe einen Putsch gegen Adolf Hitler geplant. Sie ermordeten mindestens 190 Menschen in der »Nacht der langen Messer«. So erledigten sie mit einem Schlag ihre Konkurrenten von der SA und einige namhafte konservative Gegner. Röhm hatte Himmler 1923 zur NSDAP geholt, und er war Patenonkel von einem der Kinder Heydrichs. Skrupel kennen die SS-Führer nicht. Auch den ehemaligen Reichskanzler Kurt Schleicher haben sie getötet. Adolf Hitler hat Himmler seinen brutalen, gnadenlosen Einsatz damals gedankt und ihn zu einem der mächtigsten Männer des »Dritten Reiches« aufsteigen lassen. Er ernannte den SS-Chef, der offiziell noch der SA unterstand, im Juli 1934 zum unabhängigen »Reichsführer SS« und zwei Jahre später zum Leiter der gesamten deutschen Polizei. Nun arbeitet Himmler daran, seine SS zu einer Armee auszubauen. Erst im Mai 1939 hat Hitler in einem Erlass festgeschrieben, dass die Verfügungstruppe unter Himmlers Kommando im Kriegsfall auf gut 60 000 Mann anwachsen solle. Jetzt muss der Krieg nur noch kommen.

In den Vereinigten Staaten verfolgt Albert Einstein sorgenvoll die Entwicklungen in seiner alten Heimat. Seit Jahren schon hat er Deutschland nicht mehr gesehen. Im Dezember 1932 war er zu einer Vortragsreise in die USA aufgebrochen und nach der Ernennung Hitlers zum Reichskanzler nicht mehr zurückgekehrt. Seit dem 10. März 1933 bekämpfen die Nationalsozialisten den Wissenschaftler als Feind. Damals veröffentlichte er eine weltweit beachtete Stellungnahme: Er wolle nur in einem Land leben, in dem »politische Freiheit, Toleranz und Gleichheit aller Bürger vor dem Gesetz« herrsche. In Deutschland also nicht. Einstein trat aus der Preußischen Akademie der Wissenschaften aus. Daraufhin durchsuchte die Gestapo sein Haus und beschlagnahmte sein Vermögen. Einschüchtern ließ sich der Physiker dadurch nicht. In Interviews stellte er sich deutlich gegen das NS-Regime. »Ist es möglich, dass die Welt nicht begreift, dass Hitler uns alle in den Krieg hineinziehen wird«, zitierte ihn ausgerechnet der *Völkische Beobachter*, das Kampfblatt der NSDAP. Die Nationalsozialisten wollten so beweisen, dass der »Relativitäts-Jude« ein »Psychopath« sei, der einen Weltkrieg gegen Deutschland fordere.

Solche stumpfe Propaganda dürfte Einstein egal sein. Seinen Kampf gegen die Diktatur setzt er unbeirrt fort. So hilft er Bekannten und sogar Fremden, die sich an ihn wenden, dabei, aus Nazi-Deutschland in die Vereinigten Staaten zu fliehen. Einstein übernimmt Bürgschaften für die Einreisenden. Er garantiert, dass diese Menschen nicht der amerikanischen Öffentlichkeit zur Last fallen werden. Jedes Mal muss er 2000 Dollar als Sicherheit hinterlegen. Schließlich bittet der

Physiker einige Freunde, ihm bei dieser Mission zu helfen. Denn Albert Einstein geht allmählich das Geld aus.

Fritz Hartnagel ist seit einer Woche zurück in München, aber er denkt immer noch viel an die Tage mit Sophie in Worpswede und an den Urlaub mit ihr. Zwei Wochen lang war er täglich mit seiner Freundin zusammen. Was für eine schöne, intensive Zeit. Doch nun hat er viel zu tun. Hartnagel betreut einen Anwärterlehrgang, unterrichtet Ärzte, Rechtsanwälte, Architekten und Kaufleute, die wie er Offiziere werden sollen. Auf seinem Schreibtisch stapeln sich Vorschriften, Papier, Lineale, Winkelmesser und Bleistifte. Tisch und Boden liegen voller Landkarten. So viel wie in den letzten Tagen hat er noch nie gearbeitet. Trotzdem nimmt er sich Zeit, seiner Sophie zu schreiben, die er vor zwei Jahren beim Tanzen kennengelernt hat. Damals war Sophie Scholl sechzehn Jahre alt und Schülerin. Fritz Hartnagel diente bereits als Fähnrich. Eigentlich passen sie gar nicht so gut zusammen. Sophie sieht das Militär kritisch und vor allem die Armeeführung, die Adolf Hitler so treu ergeben scheint. Hartnagel mag das Soldatenleben. Und er weiß wohl nicht genau, ob er einen Krieg fürchten oder sich darauf freuen soll.

Sophie schickt er nicht nur einige Zeilen voller Sehnsucht, sondern auch eine Fahrkarte – falls es ihr ohne ihn im Norden zu einsam wird. Von ihrem hastigen Aufbruch, von ihrer Abfahrt aus Worpswede hat er noch nicht erfahren.

Vom Rheinwinkel bei Lauterburg bis zur Schweizer Grenze besucht Winston Churchill in diesen Tagen die Verteidigungsstellungen der französischen Armee im Osten. In England, so hatte es der Politiker vor seiner Abreise beobachtet, herrscht der übliche Ferienbetrieb: Sorglose Bürger spielen mit ihren Kindern im Sand, alle genießen den Sommer. Am Rhein aber, den er nun entlangfährt, sieht es anders aus. Unbeschwerte Ferienstimmung entdeckt der Brite kaum auf seiner Tour. Churchill fällt auf, dass alle improvisierten Übergänge über den Fluss abgebaut worden sind. Und auf den festen Brücken patrouillieren schwer bewaffnete Wachen. Verlässliche Offiziere haben die Franzosen an jeder Brücke stationiert, die Tag und Nacht bereit sind, auf ein bestimmtes Signal hin die Bauwerke zu sprengen.

Schmelzwasser aus den Alpen hat den Fluss anschwellen lassen, der Strom fließt düster dahin. Als Churchill an einen Uferabhang tritt, sieht er Franzosen, die, von Gestrüpp verborgen, in Schützenlöchern kauern und die deutsche Seite des Rheins beobachten. Churchill drängt weiter vor, ein französischer Begleiter warnt ihn, bloß kein Ziel für das andere Ufer abzugeben. Drüben sieht der Brite einige Deutsche, die mit Schaufeln und Spitzhacken an Befestigungen arbeiten. In Straßburg hat die Regierung bereits ein Stadtviertel räumen lassen, das direkt am Rhein liegt. Dort verharrt Churchill eine Zeit lang auf einer der Brücken und schaut dem Grenzverkehr zu. Deutsche und französische Posten stehen wenige Meter voneinander entfernt. Sie sprechen nicht miteinander. Noch ist Frieden in Europa; Deutschland und Frankreich tragen offiziell keinen Disput aus, und doch ist die Stimmung so aufgeheizt, dass hier jederzeit ein Konflikt ausbrechen könnte. Unter Churchill fließt der Rhein mit großer Geschwindigkeit dahin, Strudel und Wirbel schäumen das Wasser auf. Ruderboote mit Jungen an Bord flitzen vorüber. Er schaut ihnen nach. Wie lange wird der Frieden in Europa bestehen bleiben?

In Berlin trifft Gustav Kleikamp, 43 Jahre alt, beim Oberkommando der Marine ein. Er dient als Kapitän der »Schleswig-Holstein«, einem Kriegsschiff, das schon am Ersten Weltkrieg teilgenommen hat. Heute bildet die Marine auf der »Schleswig-Holstein« Kadetten aus. Mit seinem Schiff, so erfährt Kleikamp, soll er in wenigen Tagen nach Danzig aufbrechen. Ei-

gentlich war für den Besuch in der Stadt die »Königsberg«
vorgesehen. Doch dieser moderne Kreuzer ist kleiner und
schlechter bewaffnet als die »Schleswig-Holstein«. Also ändert
die Marinespitze die Einsatzpläne.

Das Linienschiff sollte eigentlich am 29. August, so sah es
ein Befehl vor, zu einer großen Ausbildungsfahrt aufbrechen.
Die Seekadetten und die Stammmannschaft hätten Madeira,
Neapel, Athen, St. Crux auf Teneriffa und einige andere bekannte Häfen kennenlernen können. Erst Anfang März 1940
war die Rückkehr vorgesehen. Aber nun wird aus der Reise sicherlich nichts.

Seine Vorgesetzten teilen Kapitän Kleikamp mit, dass sein
Schiff eine wichtige Rolle spielen könnte, wenn der Konflikt
mit den Polen weiter eskaliert. Mit der schweren Schiffsartil-
lerie soll die »Schleswig-Holstein« dann Ziele an Land angreifen. Kleikamp reagiert nicht gerade euphorisch: Bevor sein
Schiff die dafür nötige Feuerposition einnehmen könne, müssten am Ufer alle Stellungen der Polen erobert sein – auch das
polnische Munitionsdepot auf der Westerplatte. Ansonsten
könnte die »Schleswig-Holstein« zu leicht getroffen werden.
Gleich zu Kriegsbeginn würden alle polnischen Stützpunkte
besetzt, sichert man ihm zu. Natürlich müssen diese Gedankenspiele streng geheim bleiben. Offiziell werden Schiff und
Crew am 25. August zu einem Freundschaftsbesuch in Danzig erwartet.

17. August 1939, Donnerstag

Tausende deutscher Männer und Frauen Ost-Oberschlesiens leiden seit Tagen unter den brutalsten Misshandlungen der Polen. Viele unserer Kameraden sind bis zur Unkenntlichkeit zerschlagen. Wir bitten unseren Führer in unser höchsten Not um Schutz und Hilfe.

Telegramm an Hitler, das im Auswärtigen Amt eingeht

Die Auslandspresse setzt ihre Propaganda zum Thema Konferenzen und Kompromisse fort und gibt diesmal das Stichwort vom ›30tägigen Burgfrieden‹ aus. Selbstverständlich wird von Deutschland auch dieser Gedanke abgelehnt als ein Weg, der zu keiner Lösung führt. In den Artikeln darf aber nicht der Termin von 30 Tagen und auch nicht der Begriff ›Burgfrieden‹ verwendet werden.

Presseanweisung des Propagandaministeriums

In Moskau gehen die Verhandlungen zwischen der britisch-französischen Militärdelegation und den Sowjets weiter. Marschall Woroschilow schlägt seinen Gesprächspartnern vor, ein militärisches Beistandsabkommen zu schließen. Das mache aber nur Sinn, wenn die Westmächte den Durchzug russischer Truppen durch Polen und Rumänien garantieren könnten. Polen, das wissen Stalin und Molotow nur zu gut, lehnt das ab. Admiral Drax hat zu diesem Punkt keine Anweisungen aus London erhalten – obwohl das Thema schon mehrfach von den Sowjets angesprochen worden war. Er muss mal wieder passen und um mehr Zeit bitten. Woroschilow aber sagt, dass ohne eine Klärung in diesem Punkt weitere Verhandlungen keinen Sinn machen.

Stalin überrascht der schwierige Verlauf der Gespräche nicht. Er schimpft, er habe diese Spielereien satt. Aber auch die Russen können pokern. Außenminister Molotow spielt seine nächste Karte aus. Er schlägt dem deutschen Botschafter Graf von der Schulenburg vor, dass beide Regierungen ernsthaft über einen Nichtangriffspakt verhandeln sollten. In einem geheimen Zusatzprotokoll könnten heikle Punkte festgehalten werden.

Begeistert meldet der deutsche Diplomat die sowjetische Note an sein Außenministerium. Von der Schulenburg weiß, dass er alles erreicht hat, was Adolf Hitler von ihm erwartet hat – eigentlich sogar ein wenig mehr.

Von dem Angebot Molotows an die Deutschen erfahren die Amerikaner unverzüglich durch Informanten. Daraufhin warnt die Regierung in Washington in einem Telegramm ihre Partner in London, dass Deutschland und Russland dabei sind, sich zu verbünden. Doch die Mitteilung trägt nicht den üblichen Vermerk »dringend«. In Englands Hauptstadt nimmt erst mal niemand das Telegramm zur Kenntnis.

Reinhard Heydrich dürfte das Geschehen in Moskau mit großem Interesse verfolgen. Sein Geheimdienst macht längst der Abwehr unter Vizeadmiral Canaris Konkurrenz und spioniert auch im Ausland. Vor zwei Jahren hat Heydrich einen Agenten eine getürkte Akte an Stalin übergeben lassen. Von diesem Coup zumindest spricht man in seinem Amt. Fälscher hatten einen Briefwechsel zwischen einem russischen Marschall und deutschen Offizieren so raffiniert angefertigt, dass alles authentisch aussah, sogar Siegel und Unterschriften wirkten echt. Dabei war der Inhalt ausgedacht, und keines der Schreiben hatte es gegeben, bis die Spezialisten des SD sich an die Arbeit gemacht hatten. In den fingierten Briefen ging es um Putschpläne des russischen Militärs gegen die Bolschewiken. Stalin entfesselte, kurz nachdem er die Akte erhalten hatte, eine brutale Kampagne gegen die Spitze der Roten Armee. Tausende Offiziere ließ er beseitigen, gut die Hälfte aller höheren Dienstgrade. Seine Armee stand plötzlich ohne erfahrenes Führungspersonal da und war entscheidend geschwächt.

Ein echter Coup von Heydrich? Oder nehmen sich die Geheimen von der SS hier mal wieder zu wichtig? Schließlich wollte Stalin wohl sowieso gegen seine Generäle vorgehen. Vielleicht hatte ihm nur der Anlass gefehlt.

Heydrichs Spion, der die Akte an die Sowjets weitergab, ist ohnehin undurchsichtig. Denn als Doppelagent arbeitet er sowohl für die Deutschen als auch für den russischen Geheimdienst NKWD. Trauen kann man ihm ebenso wenig wie Stalin selbst. Oder Heydrich. Alles nur eine Frage der Perspektive.

Im Machtkampf mit Canaris kann Heydrich heute einen kleinen Sieg verbuchen. Adolf Hitler persönlich befiehlt der Abwehr, 150 polnische Uniformen an die SS zu übergeben. Oberstleutnant Erwin von Lahousen notiert im Kriegstagebuch der Abwehr II: »Auf meine Anfrage, warum die Bitte des Generals Manstein betr. Einsatz von 3 Sturm Bat. mit polnischen Uniformen abgewiesen worden ist, dafür aber im gleichen Raum eine Unternehmung des SS-Reichsführers Himmlers durchgeführt werden soll, wird geantwortet, dass dies auf Wunsch des Führers geschieht, der die Wehrmacht unter allen Umständen aus allen Unternehmungen, die ausgesprochen illegalen Charakter haben, heraushalten will.«

Lahousen, 41 Jahre alt, gehört zu den klügsten Köpfen des Militärgeheimdienstes. Der aus Wien stammende Oberstleutnant leitet die Abwehr II, wie seine Abteilung meist genannt wird. Sie ist im Kriegsfall für Sabotage im feindlichen Hinterland zuständig. Er spricht nicht nur Deutsch, sondern auch Französisch, Ungarisch und Serbisch. Osteuropa kennt er gut, schon im österreichischen Heer war er für die Nachrichtenabteilung tätig. Solches Wissen ist nützlich, denn die Abwehr II knüpft auch Kontakte zu Angehörigen der deutschen Minderheit im Ausland. Sie sucht ständig nach V-Leuten, die Informationen liefern, und nach Freiwilligen, die sich für ein schmutziges Handwerk ausbilden lassen: Geheimnisse verraten, Anschläge begehen, Schiffe versenken, Brücken in die Luft jagen und Produktionsanlagen zerstören. Die Liste ist lang.

Lahousen ist einer von 1600 Offizieren des österreichischen Bundesheeres, die nach dem »Anschluss« in die Wehrmacht übernommen wurden. Morgen wird er auf den Tag genau 24 Jahre Soldat sein. Sein Vater Wilhelm brachte es bis zum österreichischen Feldmarschall. Lahousens Ehefrau Maria, eine ehemalige Freiin von Roth-Limanova, kommt ebenfalls aus einer Militärfamilie. Ihr Vater war Generaloberst. Erwin von Lahousen ist in einer Welt von Befehl und Gehorsam aufgewachsen, Kameradschaft und Treue sind für ihn entscheidende Werte. Seine Vorgesetzten loben seinen »untadeligen Charakter«. Seine Loyalität wird in diesen Tagen von den Nationalsozialisten allerdings auf eine harte Probe gestellt. Was die SS gerade an der polnischen Grenze unternimmt, lehnt er ab.

Die eigenen Soldaten beim Angriff in feindliche Uniformen zu stecken, kommt für die Abwehr nicht in Frage. Lahousens Männer dürfen die Uniformen fremder Heere nur zum Einsickern ins Feindesland tragen; wenn sie kämpfen, müssen sie als deutsche Soldaten zu erkennen sein. So sieht es das Kriegsvölkerrecht schließlich vor. Der Schutzstaffel unter Himmler und Heydrich sind solche juristischen Feinheiten egal. Am liebsten würde Lahousen die SS und den SD raushalten. Schließlich koordiniert der Oberstleutnant selber das Vorgehen einiger Spezialkommandos. Seiner Abteilung II ist die »Deutsche Kompanie zur besonderen Verwendung« unterstellt, die geheime Kommandomissionen in Polen plant.

Auch der Chef des Generalstabs, Franz Halder, vermerkt den Befehl Hitlers an die Abwehr in seinem Tagebuch: »Canaris: Himmler-Heydrich Obersalzberg, 150 polnische Uniformen mit Zubehör (Dr. Trummler). Oberschlesien.«

Was Heydrich damit vorhat, weiß bei der Wehrmacht niemand so genau. Halder zumindest hat dabei kein gutes Gefühl. Er berichtet einem Vertrauten Görings, dass er »Bedenken gegen beabsichtigte Maßnahmen Himmlers« habe. Gestoppt wird Heydrich dadurch nicht. Der SD-Chef beauftragt einen seiner Männer, mit Canaris die Details zu klären. Er selbst will das lieber nicht persönlich mit dem Vizeadmiral besprechen, das könnte ihren Zwist ansonsten noch vergrößern.

Vergeblich versucht Canaris, das von Heydrich geplante Unternehmen zu sabotieren. Auch bei Wilhelm Keitel, dem Chef des Oberkommandos der Wehrmacht, spricht er heute deswegen vor. Doch der Generaloberst sagt nur, der »Führer« habe ihn nicht über das Unternehmen unterrichtet, er habe lediglich ausgerichtet, sie müssten die Uniformen liefern. Von derartigen Unternehmungen halte er nicht viel, sagt Keitel. Aber es sei nichts zu machen, wenn sie von Hitler persönlich befohlen seien.

Ein Auflehnen gegen Hitler ist von dem General allerdings auch nicht zu erwarten. Offiziere in seiner Umgebung nennen ihn heimlich »La-Keitel«, wegen seiner Hörigkeit gegenüber Hitler.

Canaris bleibt nichts anderes übrig: Er weist die Abwehrstelle Breslau an, die polnischen Uniformen zu besorgen und an die SS zu liefern. Verantwortlich dafür ist Hauptmann Dingler. Der könnte die Uniformen vermutlich selber gut gebrauchen, bereiten er und seine Kameraden doch einige Aktionen im Grenzgebiet vor, sollte es zum »Fall Weiß« kommen.

18. August 1939, Freitag

Wir telefonieren mit der polnischen Grenze
Von Tag zu Tag wächst der polnische Terror gegen die in Polen ansässigen Volksdeutschen.

Der Angriff

Der englische Oberhetzer in Straßburg
Der fette, alte Winston Churchill wird vom Gouverneur der Festung Straßburg, General Frère, durch die Befestigungslinien der Stadt gefahren.

Völkischer Beobachter

In Danzig geht es heute militärisch zu. Auf dem Maifeld an der Halben Allee marschieren die Anhänger der Nationalsozialisten auf. Der erste öffentliche Appell der SS-Heimwehr steht an. Fünfzigtausend Menschen sind dazu gekommen. Gauleiter Forster, der die schwarze Uniform der Schutzstaffel trägt, übergibt auf einer Bühne die neue Truppenfahne an die »SS-Heimwehr Danzig«. Darauf prangen das Hakenkreuz, das Wappen der Stadt und die Runen der SS.

Dann hält der Gauleiter eine Ansprache. Er betont, dass die Nationalsozialisten Danzig bis zum letzten Atemzug verteidigen werden. Die SS-Heimwehr sorge dafür, dass die Stadt nicht mehr wehrlos sei.

Die SS-Männer tragen Stahlhelm und Karabiner. Forster marschiert ihre lange Reihe ab. Allein die »Heimwehr« besteht aus gut 1500 Mann. Und es gibt noch weitere Einheiten der Schutzstaffel in der Stadt.

Die Heimwehr sei zum Schutz der alten Hansestadt gegen polnische Kriegsdrohungen aufgestellt worden, verkündet die deutsche Propaganda. Ihr Motto sei: »Lieber sterben, als polnisch werden.«

Wie wird die Regierung in Warschau auf diese Provokation reagieren?

In England beobachtet Guy Burgess genau, wie die Aufrüstung in seinem Heimatland läuft. Solche Informationen interessieren seine Auftraggeber in Moskau. Der gut aussehende 28-Jährige arbeitet für die Section D, eine Abteilung des Secret Intelligence Service MI6, dem britischen Auslandsgeheimdienst. Er kann zahlreiche Dokumente einsehen, in denen skizziert wird, wie England sich auf den möglichen Krieg gegen Deutschland vorbereitet. Er ist der erste sowjetische Spion, der so weit in den MI6 vorgedrungen ist.

Burgess kommt aus einer alten Familie, er kann seinen Stammbaum über Jahrhunderte hinweg verfolgen. Viele von seinen Vorfahren kämpften im englischen Militär. Sein Großvater diente in der Royal Artillery, sein Vater in der Navy.

Am 16. April 1911 kam Guy Burgess zur Welt. Er wuchs in Villen in England und Ägypten auf, mit Köchin, Haushälterin und Gouvernante. Sein Vater war meist abwesend, auf See oder in abgelegenen Stützpunkten. Seine Mutter, die aus einer reichen Kaufmannsfamilie stammte, kümmerte sich intensiv um den ältesten Sohn. Mit neun Jahren wurde er auf ein Internat geschickt, *Lockers Park*, eine Eliteschule, die von Aristokraten und den Söhnen der Reichen besucht wurde. Weihnachten 1923 wechselte er auf das *Eton College*, eine der bekanntesten Schulen Englands. Auf Wunsch seines Vaters besuchte er dann das *Naval College* in Darthmouth. Er sollte zum Marineoffizier ausgebildet werden. Seine Vorgesetzten und Lehrer waren sehr zufrieden mit dem Jungen, der in drei Fächern für besondere Leistungen ausgezeichnet wurde und auch in der Rugby- und der Fußballmannschaft spielte. Dann rebellierte er aber immer stärker gegen die strenge Disziplin in Darthmouth. Er verließ die Akademie und ging zurück nach Eton. Dort entdeckte er, dass er homosexuell ist. Mit neunzehneinhalb kam er nach Cambridge. Dort besuchte er das *Trinity College*. Erneut gehörte er zu den Besten seines Jahrgangs. Er wurde in die elitäre Geheimgesellschaft *The Apostles* aufgenommen. Burgess schloss sich den Kommunisten in Cambridge an, besuchte 1934 die UdSSR und weckte dort das Interesse staatlicher Stellen. Im Dezember wurde er Agent für den sowjetischen Geheimdienst. Nach dem Studium in Cambridge heuerte er bei der BBC an, dem britischen Rundfunksender. Weiterhin spionierte er für die Russen. Und ließ sich 1937 auch vom MI6 als inoffizieller Mitarbeiter anwerben. Nun wurde er für seine Auftraggeber in Moskau noch interessanter. Zumal er nach der deutschen Besetzung Österreichs ganz in den Staatsdienst wechselte.

In der »Section D« ist er vor allem für Propaganda zuständig. Er bekommt Zugang zu sensiblen Informationen, und seine Abteilung arbeitet mit Prominenten wie Thomas Mann zusammen. Er produziert Sendungen, die auf Schallplatten gepresst und von Agenten und Diplomaten nach Schweden, Liechtenstein und nach Deutschland geschmuggelt werden. Für den sowjetischen Geheimdienst gehört Guy Burgess zu den wichtigsten Agenten überhaupt. Das Geld, das sie ihm seit Jahren zugesteckt haben, macht sich nun bezahlt. Seine Führungsoffiziere haben ihn ohnehin in der Hand: Sie wissen, dass er homosexuell ist, oft sehr junge Liebhaber und auch ein Alkoholproblem hat. Zudem begeht er als sowjetischer Spion in England auch Landesverrat. Wenn das rauskäme, wäre er gesellschaftlich untragbar, würde die allermeisten Freunde verlieren und sicherlich ins Gefängnis kommen.

Nach London brechen heute Katia Mann und ihr Gatte Thomas auf. Vergeblich hat Katia auf ihre Eltern gewartet. Die deutschen Behörden haben das Ehepaar Pringsheim nicht ausreisen lassen. Nun müssen die Manns weiterziehen. Sie wollen ihre Tochter Monika besuchen, die im März in London den ungarischen Kunsthistoriker Jenö Lányi geheiratet hat. Nur wenige Tage werden sie, so hat Katia Mann es geplant, in der englischen Hauptstadt bleiben. Dann wollen sie nach Stockholm fliegen, wo Thomas Mann die deutschen Schriftsteller beim P. E. N.-Kongress vertreten soll, einem internationalen Treffen von Romanciers, Dichtern und Essayisten. Gegründet wurde der P. E. N.-Club, um Frieden und Völkerverständigung zu fördern und bedrohten Autoren zu helfen. Wichtige Aufgaben sind das gerade in diesen Tagen. Thomas Mann soll eine Rede auf dem Kongress halten. Ihr Titel: »Das Problem der Freiheit«.

Auf Sylt hat Ulrich von Hassell, der frühere Diplomat, viel Zeit zum Nachdenken. Was ihm durch den Kopf geht, notiert er auf Papier. Sein Tagebuch darf nicht der Gestapo in die Hände fallen. Denn was er darin festhält, könnte als Hochverrat verstanden werden. So notiert er: »Das gefährlichste Spiel hat begonnen, das sich denken lässt. Der Krieg mit Polen steht mit hoher Wahrscheinlichkeit bevor, und ich kann nicht glauben (was Hitler vorgibt zu tun), dass die Westmächte neutral bleiben.«

Das Risiko, das Hitler bereit ist einzugehen, erscheint dem Botschafter a. D. viel zu hoch. »Alle klarsehenden Menschen sollten alles tun, um den Krieg zu vermeiden. Man fragt sich nur, was man tun kann. Der ideale Augenblick des Eingreifens wäre der unmittelbar vor oder bei Kriegsausbruch, aber praktisch gesehen bedeutet das Warten bis dahin allein schon ein furchtbares Risiko, umso mehr, als offenbar von der gegenwärtigen Wehrmachtsführung nichts zu erwarten ist.«

Verklausuliert beschreibt von Hassell hier den perfekten Moment für einen Staatsstreich. In Berlin hat er in den vergangenen Tagen mit einigen vertrauenswürdigen Konservativen gesprochen, die ebenfalls von einem Schlag gegen das NS-Regime träumen. Er trifft einen früheren General, einen ehemaligen Oberbürgermeister, einen ausgeschiedenen Gestapobeamten, alles Männer, die einst mächtig waren, sich nun aber ohnmächtig fühlen angesichts der außenpolitischen Lage. Alle sind sich einig, dass ein Weltkrieg keine Lösung, sondern eine furchtbare Katastrophe wäre.

Trotz des Terrors durch Gestapo und Sicherheitsdienst gibt es immer noch eine verborgene Opposition gegen die Nationalsozialisten, zusammengehalten von dem Entsetzen über den Kriegskurs Hitlers. Einige von Hassells Gesprächspartnern sind Reinhard Heydrich und seinen Häschern schon bekannt. Die Gestapo observiert sie längst. Höchste Vorsicht ist daher bei den konspirativen Treffen angesagt.

Noch existiert der Schlag gegen die Nationalsozialisten allerdings nur in den Köpfen der Verschwörer. Denn für einen Staatsstreich braucht es die Armee. Und von deren aktueller Führung ist nicht zu erwarten, dass sie Adolf Hitler mit Gewalt darin hindern wird, Europa ins Chaos zu stürzen. Natürlich seien ihnen allen die Hände gebunden, hält Ulrich von Hassell resignierend in seinem Tagebuch fest. Um weiter in Westerland Urlaub zu machen, hat er wohl nicht die passende Stimmung. Er will Sylt schon bald wieder verlassen, am 25. August wird er zurück in Berlin erwartet.

Hassells Bekannter, Sir Neville Henderson, erhält heute eine Einladung, auf die er lieber verzichtet hätte. Der britische Botschafter wird zum »Parteitag des Friedens« der NSDAP nach Nürnberg gebeten. Gestern hatte er zwar dem Foreign Office in London geschrieben, er habe die feste Absicht, den Termin wahrzunehmen. Allerdings sei er »weit davon entfernt, sicher zu sein, dass der Parteitag in diesem Jahr abgehalten« werde. Sollte es so sein, dann werde er nach Nürnberg reisen »wegen eines außergewöhnlich starken Gefühls für eine widerwärtige Pflicht«.

Attolico, der umtriebige Botschafter Italiens, besucht heute erneut *Schloss Fuschl*. Er übergibt Ribbentrop eine kurze Nachricht des »Duce«. Mussolini warnt abermals vor einem großen Krieg. Und abermals zeigt sich der deutsche Außenminister uneinsichtig. Er halte die italienischen Sorgen für unbegründet, sagt Ribbentrop. Hitler habe beschlossen, mit den Polen jetzt abzurechnen, und zwar mit Waffengewalt. Attolico gibt sich keine Mühe, sein Entsetzen zu verbergen. Die Abneigung der beiden Diplomaten gegeneinander tritt offen zu tage. Sie unterbrechen für heute ihr Gespräch. Morgen wollen beide sich ein weiteres Mal treffen, diesmal im Salzburger Hotel *Österreichischer Hof*.

Mit zwei Autos fahren sieben SD-Männer nach Gleiwitz. Alfred Naujocks hat die Truppe sorgsam zusammengestellt. Verlässliche und zähe Leute hat er ausgesucht. Einer der SS-Männer spricht Polnisch. Ein anderer ist Radiotechniker. In der Stadt im Grenzgebiet hat er seine Gruppe auf zwei Hotels aufgeteilt. Immerhin tarnen sie sich als Touristen, da erscheint es unauffälliger zu sein, wenn sie nicht zu geballt auftreten. Warum sie in der Gegend sind, verrät Naujocks seinen Männern zunächst nicht. Er zieht ins *Haus Oberschlesien*. Nun kann er nicht viel mehr machen, als warten, bis Heydrich mit dem Code »Großmutter gestorben« den Einsatz auslöst.

Naujocks und einige seiner Männer kundschaften noch die Umgebung aus. Der Sender Gleiwitz ist in einem großen Backsteingebäude untergebracht, zwei hohe Sendetürme stehen daneben. Mehrere Angestellte arbeiten dort. Naujocks legt sich einen Schlachtplan zurecht. Jederzeit muss er damit rechnen, dass es losgeht.

Im Hauptquartier der Abwehr am Berliner Tirpitzufer fasst Lahousen einen wichtigen Befehl für die Kriegsvorbereitung zusammen. Der ukrainische Aufstand in Polen kann nicht direkt mit Waffen unterstützt werden, notiert er. Und die Freiwilligen der »Deutschen Kompanie« müssen rasch weiter ausgebildet werden. Sie sollen wohl am 22. August in Richtung ihres Einsatzgebietes gebracht werden. Und das heißt natürlich Polen.

Den Einsatz dieser irregulären Truppen hat sich Hauptmann Theodor Gottlieb von Hippel mit ausgedacht. Er ist 49 Jahre alt, hat in Staatswissenschaft promoviert und bereits 1914 bis 1918 in der kaiserlichen Schutztruppe in Deutsch-Ostafrika einiges über Kommandoeinsätze gelernt. Seit dem 1. November 1937 gehört er zur Abwehr II. Seine Idee ist, mit gut trainierten, perfekt getarnten und vor allem kleinen Kampfeinheiten im Rücken des Feindes zu operieren. Entschlossene und mutige Männer sollen in Zivil oder in der Uniform des Gegners durch die Frontlinien des Feindes einsickern.

Auf seinem Passbild sieht Hippel mit seinem Seitenscheitel und einem angedeuteten Lächeln aus wie ein freundlicher Onkel. Er hat fünf Kinder, drei Söhne und zwei Töchter zwischen drei und sechzehn Jahren. Hippel koordiniert das Aufstellen der Sonderformation und soll diese auch selber führen. Ein Vorgesetzter bescheinigte ihm erst im März, »eine ausgesprochene Draufgängernatur« zu sein. Während der Sudetenkrise hat Hippel mit seinen Kommandos seinen Vorgesetzten Wilhelm Canaris überzeugt. Der Vizeadmiral lehnte zunächst die Einsätze irregulärer Truppen ab. Ihn erinnerten solche Pläne an das Vorgehen der SS. Doch die Kampftrupps bewährten sich. Bevor die Wehrmacht ins Sudetenland einmarschierte, gab Canaris den Befehl an Hippel, dass seine Leute wichtige

Objekte schützen und deren Sprengung verhindern sollten. Die K-Trupps, die aus Sudetendeutschen bestanden, waren so erfolgreich, dass Canaris beschloss, eigene, dauerhafte Spezialeinheiten aufzustellen, für Kommandounternehmen und andere Sonderaufgaben der Abwehr.

Eine Gruppe Ukrainer zeigt in Polen, was die K-Trupps können. Sie sprengen an diesem 18. August 1939 im Auftrag der Abw. II Schienen bei Wiszina und Przewors auf der Hauptstrecke Lemberg/Krakau. »Erfolg: Lahmlegung einer polnischen Division für mehrere Tage«, stellt die Abwehr später fest. Natürlich als »Geheime Kommandosache«. Solche Anschläge zu Friedenszeiten gelten schließlich nicht gerade als Heldentaten.

19. August 1939, Sonnabend

Ununterbrochener Flüchtlingsstrom aus Polen
Die vertriebenen Deutschen retteten nur das nackte Leben.

Teltower Kreisblatt

Polen verhaftet Geiseln
80 deutsche Turner nach Innerpolen verschleppt.

Rheinsberger Zeitung

Vierzehn U-Boote der deutschen Kriegsmarine verlassen die
Häfen Kiel und Wilhelmshaven. Ihr künftiges Operations-
gebiet ist der Atlantik. Was ihr genauer Auftrag ist, bleibt geheim. Eine »Operative Weisung für den Einsatz der Atlantik-
U-Boote« des Oberbefehlshabers der Kriegsmarine schreibt
für den Konfliktfall vor: »Handelskrieg nach Prisenordnung
bis zur Erklärung von Gefahrenzonen im Gebiet zwischen
0° und 60°N bis 25°W.« Nicht nur Polen, auch Frankreich und
Großbritannien sieht die Admiralität als wahrscheinliche
Gegner an.

Leicht wird das nicht für die deutsche Flotte, sichere Häfen dürfte es im Kriegsfall kaum geben: »Außer von Spanien
und Japan wird eine wohlwollende Haltung von keiner neutralen Macht zu erwarten sein.« Lediglich Italien dürfte an
der Seite Deutschlands stehen, schreibt die Marineleitung.
Mit der britischen Navy kann die deutsche Kriegsflotte nicht
mithalten, weder bei der Zahl der Schiffe noch bei der Ein-

satzerfahrung. Aber die deutschen Unterseeboote gelten als erstklassig.

Wie es an Bord dieser Boote zugeht, weiß Wilhelm Canaris nur zu gut. Er galt als ein fähiger U-Boot-Kommandant im Ersten Weltkrieg. Mittlerweile ist es einige Jahre her, dass der Vizeadmiral zur See gefahren ist. Meist arbeitet er heute in Berlin in seinem Büro. In der Hauptstadt fühlt er sich wohl. Er lebt mit seiner Familie in einer Villa in Schlachtensee. Canaris ist verheiratet und hat zwei Töchter, die fünfzehnjährige Eva und die dreizehnjährige Brigitte. Eine polnische Köchin und ein arabischer Diener arbeiten für die Canaris. In der Nachbarschaft wohnen übrigens die Heydrichs. Die Familien treffen sich auch gelegentlich privat zum Abendessen oder zur Hausmusik.

Reinhard Heydrich hat einmal eine der Töchter Canaris' dabei erwischt, wie sie in seinem Schreibtisch gewühlt hat. Ob dahinter der Chef der Abwehr persönlich steckte? Dass er versucht, seinen Nachbarn auszuspionieren, ist mehr als wahrscheinlich. Die Konkurrenz zwischen Abwehr und Sicherheitsdienst ist schließlich hart.

Die Deutschen weihen eine Schwimmbrücke über die Weichsel ein. Bei Käsemark, im Verwaltungsbereich des Freistaats Danzig, und Rothebude besteht nun eine weitere Möglichkeit, den Fluss zu überqueren. In Rothebude gab es bislang lediglich eine Dampffähre. Nun können dort auch schwere Militärfahrzeuge auf der neuen 286 Meter langen Brücke über die Weichsel gelangen.

Bei der Einweihungsfeier ruft ein Redner den Arbeitern zu: »Diese Brücke ist zugleich ein Symbol. Unsichtbar und unzerstörbar steht in unser aller Herzen die Brücke der Liebe zum deutschen Mutterland und zu unserem Führer.«

Vermutlich spottet mancher der Männer, die dabei geholfen

haben, das Bauwerk zu errichten, innerlich über dieses Pathos. Jedem hier ist wohl klar, dass die Schwimmbrücke nicht nur für Ausflugsfahrten errichtet wurde. Auf ihr kommen auch deutsche Soldaten trocken nach Danzig – oder nach Polen.

Ihre Reise ist vorbei, die Ferien zum Glück noch nicht. Sophie Scholl schreibt an ihre Schwester Elisabeth, die alle nur Lisl nennen. »Du staunst sicher, dass der Brief nicht aus Worpswede, sondern aus Ulm kommt. Aber weißt Du, in Worpswede wäre ich niemals zum Zeichnen gekommen, und Hanspeters Peter Pan wäre dort nie illustriert worden.« Im Norden habe sie entdeckt, wie schön Württemberg sei und dass sie bei Schwaben eher weiß, wie sie dran sei. Dennoch: Von Nord- und Ostsee ist sie begeistert, von der Hamme und dem Teufelsmoor. Vielleicht fährt Sophie noch mit den Eltern nach Zürich, dort würde sie gerne Museen und Galerien besuchen, Kunstwerke anschauen. Inge, eine weitere Schwester, ist im Schwarzwald unterwegs. So plaudert Sophie in unterhaltsamen Zeilen über ihren Sommer.

Den Vorfall in der Jugendherberge verschweigt sie lieber. Ihre ältere Schwester und auch die Eltern will sie nicht beunruhigen. Die Familie war schon aufgeregt genug, nachdem gleich mehrere Kinder in Gestapo-Haft waren. Das soll sich nicht wiederholen.

In den Planungsstäben der Wehrmacht gibt es viel zu tun. Das Heer verlegt zahlreiche Einheiten nach Osten. Sie werden in der Nähe der polnischen Grenze stationiert. Dort drängen sich Lastwagen, weitere Militärfahrzeuge und Soldaten auf mancher Straße. Im Ausland bleibt das nicht unbemerkt. Der britische Außenminister Lord Halifax teilt seinem Premierminister heute mit, dass sich die Reichsbahn nicht darauf vorbereitet, die Massen zum »Parteitag des Friedens« nach Nürnberg zu bringen, sondern bereits den Truppentransport nach Osten plant. Das hätten Quellen aus Deutschland berichtet. Ein weiterer Beweis dafür, wie stark das NS-Regime seine Streitkräfte mobilisiert.

Zwei Lastwagen der Abwehr, die aus Breslau kommen, erreichen trotz der zahlreichen Militärkonvois auf den Straßen pünktlich ihr Ziel bei Berlin. An Bord sind 150 polnische Uniformen und Ausrüstungsgegenstände. Die Fahrer übergeben die Fracht an einen SS-Offizier in der Fechtschule in Bernau.
 Nach und nach werden die Uniformen nun an SS-Männer verteilt, ebenso die polnischen Waffen. Andere SS-Leute bekommen grau-grüne Uniformen des deutschen Grenzschutzes ausgehändigt. Was sollen sie nur damit machen? Sicher ist, sie sollen schon bald zum Einsatz kommen.

Ribbentrop wird oft als Amateur-Diplomat verspottet. Wenig diplomatisches Gespür zeigt er erneut gegenüber den Italienern. Im *Österreichischen Hof* trifft er Attolico. Abermals geht es um die riskante deutsche Außenpolitik. Die Warnungen aus Rom scheinen Ribbentrop zu nerven. Er beschuldigt die italienische Botschaft des Defätismus. Attolicos Temperament geht daraufhin mit ihm durch. Beinahe wird er handgreiflich, gerade noch kann er sich beherrschen, nicht diesen eitlen Deutschen anzugreifen. Weder der Botschafter noch der Minister werden diesen Moment jemals vergessen. Es ist der endgültige Bruch zwischen ihnen.

Die Sowjetunion wird offiziell vom Politbüro gelenkt, tatsächlich aber regiert Stalin, der Generalsekretär des Zentralkomitees der Kommunistische Partei, weitgehend allein, unterstützt von einem kleinen Personenkreis, seiner Mannschaft. Einige Männer, auf deren Rat er Wert legt, besuchen ihn heute im Kreml, darunter sind der Volkskommissar für Außenpolitik, Molotow, der Volkskommissar für Außenhandel, Anastas Iwanowitsch Mikojan, der Sekretär des Präsidiums des Obersten Sowjet, Aleksandr Gorkin. Molotow gehört zu den engsten Vertrauten Stalins. Wenn der Generalsekretär nicht in Moskau ist, lässt er sich meistens von dem Kommissar für Außenpolitik vertreten.

Stalins Büro liegt in einem Palast, den einst Katharina die Große hat erbauen lassen. Seit mehr als 20 Jahren lebt und arbeitet er mittlerweile im Kreml. Hinter den vier Meter dicken Mauern, burgundischen Brustwehren mit Zinnen und aufragenden Festungstürmen liegt eine Geheimwelt, von der aus die UdSSR beherrscht wird. »Hier pflegte Iwan der Schreckliche zu wandeln«, erzählt Stalin gern Besuchern. Wenn er auch das Zarentum bekämpft hat, der russischen Geschichte fühlt er sich dennoch verbunden. Auf dem Weg ins Büro geht er täglich an der Erzengel-Kathedrale vorbei, in der die Gebeine vieler Monarchen liegen.

Auch der künftige sowjetische Bevollmächtigte in Berlin spricht bei Stalin vor. Er braucht Instruktionen, wie er mit den Deutschen umgehen soll. Was er bei Hitler erreichen will, das beschäftigt Stalin heute. Soll er Ribbentrop nach Moskau bitten? Und dann den Vertrag mit Hitler-Deutschland unterzeichnen?

Um zwei Uhr mittags trifft Graf von der Schulenburg im Kreml ein. Täglich bekommt er Telegramme aus dem Auswärtigen Amt in Berlin. Außenminister Ribbentrop und Staatssekretär Weizsäcker drängen ihn, endlich eine Einladung für einen Staatsbesuch zu erwirken. Außenkommissar Molotow erwartet den deutschen Botschafter bereits. Schulenburg versucht, den Wunsch seiner Chefs durchzusetzen und eine offizielle Einladung für Ribbentrops Reise nach Moskau zu erhalten. Eine Stunde lang sprechen die beiden Diplomaten, dann zieht der Graf unverrichteter Dinge wieder ab. Molotow ist noch nicht bereit, eine Einladung auszusprechen. Erst einmal will er konkretere Zusagen aus Deutschland erhalten, worüber im Detail verhandelt werden soll.

Kaum eine halbe Stunde nach seinem Treffen mit Schulenburg lässt Außenkommissar Molotow den deutschen Botschafter erneut in den Kreml bitten. Stalin hat eine Entscheidung getroffen. Um halb fünf sprechen Molotow und Schulenburg abermals über den Besuch des deutschen Außenministers. Nun ist der Ton ganz anders. Die russische Regierung würde sich freuen, Ribbentrop zu begrüßen, und zwar »etwa eine Woche nach Veröffentlichung der Unterzeichnung des Wirtschaftsabkommens«, sagt Molotow. Er sei zudem beauftragt worden, einen Entwurf des Nichtangriffspaktes an Schulenburg zu überreichen. Der deutsche Botschafter vermutet, dass Stalin sich direkt in die Verhandlungen eingemischt habe.

Auf seiner Datscha, in der Stalin den Abend und die Nacht verbringt, denkt der sowjetische Führer weiter über den Pakt mit Hitler nach. Am Wochenende kommt er fast immer her. Stalin hofft wohl, dass Deutschland in den Krieg gegen Polen zieht und damit auch gegen Großbritannien und Frankreich. Viele europäische Staaten würden im Lauf eines solchen Konflikts sehr geschwächt, und Stalin brauchte hinterher nur die Scherben aufzusammeln. Seiner in der Zwischenzeit geschonten und vergrößerten Roten Armee wäre dann niemand mehr gewachsen. Gedankenspiele im Konjunktiv.

Stalin ist stolz auf seine Fähigkeit, die Strategien anderer zu durchschauen. Er sieht sich selbst als Meister des Entschlüsselns an, hält sich für fähig, jede Vernebelung von Interessen zu erkennen. Hat Stalin tatsächlich die Strategie von Adolf Hitler durchdrungen, die geheimen Pläne des »Führers« enttarnt? Selbst einige seiner engen Weggefährten bezweifeln das.

Auf dem *Berghof* klappert ein Fernschreiber. Auf diese Nachricht haben Hitler und Ribbentrop sehnsüchtig gewartet. Stalin sei bereit, den Nichtangriffsvertrag zu unterzeichnen. Die Sowjets schlagen vor, dass Ribbentrop am 26. August nach Moskau kommen könnte. Die Hochstimmung auf dem *Berghof* ist damit schon wieder vorbei. Ausgerechnet der 26.! An diesem Tag soll schließlich die Wehrmacht in Polen einmarschieren, so hat der »Führer« es seinen Generälen befohlen. Diesen Termin will Hitler nicht verschieben. Wer weiß, was dann wieder dazwischenkommt. Ab morgen wird er sich stärker in die Verhandlungen mit Stalin einbringen.

Einen diplomatischen Durchbruch gibt es aus Berlin zu vermelden. Hier haben Russen und Deutsche miteinander gerungen. In der Nacht schließen die Vertreter beider Regierungen das deutsch-sowjetische Handelsabkommen. Um zwei Uhr nachts kommt die Tinte aufs Papier. Jedes Jahr sollen deutsche Erzeugnisse im Wert von 200 Millionen Reichsmark gegen russische Rohstoffe in Höhe von 180 Millionen getauscht werden. Moderne Maschinen und Rüstungstechnik gegen Erdöl und Nahrungsmittel. Ein Vertrag, der zeigt, wie nah sich beide Staaten schon gekommen sind.

20. August 1939, Sonntag

Die nazistische Zivilisation hat der Welt zwei Dinge geschenkt: 1. die Konzentrationslager und 2. den Rassismus. Es gibt im heutigen Deutschland keine Unverletzlichkeit des Eigenheimes, keinerlei Recht der Persönlichkeit, da jeder von der Geheimpolizei auf unbestimmte Zeit verhaftet und verschleppt werden kann.

Der Deutsche Weg

Man ist dem Krieg wieder ungleich näher als voriges Jahr, dass man, wenn es wieder Schwindel wäre, sich nicht schämen müsste, wieder hereingefallen zu sein.

Golo Mann, im Tagebuch

Der »Führer« der Nationalsozialistischen Deutschen Arbeiterpartei entwirft eine Nachricht an den »Führer« der Kommunistischen Partei Russlands. Adolf Hitler bittet Josef Stalin darin, den deutschen Außenminister Joachim von Ribbentrop früher als vorgeschlagen, also in den nächsten Tagen, in Moskau zu empfangen – vielleicht schon am Dienstag oder Mittwoch? Der Text wird an die Botschaft in Moskau telegrafiert. Morgen soll Botschafter Schulenburg das Schreiben übergeben.

Stalin muss sich heute nicht nur mit den Deutschen beschäftigen. Auch Japan bereitet ihm Kopfzerbrechen. Er gibt an diesem Sonntag einen Angriffsbefehl für seine Truppen in Asien. Gemeinsam mit den Mongolen attackieren die Sowjets die

Japaner. Eine gewaltige Kanonade erschüttert deren Stellungen am Chalchin-Gol, einem Fluss, der durch China und die Mongolei fließt. Dann gehen die Russen zum Generalangriff über.

Die japanische Armee, die mit der Wehrmacht verbündet ist, hat in den vergangenen Jahren große Teile Chinas besetzt und weitere Länder in Asien überfallen. Aggressiv rücken die Soldaten des Tenno auf die UdSSR zu. Nun ist es Zeit, sie zu stoppen. Stalin will die japanischen Einheiten von seinen Grenzen vertreiben. Da trifft es sich gut, dass die Mongolen mit Japan um die Region Mandchukuo streiten. Russland greift auf der Seite der Mongolei ein. Ein Abkommen mit Hitler würde Stalin im Krieg gegen Japan freie Hand lassen. Zwar haben die Regierungen in Berlin und Tokio den Antikominternpakt gegen ihn geschlossen. Dieser Vertrag wäre nach einem deutsch-russischen Nichtangriffspakt aber wohl hinfällig.

Mehr als 200 Männer der SS und der Gestapo exerzieren auf dem Gelände der SS-Fechtschule Bernau. Ein dichter Wald umgibt den Standort und schirmt ihn vor Neugierigen ab. Was Heydrichs Truppe dort treibt, soll unbedingt geheim bleiben. Alle SS-Angehörigen und Polizisten, die hier mitmachen, mussten Ausweise, private Kleidung und sogar ihre Eheringe abgeben. An ihre Familien und Freunde dürfen sie nur alle vierzehn Tage schreiben. Antworten müssen an eine Tarnadresse, »Potter und Mühl, Berlin« gerichtet werden. Und natürlich herrscht strikte Ausgangssperre. Bis zum Ende der Mission wird den Teilnehmern einiges abverlangt. Ihr Training läuft zunächst in den Hallen der Schule ab, damit von draußen wirklich niemand sehen kann, was Heydrich mit diesem Spezialkommando vorhat.

Die Männer, darunter auch »Volksdeutsche« aus Polen und dem Sudetenland und viele aus Schlesien, machen gute Fortschritte. Ihre militärische Ausbildung läuft auf Hochtouren.

Sie sind bald bereit für ihren Einsatz – von dem sie immer noch nichts Genaues wissen. Zwar haben sie schon zwei Stillschweigeversprechen unterschrieben, und ihnen wurde mit Sippenhaft gedroht, wenn sie etwas ausplaudern sollten, Details ihrer anstehenden Mission kennen sie allerdings nicht. Gerüchte machen sich in der Fechtschule breit. Es gehe um ein Himmelfahrtskommando, heißt es. Eine geheime Aktion gegen Polen. Warum lernen sie auch sonst, wie polnische Soldaten zu marschieren und zu sprechen?

Bis Mitte des Monats sollen noch mehr SS-Leute kommen. Von bis zu 350 Mann ist die Rede. Schon jetzt müssen einige auf Strohsäcken schlafen. In Bernau dürfte es noch eng werden.

Ihr oberster Chef reist in diesen Tagen zur polnischen Grenze. Heinrich Himmler landet mit seiner persönlichen Maschine auf dem Flugplatz bei Gleiwitz. Von dort lässt er sich von Schaefer, dem Gestapo-Dienststellenleiter in Oppeln, am Abend nach Hochlinden zum Zollhaus fahren. Heydrich und ein weiterer SS-Führer begleiten Himmler. Schaefer darf ihn nicht als Reichsführer ansprechen, sondern soll ihn »Herr Doktor« nennen. Gemeinsam inspizieren sie die Umgebung um den Zollstützpunkt. Himmler scheint mit dem Besuch sehr zufrieden zu sein.

Admiral Hermann Boehm, Chef der Flotte, erhält am Telefon einen überraschenden Befehl von der Seekriegsleitung aus Berlin. In zwei Tagen, am 22. August, müsse er sich um neun Uhr in München vor dem Verwaltungsgebäude der NSDAP am Königlichen Platz einfinden. Boehm soll den ihm unterstellten Vizeadmiral Hermann Densch mitnehmen. Beide haben ihre Uniformen im Spind zu lassen und sollen in Zivil reisen.

Eine rätselhafte Anweisung in einer Zeit, in der es so viel zu tun gibt. Das Flottenkommando erteilt heute den Aufmarschbefehl für den »Fall Weiß«. »Die Haltung Polens erfordert

Maßnahmen, die die Bedrohung Deutschlands von dieser Seite für alle Zukunft ausschließen«, heißt es darin. »Die Aufgabe der Wehrmacht ist es, die polnische Wehrmacht zu vernichten, der Marine fällt in der Ostsee die Vernichtung bzw. Ausschaltung der polnischen Seestreitkräfte und Abriegelung seiner Stützpunkte zu.«

Eine ganze Woche haben Iwan Maiski und seine Agnia sich freigenommen – trotz der brisanten Lage. Der sowjetische Botschafter in England und seine Frau besuchen das Theaterfestival in Malvern, einem Kurort in der Grafschaft Worcestershire. Sie sehen alle sechs Stücke, die gezeigt werden, darunter George Bernard Shaws »In Good King Charles's Golden Days«. Shaw hat das Festival gemeinsam mit einem Mäzen vor elf Jahren gegründet. In diesem Jahr hat er den sowjetischen Botschafter und seine Gemahlin eingeladen.

Die Maiskis sind begeistert. Nicht nur die britische Kultur beeindruckt sie wieder einmal, sondern auch die Landschaft rund um Malvern in den Westmidlands. Sie stiefeln die kleinen, aber schönen grünen Berge in der Region hinauf und wieder herunter, sie ruhen sich aber auch viel aus. Ganz ohne Arbeit geht es für Iwan Maiski in diesen Tagen natürlich nicht. Aber warum die Pflicht nicht mit dem Angenehmen verbinden? So besucht er den Marschall des diplomatischen Korps auf dessen Landgut. Geladen sind weitere einflussreiche Persönlichkeiten. Am Teetisch sprechen Gastgeber und Besucher dann über die sich zuspitzende internationale Lage. Ein Mann aus der City, wie der Finanzdistrikt in London kurz genannt wird, fragt Maiski, womit in der kommenden Woche zu rechnen sei. Auf eine längere Analyse will sich der Botschafter nicht einlassen. Er antwortet so unverbindlich wie möglich: »Ich fürchte, die nächste Woche wird sehr schwierig.«

Das vermutet anscheinend auch Außenminister Halifax. Er ist seit gestern zurück in London. Er wollte sich in den Parlamentsferien auf seinem Gut in Yorkshire erholen. Aber seine Auszeit ist vorbei, er bricht den Urlaub ab. Vom Botschafter in Berlin hat er besorgniserregende Nachrichten erhalten. Sir Neville Henderson berichtet, dass unter dem Vorwand, zu den offiziellen Tannenberg-Feiern zu reisen, eine große Anzahl von Truppen in Richtung polnischer Grenze aufbricht. Hitler habe wohl die Geduld verloren und plane eine sofortige Aktion, um die Danzig-Frage zu entscheiden. In einem Telegramm schlägt Henderson vor, dass seine Regierung sofort General Ironside nach Berlin entsenden möge, so wie Hitler es vorgeschlagen hat.

Lord Halifax bittet nun auch seinen Premierminister, den Urlaub abzubrechen und nach London zu kommen. Nur vier Tage Zeit zum Ausspannen waren Neville Chamberlain vergönnt. Er war zum Angeln in Schottland. Trotz der Krise hatten die meisten Regierungsmitglieder die Hauptstadt verlassen. Erst Ende September sollte sich das Kabinett wieder regelmäßig treffen – zumindest falls keine internationalen Verwicklungen eintreten. Doch genau das ist jetzt der Fall. Und damit enden auch die Ferien für die hochrangigen britischen Militärs. Einige Anführer der Streitkräfte übten täglich mit ihren Waffen – sie schossen Gänse. Aber nun werden alle Entscheider in London erwartet – wegen der alarmierenden Nachrichten aus Berlin.

Im *Excelsior* in Berlin, laut Eigenwerbung das »größte Hotel des Kontinents«, schreibt John F. Kennedy auf dem Briefpapier des Hauses ein paar Zeilen an seinen Freund Lem. »Habe Cannes vor etwa einer Woche verlassen«, berichtet er. Er reist in diesen Monaten so ausgedehnt durch Europa, selbst seiner Familie fällt es schwer, den Überblick zu behalten. Wo der Sohn, den alle Jack rufen, sich gerade aufhält, erfahren sie meist nur aus schlanken Briefen. Wenn die Schreiben eintreffen, ist Kennedy oft schon wieder woanders.

In den vergangenen Monaten hat der junge Amerikaner viel erlebt. In London hat er als Sekretär seines Vaters gearbeitet und einen Einblick in das Geschäft des Botschafters bekommen. Danach begann seine Tour durch Europa. In München war er gleich mehrfach, Wien und Prag, Cannes und Rom hat er auch besucht. Am interessantesten war wohl Danzig. Dort war er im Frühjahr und hat viel über den aktuellen Konflikt gelernt: »Die Situation ist sehr kompliziert«, hatte er damals einem Freund berichtet. »Der Streit um Danzig ist vom Streit um den Korridor nicht zu trennen.« Die Deutschen verlangen beides zurück. »Wenn das geschieht, ist Polen ganz von der Ostsee abgeschnitten.« Und über Danzig laufe die Hälfte des polnischen Außenhandels. Niemals werde Polen diese Stadt aufgeben. »Sollte sich Deutschland zum Krieg entschließen, wird es versuchen, Polen in die Rolle des Aggressors zu drängen, und sich dann ans Werk machen.«

Obwohl Kennedy jung ist, gern feiert und sich sehr leicht von den schönen Dingen des Lebens ablenken lässt wie gutaussehenden Frauen, Autos, Theater und deutschem Bier, hat er einen klaren Blick für die außenpolitische Lage. Viele seiner Gedankenspiele sind nah an der Realität.

Für einen Studenten reist er schon fast luxuriös: Im eigenen Wagen fährt er gemeinsam mit seinem Harvard-Kommilitonen Torbert Macdonald und übernachtet in Hotels wie dem *Excelsior*. Das Geld seines Vaters, der vor seiner Zeit als Botschafter in London als Investment-Banker reich wurde, macht die Grande Tour im Freisemester möglich. Seinen Freund Lem zieht er in Briefen auf, dass dieser arbeiten müsse, während er, John F. Kennedy, Abenteuer in Europa bestehe.

Abenteuer will Ernst von Weizsäcker keine erleben, zumindest nicht in der Außenpolitik. Er versucht erneut, einen Draht zur englischen Regierung zu bekommen, abermals über einen Umweg. Er wendet sich über den deutschen Generalkonsul in Danzig an den Hohen Kommissar des Völkerbundes. Weizsäcker fordert Burckhardt auf, seinen alten Bekannten aus Schweizer Tagen, seine Mittlerfunktion wahrzunehmen und in England zu intervenieren: General Ironside solle den »Führer« treffen, so schnell wie möglich. Die Erhaltung des Friedens stehe auf dem Spiel.

Schon vor einem Jahr, während der Sudetenkrise, hatte Weizsäcker den Schweizer gebeten, seine Kontakte nach England zu nutzen. Auch damals wollte Weizsäcker, dass ein britischer General zu Hitler reisen sollte, »ein energischer Militär, der, wenn es sein muss, auch schreien und mit dem Reitstock auf den Tisch schlagen kann, ein Marschall mit vielen Orden und Narben, ein Mann ohne viel Rücksicht«. Damals aber kam Chamberlain, um mit Hitler zu sprechen, ein Politiker, »der zu gut für diese Leute« sei, wie Weizsäcker feststellt. Nur Festigkeit könne Hitler davon abhalten, weiterhin sein Vabanquespiel zu spielen.

Auf dem Linienschiff »Schleswig-Holstein«, das in Kiel vor Anker liegt, geht ein »Schnellkurzbrief« ein. Das Oberkommando der Marine ordnet darin an, dass deutsche Soldaten, die Urlaub in der Nähe der polnischen Grenze machen, zur besonderen Vorsicht ermahnt werden. »Unerlaubte Grenzüberschreitungen oder anderes Verhalten deutscher Wehrmachtsangehöriger, die als provozierend aufzufassen sind«, müssen unterbleiben. »Besonders ist darauf hinzuweisen, dass bei Fahrt durch den Korridor das Fotografieren streng verboten ist.«

Auf dem Weg nach Danzig müssen Soldaten also die Kamera stecken lassen – zumindest auf dem Landweg. Die Besatzung der »Schleswig-Holstein«, die in wenigen Tagen in Danzig erwartet wird, kann leichter Erinnerungsbilder schießen. Einer der leidenschaftlichen Fotografen an Bord ist Willi

Aurich, der Kapellmeister. Er hält Reisen mit der Marine gern mit seinem Fotoapparat fest. Diesmal wird er sicherlich einige gute Motive vor die Linse bekommen. Allen an Bord ist klar, dass sie eine spannende Tour vor sich haben in diesen angespannten Tagen.

VI. Sensation

21. August 1939, Montag

Grauenhafte Misshandlungen
Deutsche in polnischen Gefängnissen mit Ketten geschlagen.

Baruther Anzeiger

Schreckensherrschaft des Pöbels
Hass und Rohheit nehmen in Polen kein Ende.

Briesetal-Bote

»Allem Anschein nach sind unsere Verhandlungen mit den Briten und Franzosen gescheitert«, schreibt Maiski in sein Tagebuch. Was der sowjetische Botschafter aus Moskau erfährt, beunruhigt ihn sehr. Die britisch-französische Militärmission, die er Anfang August vor deren Abreise nach Russland verabschiedet hat, dürfte schon bald unverrichteter Dinge zurückkehren. Sein Fazit: »Jetzt hat sich eine schlechte zu einer noch schlechteren Lage weiterentwickelt.«

Reinhard Heydrich plant in diesen Tagen seinen Überfall auf Polen. Er will gut 300 Männer dabei einsetzen, darunter 150 in polnischen Uniformen. Um seine Scheinangriffe glaubhafter zu machen, soll es dabei sogar Tote geben. Sie werden in polnische Uniformen gesteckt oder als Freischärler verkleidet zurückbleiben. Woher Heydrich die Leichen bekommt, weiß er schon. Ein Dutzend Häftlinge aus dem Konzentrationslager Sachsenhausen-Oranienburg plant er dafür ein: als getötete »Angreifer«. Im Gestapo-Jargon werden die Männer, die kaltblütig und skrupellos ermordet werden sollen, »Konserven« genannt. Die Leichen sollen rechtzeitig zu den Einsatzorten in Oberschlesien geliefert werden. Die »Aktion Konservendose« verläuft so geheim, dass selbst hochrangige Anführer nur wenige Details erfahren.

Am Sender Gleiwitz verschärft die lokale Polizei die Bewachung. Die Anlage an der Tarnowitzer Landstraße 131 liegt im Stadtteil Petersdorf, im Norden von Gleiwitz. Sie wird nun durch eine Schutzmannschaft von einem Wachhabenden und zwölf Mann gesichert. In dieser Krisensituation soll der Sender vor Sabotage geschützt werden.

In Briefen erklärt John F. Kennedy seinen Freunden in den Vereinigten Staaten die Lage in Europa. Ein weiteres dieser Schreiben ist nun auf dem Weg nach Übersee. Durch seine Gespräche mit Diplomaten, Politikern, Militärs und Wirtschaftsführern hat Kennedy einen guten Einblick in die aktuellen Entwicklungen bekommen. »Ich denke immer noch nicht, dass es Krieg geben wird«, hat er gestern festgehalten, »trotzdem sieht es nicht gut aus, weil die Deutschen mit ihren Propagandageschichten über Danzig + den Korridor intern schon so weit gegangen sind, dass man sich kaum vorstellen kann, sie könnten noch einlenken.«

Dazu kommt noch: England wirke dieses Mal auf ihn sehr entschlossen – aber Berlin nehme das nicht ernst. Kennedy sieht die Gefahr, dass Hitler versucht, einen weiteren Erfolg wie München zu erzielen, Chamberlain diesmal aber nicht nachgeben wird. »Bis Dich dieser Brief erreicht, wirst Du wohl mehr wissen«, schreibt er dem Freund. Und schlägt dann vor, dass beide später im Jahr gemeinsam auf Cape Cod Urlaub machen, einer wunderschönen Halbinsel an der Ostküste.

Admiral Hermann Boehm, Chef der Flotte, und Vizeadmiral Densch treffen in München ein. Alles läuft unter großer Geheimhaltung ab. Ein Offizier aus dem Wehrkreiskommando VI, der ebenfalls Zivilkleidung trägt, bringt sie in einem Auto ohne militärische Kennzeichen zum Hotel *Vier Jahreszeiten*. Nach einem kurzen Gespräch mit dem Empfangschef dürfen sie ohne das Ausfüllen eines Meldescheins einchecken. Generäle, die inkognito reisen. Was hat das nur zu bedeuten?

In England werden die Abgeordneten zu einer Sondersitzung zusammengerufen, die in drei Tagen stattfinden soll. Die Parlamentsferien werden dafür unterbrochen, nun steht wieder die internationale Politik im Fokus: Die Regierung will sich vom Unterhaus mit Sondervollmachten ausstatten lassen, heißt es. Es gehe darum, Entscheidungen von großer Tragweite rasch treffen zu können. Gemeint ist damit wohl der Kriegsfall. Britische Diplomaten empfehlen bereits ihren Landsleuten, sofort Polen zu verlassen – und Deutschland auch. Die Krise scheint sich weiter zuzuspitzen.

Deutschlands Botschafter Schulenburg übergibt am Nachmittag in Moskau die Depesche seines »Führers« an den Außenkommissar. Molotow nimmt, kaum dass Schulenburg ihn verlassen hat, Kontakt mit Stalin auf. Beide sind sich einig, sie wollen ernsthaft mit den Deutschen verhandeln. Sie werden Hitlers Wunsch erfüllen und so ein Signal senden, dass ihnen die Verhandlungen wirklich wichtig sind.

In Warschau verstärkt das Auswärtige Amt den Schutz der eigenen Botschaft und der Mitarbeiter. Die Frauen und Kinder des Personals sollen die polnische Hauptstadt verlassen. Weiterhin wurde in Berlin beschlossen: »Der Bestand der Botschaft wird im Benehmen mit der Personalleitung in den nächsten Tagen unauffällig um einige entbehrliche Beamte verringert werden.« Das Auswärtige Amt spricht mit Vertretern der Wehrmacht noch darüber, wann die Botschaft über einen Angriff auf Polen informiert werden könne: vermutlich maximal zwei Stunden vorher. Dann bleibt wenig Zeit. Alle geheimen Unterlagen müssen vernichtet werden. Danach soll sich das Personal zur holländischen Botschaft begeben und dort Schutz suchen – oder befreundete Missionen aufsuchen. Die Polen, so hat es der deutsche Geheimdienst erfahren, wollen das Botschaftsgebäude stürmen, um an Akten und einen Geheimsender zu gelangen, den sie dort vermuten.

Am selben Abend geht auf dem Obersalzberg ein geheimes Telegramm aus Russland ein. Freundliche Grüße aus Moskau. Die deutsche Botschaft übermittelt ein Schreiben aus dem Kreml: »An den deutschen Reichskanzler, A. Hitler. Danke für Ihr Schreiben. Ich hoffe, dass der deutsch-sowjetische Nichtangriffspakt ein Wendepunkt für eine ernsthafte Verbesserung der politischen Beziehungen zwischen unseren Ländern sein wird. Die sowjetische Regierung hat mich beauftragt, Sie davon zu unterrichten, dass sie einem Besuch des Herrn Ribbentrop in Moskau am 23. August zustimmt. J. Stalin.«

Hitler schlägt sich vor Freude auf die Knie. Er lässt Champagner auftragen, greift selbst aber nicht zu einem Kelch. Wenn sein Plan aufgeht, dann hätte er die Allianz aus dem Ersten Weltkrieg gesprengt. Damals hatte das deutsche Kaiserreich gegen Engländer, Franzosen, Amerikaner und Russen gekämpft. Heute scheinen die Sowjets von ihren alten Verbündeten eher enttäuscht zu sein. »Das wird sie wirklich in Schwierigkeiten bringen«, sagt Hitler über die Westmächte.

Das *Deutsche Nachrichtenbüro* verbreitet eine Meldung, die einfach nur spektakulär ist. »Die Reichsregierung und die Sowjetregierung sind übereingekommen, einen Nichtangriffspakt miteinander abzuschließen. Der Reichsminister des Auswärtigen von Ribbentrop wird am Mittwoch, dem 23. August, in Moskau eintreffen, um die Verhandlungen zum Abschluss zu bringen.«

Kurz vor Mitternacht wird die Sensation in Deutschland bekannt. Fast alle Deutschen, die in der Nacht noch die Nachricht über den Rundfunk erfahren, reagieren überrascht. Russland ist wirklich ein unerwarteter neuer Freund für die meisten Hörer.

Ein Nichtangriffspakt mit Sowjetrussland? »Das ganze klingt wie ein Witz«, schreibt Günther Roos, ein Fünfzehnjähriger aus Brühl am Rhein, in sein Tagebuch. Jahrelang hat die nationalsozialistische Presse gegen die Bolschewiken gehetzt, Hitler, Goebbels und die Anführer der Hitler-Jugend die Sozialisten als Mörderpakt und die Slawen als Untermenschen beschimpft. Und nun ändert sich das Feindbild plötzlich?

Einen »Schweinepakt« der Diktatoren nennt Erika Mann den Vertrag zwischen Hitler und Stalin. Angewidert reagiert sie auf diese Sensation.

Und sogar Alfred Rosenberg, ein alter Kämpfer der NSDAP und einer ihrer führenden Ideologen, ist entsetzt: »Eine moralische Achtungsverminderung angesichts unseres jetzt 20-jährigen Kampfes«, kommentiert Rosenberg im Tagebuch den Pakt mit den verhassten Bolschewiken.

Ebenfalls kurz vor Mitternacht klingelt in den Räumen des sowjetischen Botschafters in London das Telefon. Als Iwan Maiski den Hörer abhebt, erkennt er schon die Stimme. Am anderen Ende der Leitung ist ein ihm gut bekannter Journalist vom *International News Service*. Der Anrufer ist in Alarmstimmung und sehr erregt. Gerade sei aus Berlin folgende Meldung hereingekommen: Deutschland und die UdSSR seien dabei, einen Nichtangriffspakt zu schließen. Ribbentrop werde für die Unterzeichnung morgen nach Moskau fliegen. Das sei doch nicht die Möglichkeit, oder?

Was soll Maiski darauf antworten? Seine Regierung hat ihn über die Verhandlung mit den Deutschen nicht informiert, aber er ahnt wohl gleich, dass der Anrufer ihn nicht mit irgendeinem Gerücht konfrontiert, sondern mit der blanken Wahrheit. Ein Pakt zwischen seinem Land und dem Diktator aus Berlin. Nach dem Telefonat schlägt Iwan Maiski die Hände vor dem Gesicht zusammen.

22. August 1939, Dienstag

Die Schwenkung des Führers wird angesichts der Lage eine Notwendigkeit gewesen sein, und da sie um 180° geht, werden daraus auch sehr weitreichende Konsequenzen gezogen werden.

Alfred Rosenberg, Leiter des Außenpolitischen Amtes der NSDAP, im Tagebuch

Im »Telegraph« grelle Sensation: Ribbentrop fliegt nach Moskau zum Abschluss eines Nichtangriffspakts. Für die Engländer »vollkommen überraschend«.

Thomas Mann, zurzeit in London, im Tagebuch

Zum Schlafen kommt Iwan Maiski in der Nacht zum Dienstag kaum. Nach dem Anruf vom *International News Service* hört das Telefon nicht auf zu klingeln. Auch andere Journalisten fragen nach, mehrere Zeitungen und Nachrichtenagenturen wollen Details und Bestätigung der spektakulären News. Und kaum, dass die Turmuhren in London Mitternacht geschlagen haben, halten zahlreiche Taxen vor dem Gebäude der sowjetischen Botschaft in London. Reporter steigen aus, drängen sich vor dem Tor. Sie fordern von Maiski eine offizielle Stellungnahme. Sie bestürmen den Pförtner, der vergeblich versucht, die Presse abzuwimmeln: Der Botschafter sei nicht da, behauptet er. Sofort wittern die Reporter eine Ausrede. Sie werden warten, sagen sie. Die meisten setzen sich in die Taxen. Wenigstens deren Fahrer machen ein gutes Geschäft. Bis zwei

Uhr am frühen Morgen harren die Journalisten aus, dann fährt ein Taxi nach dem anderen von dannen. Maiski atmet auf. Aber auf Dauer wird er sich nicht verstecken können. Zumal *TASS*, die zentrale Nachrichtenagentur der Sowjetunion, an diesem Vormittag die Verhandlungen über einen Nichtangriffspakt offiziell bestätigt.

Ein Privatkurier trifft heute in Danzig ein. Er kommt im Auftrag von Ernst von Weizsäcker. Eine Geheimmission. Der Mann besucht Burckhardt und überbringt eine Nachricht, die so riskant ist, dass Weizsäcker damit wohl mindestens seine Karriere aufs Spiel setzt. Der Emissär richtet Burckhardt aus: Dieser müsse sich jetzt für die Verwirklichung der Ironside-Mission einsetzen. Sofort. Außenminister Ribbentrop solle davon nichts erfahren, er würde Weizsäckers Pläne sonst torpedieren. Am besten wäre es, wenn ein britischer Emissär am 23. oder 24. August nach Deutschland käme. Denn dann wird der Außenminister auf dem Weg nach Russland oder schon in Moskau sein. Weizsäckers Bote übermittelt noch einen weiteren, persönlichen Appell seines Auftraggebers: Der Staatssekretär könne sich nicht erklären, warum Burckhardt sich ausgerechnet jetzt so widerstrebend als Vermittler für den Erhalt des Friedens einsetze.

Der Schweizer informiert, gleich nachdem der Besucher ihn verlassen hat, den britischen Generalkonsul in Danzig über den Vorstoß Weizsäckers. Pflicht erfüllt. Der Hohe Kommissar sagt aber auch, dass er es für wünschenswert hielte, wenn die Angelegenheit zwischen dem Staatssekretär und Henderson, dem britischen Botschafter, direkt verhandelt würde. An geheimen diplomatischen Kanälen, am Übermitteln von Nachrichten hat er jegliches Interesse verloren.

Burckhardt kämpft nicht mehr für den Frieden, er hält das wohl für aussichtslos. Vielleicht fühlt er sich von den Deutschen auch einmal zu oft getäuscht oder hintergangen, denn von einem bevorstehenden Pakt zwischen Hitler und Stalin hat ihm niemand etwas erzählt.

Um 9 Uhr stehen Admiral Hermann Boehm, Chef der Flotte, und Vizeadmiral Densch vor der NSDAP-Zentrale in München. Sie schauen sich um, aber sehen niemanden in Uniform. Wen sollen sie hier treffen? Dann kommt ein junger Mann in Zivil auf die beiden Admirale zu. Er solle sie »zum Führer auf den Obersalzberg fahren«, sagt er. Zu Hitlers Domizil in den Berchtesgadener Alpen geht es also. Und Boehm und Densch sind bei weitem nicht die Einzigen, die heute zum *Berghof* kommen sollen.

Am Himmel über Salzburg und Berchtesgaden ist heute viel los. Flugzeug-Enthusiasten kommen auf ihre Kosten. Zahlreiche Maschinen landen in der österreichischen Stadt, andere fliegen den kleinen Flugplatz in Berchtesgaden an oder müssen München ansteuern, weil der Andrang so groß ist. Hitler hat die führenden Männer seiner Streitkräfte zu sich auf den Obersalzberg gerufen. Alle reisen in Zivil, haben die Uniformen zu Hause, in den Kasernen oder Dienstzimmern gelassen. So wollen sie weniger Aufsehen erregen – was bei den vielen Flügen schwierig werden dürfte. Göring erscheint in einer alten Jägertracht mit Pumphose, blusenartigem weißem Hemd und grünem Wams. Damit dürfte er weit mehr Blicke auf sich gezogen haben als jeder Uniformierte.

In London lesen Beamte endlich das Telegramm aus Washington vom 17. August, in dem das Weiße Haus vor dem sowjetisch-deutschen Bündnis warnt. Aber wen sollen sie jetzt alarmieren? Die meisten Spitzenbeamten, Abgeordneten und Minister befinden sich noch im Urlaub. Viele Entscheidungsträger kehren nun aber nach und nach in die Hauptstadt zurück. Die Krise zwischen Deutschland und Polen hat die Sommerpause abrupt beendet. Übermorgen kommt das Parlament zu einer außerordentlichen Sitzung zusammen. Chamberlain und Lord Halifax werden vor den Vertretern beider Häuser sprechen. Also beordert auch der Premierminister, der selber erst wieder seit zwei Tagen in London weilt, sein Kabinett zurück nach London.

Chamberlain trifft heute einen Entschluss, der alles verändern kann. Er entscheidet, nicht auf Hitlers Angebot einzugehen, einen Unterhändler zu ihm zu schicken. General Edmund Ironside wird nicht zum Gespräch nach Deutschland reisen. Stattdessen soll Botschafter Henderson ein persönliches Schreiben von ihm an Hitler überreichen. Darin gibt sich der Premier kämpferisch: Ungeachtet des deutsch-sowjetischen Vertrags und auch auf die Gefahr eines großen Krieges hin, werde Großbritannien seinen Pflichten gegenüber Polen nachkommen. Deutlicher geht es nicht.

Englands Botschafter in Berlin wurde von dem Hitler-Stalin-Pakt überrumpelt. Für ihn ist das natürlich peinlich. Neville Henderson ärgert die Unterzeichnung des Nichtangriffspakts aber auch aus moralischen Gründen – und realpolitischen Erwägungen. »Hitler hofft wahrscheinlich, dass er nach allem jetzt seine Ziele ohne Krieg erreichen kann«, schreibt er an Außenminister Halifax. Dafür hätten die Nationalsozialisten eines ihrer Hauptprinzipien, den Antikommunismus, auf den Abfallhaufen geworfen. Und der Diplomat empört sich über Stalins »hinterhältigsten Zynismus«. Während die Sowjets mit der britischen Militärmission verhandelten, schlossen sie gleichzeitig mit den Deutschen einen Pakt.

Auf dem Obersalzberg trifft mittags alles ein, was in der Armee Rang und Namen hat. Gut 50 Offiziere versammeln sich in der »Großen Halle« auf dem *Berghof*, fast alle sind Generäle und Admirale, auch Außenminister Ribbentrop ist dabei. Sie warten auf Hitler. Wer noch nicht hier war, staunt über den fantastischen Ausblick. Ein riesiges Panoramafenster, das sich elektrisch im Boden versenken lässt, ermöglicht einen spektakulären Blick auf den Gipfel des Untersberg. Einer alten Sage nach soll hier die Grabstätte Karls des Großen liegen.

Um zwölf Uhr mittags tritt Hitler vor seine Gäste. »Ich habe Sie hierher gerufen, damit Sie einmal sehen, in welcher Umgebung ich meine Entschlüsse zu fassen pflege«, beginnt er seine Rede. Er lehnt sich an einen Flügel. Hitler trägt fast als Einziger Uniform, die braune Kluft der NSDAP. Auf dem Flügel steht eine Wagner-Büste. »Es war mir klar«, fährt Hitler fort, »dass es früher oder später zu einer Auseinandersetzung mit Polen kommen musste.« Deutschland werde seine Ehre und sein Ansehen nicht eher zurückerlangen, bis sämtliche im Ersten Weltkrieg verloren gegangenen Gebiete wiedergewonnen seien. Deswegen habe er sich zu einem Angriff auf Polen entschlossen.

Hitler hält in der linken Hand einige knappe Notizen, darauf wirft er aber kaum einen Blick. Er ist kurzsichtig, sein Sehvermögen wird seit Jahren immer schlechter. Auf Spezialschreibmaschinen, die Buchstaben in zwölf Millimeter Größe aufs Papier hämmern, schreiben Sekretärinnen seine Reden. Diese Schriftgröße kann Hitler noch mit bloßem Auge lesen. Denn seine Brille setzt er nie in der Öffentlichkeit auf. Zum »Führer« passt eine solche Schwäche nicht. Was er heute den Generälen und Admiralen sagen will, weiß Hitler genau. Notizen braucht er dafür nicht,

Vor ihm sitzen die Militärs auf Stühlen, die in zwei Reihen aufgestellt sind. Ein Mann mit weißen Haaren, durchdringenden blauen Augen in der dunklen Uniform der Marine macht unauffällig Aufzeichnungen des Gesprächs. Da das Treffen geheim bleiben soll, hätte Hitler sicherlich etwas gegen eine Mitschrift.

Vizeadmiral Canaris, seit 1935 Leiter der Abwehr, zieht dennoch Block und Bleistift hervor. Er notiert sich die wichtigsten Punkte der Rede. Seit 1905 dient er in den deutschen Streitkräften, begann seine Karriere als Seekadett. Heute ist er 52 Jahre alt, hat bereits eine bemerkenswerte Karriere hinter sich.

Canaris ist klein und schmal, er trägt einen strengen Seitenscheitel, die buschigen Augenbrauen wuchern hingegen wild. Er tritt bescheiden und zurückhaltend auf, und er wirkt manchmal fast schüchtern. Seine Stimme ist oft leise. Wer ihn nicht kennt, könnte ihn unterschätzen. Aber schon in einer seiner ersten Beurteilungen hält ein Vorgesetzter fest: »Sehr tüchtig und gewissenhaft. Theoretisch vorzüglich begabt, hat er sich mit Eifer seinem Dienst in jeder Gestalt hingegeben.« Er verspreche ein guter Offizier zu werden, »sobald er etwas mehr Zuversicht und Selbstvertrauen bekommen hat.« Seine Zeugnisse sind stets sehr gut, ob er als Minenoffizier ausgebildet, als Kommandant eines U-Boots trainiert oder im Beherrschen der englischen Sprache bewertet wird. Ein Konteradmiral lobte seine »sachliche und treffende Beurteilung politischer Verhältnisse. Er wurde mehrfach mit schwierigen Sonderaufträgen ins Ausland gesandt, die er mit diplomatischem Geschick und bemerkenswertem wirtschaftlichem Verständnis erledigt hat.« Solche Fähigkeiten kommen ihm heute im Umgang mit der NS-Spitze zugute. Selbstvertrauen hat Wilhelm Canaris mittlerweile genug. Er wagt sogar, sich Wünschen des »Führers« zu widersetzen.

Canaris war lange davon überzeugt, einen gewissen Einfluss auf Hitler zu haben. Doch im vergangenen Jahr beklagte er sich bei einem Gesprächspartner, nicht mehr an den Oberbefehlshaber heranzukommen. Nun fürchtet Canaris die Pläne Hitlers, die Deutschland und Europa ins Chaos stürzen könnten.

Auch Admiral Boehm notiert sich einige Stichworte der Rede. Er hat sich absichtlich hinter einen breitschultrigen Offizier gesetzt, damit Hitler ihn dabei nicht sehen kann.

Zum Beginn seiner Ansprache verkündet der »Führer«: »Wesentlich hängt es von mir ab, von meinem Dasein, wegen meiner politischen Fähigkeiten. Dann die Tatsache, dass wohl niemand wieder so wie ich das Vertrauen des ganzen deutschen Volkes hat. In der Zukunft wird es wohl niemals wieder einen Mann geben, der mehr Autorität hat als ich. Mein Dasein ist also ein großer Wert-Faktor. Ich kann aber jederzeit von einem Verbrecher, von einem Idioten beseitigt werden.« Keiner wisse, wie lange er noch lebe. In Frankreich und England gebe es niemanden, der so ein Format habe: »Keine Persönlichkeiten. Keine Herren, keine Tatmenschen.«

Deswegen gelte es, die Gunst der Stunde zu nutzen Er kommt zu seinem eigentlichen Anlass des Treffens: Der Angriff auf Polen.

Der Feind im Westen, so berichtet Hitler, hatte noch die Hoffnung, dass Russland als deutscher Widersacher auftreten würde. »Die Gegner haben nicht mit meiner großen Entschlusskraft gerechnet. Unsere Gegner sind kleine Würmchen. Ich sah sie in München.« Eine Stunde redet er. Eine Stunde verteidigt er den von ihm geplanten Krieg, den viele seiner Militärs nicht wollen.

Am Ende der Rede antwortet Göring als Chef der Luftwaffe und Generalfeldmarschall. Er dankt im Namen der Wehrmacht und verspricht, dass die Armee ihre Pflicht tun werde. Dann gibt es eine Pause. Gegen halb zwei Uhr gehen alle nach draußen auf die Terrasse. Auch hier beindruckt der imposante Ausblick: die Berge im Hintergrund; vorn, an der Kante, geht es steil bergab, Nadelbäume stehen dicht an dicht an den Hängen. Ein leichtes Mittagessen wird aufgetragen. SS-Offiziere in schneeweißen Uniformen servieren den Gästen Kaviar und andere luxuriöse Happen. Danach kehren die Besucher in den Saal zurück. Hitler spricht eine weitere Stunde über den »Kampf auf Leben und Tod«. Zwischendurch verabschiedet er seinen Außenminister und wünscht ihm viel Erfolg in Moskau. Der angestrebte Nichtangriffspakt mit der Sowjetunion verblüfft die meisten Militärs. Viele der Generäle und Admirale haben gute Erfahrungen mit der Roten Armee gemacht. Mit Hilfe der UdSSR hatte die Reichswehr in der Weimarer Republik heimlich aufgerüstet und so gegen den Versailler Vertrag verstoßen. Nun reagieren viele Offiziere erleichtert. Wenigstens Russland dürfte sich also aus einem Krieg gegen Polen heraushalten.

Er werde für einen propagandistischen Anlass sorgen, um den Krieg zu beginnen, so wenig plausibel er auch sein möge, sagt der Oberbefehlshaber. »Der Sieger wird später nicht danach gefragt, ob er die Wahrheit gesagt hat oder nicht.« Hitler fordert seine Generäle zu »eiserner Entschlossenheit« auf. »Herz verschließen gegen Mitleid«, verlangt er von ihnen.

Eisiges Schweigen ist die Antwort. Kein Offizier widerspricht. Begeisterungsstürme gibt es auch nicht.

Canaris klappt nach der Ansprache seinen Block zu. Er geht den Berg hinab. Der Vizeadmiral hat düstere Gedanken. Hitlers Fanatismus hat ihn entsetzt. Dessen riskantes Spiel könnte in einer Katastrophe für Deutschland enden.

Auch andere Generäle haben den Eindruck gewonnen, dass der Krieg mit Polen unmittelbar bevorsteht. Aber was ist mit dem Westen?

Stalin empfängt in seiner Datscha einen Gast aus Kiew. Nikita Sergejewitsch Chruschtschow besucht Moskau und isst mit dem Generalsekretär zu Abend. Stalin erzählt ihm lächelnd von dem bevorstehenden Staatsbesuch Ribbentrops. Dabei beobachtet er ihn scharf. Chruschtschow weiß nichts von den laufenden Verhandlungen mit den Deutschen. Er sucht nach Worten, ist aber sprachlos. Er starrt Stalin stumm an, glaubt, sein Gastgeber habe einen Scherz gemacht – einen schlechten Witz, versteht sich. »Warum sollte Ribbentrop uns sprechen wollen?«, sagt er verwirrt. »Will er etwa überlaufen?« Dann fragt Chruschtschow, ob er eine geplante Jagd im Umland von Moskau besser absagen soll, um in der Nähe der Ereignisse zu bleiben.

»Fahren Sie ruhig. Für Sie wird es hier morgen nichts zu tun geben. Molotow und ich werden uns mit Ribbentrop treffen«, erwidert Stalin. »Wenn Sie von der Jagd zurückkommen, werde ich Sie wissen lassen, was Hitler vorhat.«

Stalin bleibt in seiner Datscha. Vor dem Treffen morgen will er in aller Ruhe über seine Strategie nachdenken.

Marschall Woroschilow empfängt um sieben Uhr abends ein letztes Mal die Gäste aus England und Frankreich. »Lassen Sie uns abwarten, bis sich alles geklärt hat«, sagt er zu den Militärs. Weitere Gespräche haben sich für die Russen erledigt. Nun verhandeln sie erst einmal mit den Nationalsozialisten. Ohne ein Abkommen im Gepäck fahren die Admirale und Generäle nach Hause. Ihre Regierungen in London und Paris haben sich verzockt.

Nach der Verabschiedung fährt Woroschilow mit anderen Vertretern der sowjetischen Führung zum Entenschießen in sein Jagdrevier. Es liegt im Marschland von Sawidowo, hundert Kilometer nordwestlich von Moskau. Auch Chruschtschow ist dabei. Nach dieser Nachricht braucht er erst mal eine Ablenkung. Für die Enten dürfte es ungemütlich werden.

Reichsaußenminister von Ribbentrop fliegt von Berchtesgaden nach Berlin. Am Abend wechselt er dann in der Hauptstadt das Flugzeug. Er steigt in Hitlers Privatmaschine, eine viermotorige Focke-Wulf Condor. Auf dem Flugfeld verabschiedet sich der Minister von Mitarbeitern. Er lacht und sieht sehr zufrieden aus, Fotografen halten diesen Moment fest. Dann hebt die Maschine ab. Zunächst geht es nach Ostpreußen. Sicherheitshalber umfliegt der Pilot den polnischen

Luftraum. In Königsberg bereitet der Außenminister sich auf die morgigen Verhandlungen vor. Seine Nacht ist ruhelos und nervenaufreibend.

In London gibt es heute nur ein Thema: Der deutsch-sowjetische Vertrag. Iwan Maiski muss nun nicht nur Journalisten abwimmeln, sondern auch Politiker und andere Diplomaten. Zahllose Bitten um dringende Gespräche treffen bei ihm ein. Einem großen, alten Mann der englischen Politik kann er nicht so einfach absagen. David Lloyd George, der ehemalige Premierminister und Kopf der Liberalen, lädt Maiski zum Lunch ein. Lloyd George gilt als Freund der Deutschen. Er hat Hitler bereits auf dem *Berghof* besucht und ihn anschließend den »greatest living German« genannt.

Nun spricht er lange mit dem sowjetischen Botschafter. Ein Bündnis zwischen Hitler und Stalin überrascht ihn nicht. Zu Maiski sagt er: »Ich habe das seit Langem kommen sehen. Ich staune noch immer über Ihre Geduld. Wie konnten Sie mit dieser Regierung so lange verhandeln?«

Wenig überraschend: Lloyd George hält vom aktuellen Premier Chamberlain nicht viel. Dieser Mann, so sagt der Liberale, werde das Empire zerstören.

Chamberlain hatte im Mai 1937 das wichtigste Amt der britischen Politik angetreten. Im Alter von 68 Jahren. Bis dahin stand er im Schatten seines Vaters, eines reichen Industriellen, und seines Halbbruders, der Außenminister gewesen ist und 1925 den Friedensnobelpreis für die Verständigung mit Deutschland erhalten hat. Für das einfache Volk hat der Premier wenig übrig, er fühlt sich vor allem der Upperclass verbunden. Hitlers derbe Sprache und dessen ständiges verbales Säbelrasseln schreibt er dessen ärmlicher Herkunft zu. Seine Hobbys sind Musik, Gartenarbeit, die Orchideenzucht und das Angeln. Er verachtet seine Kritiker und verlässt sich ganz auf sein eigenes Urteil. Krieg könne keine Probleme lösen, war sein Credo. So müssten alle intelligenten Menschen denken, davon war er überzeugt. Nach der Münchner Konferenz im vergangenen Jahr hatte er von dem Abkommen mit Hitler gesagt, es bringe »Frieden für unsere Zeit«.

Chamberlain ruft sein Kabinett in London zusammen. Für die Minister ist die Sommerpause vorbei, zumindest vorerst. Die Regierung zeigt sich nach außen gelassen. Das Abkommen zwischen Deutschland und Russland ändere nichts, die britischen Verpflichtungen gegenüber Polen blieben unverändert bestehen, sagt der Außenminister zu Journalisten.

Vor dem Parlament wird er sich Kritik gefallen lassen müssen. Viele Abgeordnete sind empört, dass sie aus der Presse vom Nichtangriffspakt erfahren haben. Parlamentarier fragen vehement nach, was eigentlich die Geheimdienste von den Verhandlungen in Moskau und Berlin erfahren haben. Wurden die Agenten seiner Majestät getäuscht – oder sind sie schlicht inkompetent?

An Bord der »Schleswig-Holstein« geht heute ein Operationsbefehl ein. Er kommt vom Marinegruppenkommando Ost. Adressat ist Kapitän Kleikamp, alles »Chefsache« und geheim. Nur die Offiziere an Bord darf er informieren, worum es geht. Kleikamp erfährt konkret, welche Aufgaben sein Schiff im »Fall Weiß« bekommt. »Der Freistaat Danzig wird spätestens mit Beginn des Konfliktes als Reichsgebiet erklärt«, heißt es im »Operationsbefehl Nr. 1«. »Nach dem Einlaufen in Danzig-Neufahrwasser ist der Kommandant auf Zusammenarbeit mit dem örtlichen Befehlshaber angewiesen. Er hat dessen Anforderungen zu entsprechen, soweit seine Sonderaufgaben und die Fahrbereitschaft des Schiffes es gestatten.« Und was sind diese Sonderaufgaben? »Niederkämpfen der polnischen Landbatterien« bei Oxhöft, Hochredlau und Hela. »Beschießung des polnischen Kriegshafens Gdingen«, »Bekämpfung der polnischen

Seestreitkräfte« und »Schutz des Hafens von Neufahrwasser und Danzig«. Wenn der »Fall Weiß« eintritt, dann haben Kleikamp und seine Crew viel zu tun. Vor ihnen liegen aufregende Tage. Vor der Besatzung hält der Kapitän den eigentlichen Auftrag in Danzig allerdings geheim. Noch hat schließlich der »Führer« den Angriff auf Polen nicht befohlen.

Am Abend lässt Kleikamp der Mannschaft mitteilen, dass die geplante Auslandsreise ins Mittelmeer abgesagt worden ist. Stattdessen soll das Schiff schon morgen am Mittag nach Swinemünde ablegen. »Das für Freitagnachmittag zugleich als Abschiedsfest vor der Auslandsreise geplante Bordfest der Besatzung muss daher verschoben werden«, teilt Kleikamp der Crew mit. Das dürfte für Unmut sorgen: Keine Reise in den sonnigen Süden, keine Feier, stattdessen sind umfangreiche Schießübungen angekündigt, für die noch weitere Munition an Bord genommen werden soll. Die Enttäuschung auf der »Schleswig-Holstein« muss groß sein.

Der Arbeitstag zieht sich für Joseph Goebbels in die Länge. Er schaut sich die nächste Ausgabe der Wochenschau an, die in den Lichtspielhäusern laufen wird: Die Aufnahmen von deutschen Flüchtlingen aus Polen seien sehr wirkungsvoll, findet er. Alles läuft ganz ausgezeichnet für den Reichspropagandaminister, nur eine Sache bereitet ihm Sorgen. Eigentlich hätte er schon längst seine Rede für den Parteitag diktieren müssen. Aber das ist ein Ding der Unmöglichkeit in diesen Tagen. »Man weiß noch nicht, gegen wen es eigentlich geht und gegen wen nicht«, klagt er. Spät am Tag telefoniert er mit Adolf Hitler. Goebbels gratuliert ihm zum genialen Schachzug mit dem Russenpakt. Sein »Führer« will ihn möglichst schnell sprechen, persönlich. Sofort sagt sein Chefpropagandist zu, am morgigen Mittwoch zum Obersalzberg zu reisen. Sehr spät kommt Joseph Goebbels ins Bett. Morgen endlich sieht er seinen »Führer« wieder, dessen Genie er so verehrt.

23. August 1939, Mittwoch

Hungerblockade droht Danzig
Ein Alarmruf in letzter Stunde. Die Freie Stadt in Gefahr.

Der Angriff

In Sowjetkreisen bemerkt man, dass Fragen wie diejenige Danzigs und der deutschen Forderungen auf Korridor oder andere Gebiete mit Abschluss des deutsch-russischen Nichtangriffspaktes nichts zu tun haben.

Auswärtiges Amt per Telegramm an die Botschaft in Moskau

Nach nur wenigen Stunden Schlaf quält sich Joseph Goebbels in aller Frühe aus dem Bett. Sein »Führer« erwartet ihn. Auf zum Obersalzberg.

Für Deutschlands wichtigsten Propagandisten ist heute ein Festtag. Die Ankündigung des Nicht-Angriffspaktes ist die große Weltsensation, freut sich Goebbels. »London und Paris sind fassungslos«, notiert er mit ganz viel Schadenfreude. Und Polen? »Warschau spielt den Halbstarken, aber das wirkt nur noch lächerlich«, notiert Goebbels. Er ist ganz überwältigt von der Chuzpe seines Herrn und Meisters: »Der Führer hat einen genialen Schachzug getan. Es muss sich nun zeigen, wie die Welt darauf reagiert.«

Damit die deutschen Journalisten das genauso sehen – oder zumindest schreiben –, beruft Goebbels eine lange Pressekonferenz ein.

Auch Ribbentrop steht früh in Königsberg auf. Er hat einen langen Flug nach Moskau vor sich. Ihn begleitet der Wunsch seines »Führers«, einen Pakt mit Stalin zu schließen. Uneingeschränkte Vollmachten hat Hitler ihm erteilt, was sonst gar nicht die Art des Reichskanzlers ist. Zu Ribbentrops Entourage gehört auch Heinrich Hoffmann, Hitlers Hoffotograf. Außerdem sind noch einige Fachleute aus dem Auswärtigen Amt mit dabei, Dolmetscher und Juristen. Die Maschine des »Führers« ist für eine solch große Gruppe zu klein. Eine zweite Condor wird benötigt, um die restliche Delegation zu transportieren.

Adolf Hitler verlässt ebenfalls zu ungewöhnlicher Zeit sein Schlafzimmer. Überraschend früh am Morgen erscheint er auf der Terrasse des *Berghofes* und tritt zu seinem Stab. Er fragt einen Adjutanten, ob Nachrichten von Ribbentrop vorlägen. Der Herr Außenminister befinde sich noch in der Luft auf dem Flug von Königsberg nach Moskau, antwortet der Oberst. Erst am Nachmittag sei mit weiteren Informationen zu rechnen. Hitler bleibt nichts anderes übrig als abzuwarten, was ihm nicht besonders liegt. Allerdings hat er heute einige wichtige Termine, das dürfte für Zerstreuung sorgen.

In Berlin macht sich um halb zehn Uhr ein weiterer Reisender auf den Weg. Auch sein Ziel ist der Obersalzberg. Sir Neville Henderson ist beim »Führer« angekündigt. Geschickt hat ihn Neville Chamberlain, der britische Premier. Chamberlain hat die Appeasement-Politik immer noch nicht ganz aufgegeben, hofft, Hitler erneut vom Krieg abhalten zu können. So sieht es der britische Premier durchaus als Entgegenkommen an die Deutschen an, dass er trotz Druck der Öffentlichkeit Winston Churchill nicht in sein Kabinett aufgenommen hat. Denn Churchill fordert schließlich seit Jahren seine Landsleute dazu auf, Hitler nicht zu unterschätzen, und prophezeite einen weiteren großen Konflikt. Schon 1930 sagte er zu einem deutschen Diplomaten, er sei davon überzeugt, »dass Hitler oder seine Anhänger die erste Gelegenheit benutzen würden, um wieder zu den Waffen zu greifen«. Das war gut drei Jahre vor der Machtübernahme.

Doch was kann Chamberlain Hitler noch anbieten? Wie lässt sich die Danzig-Krise noch diplomatisch lösen? Um jeden Preis will der britische Premierminister den deutschen Machthaber nicht beschwichtigen: Noch ein Land will er dafür nicht opfern.

Henderson trifft um kurz nach ein Uhr am Mittag auf dem *Berghof* ein, der deutsche Staatssekretär von Weizsäcker begleitet ihn. Der Brite übergibt Hitler den Brief seines Premiers, in dem dieser die britische Treue zu Polen betont: Welcher Art auch immer das deutsch-sowjetische Abkommen sein werde, »so kann es nicht Großbritanniens Verpflichtung gegenüber Polen ändern, die S. M. Regierung wiederholt öffentlich und klar dargelegt hat und die sie erschlossen ist, zu erfüllen«. Und weiter schreibt Chamberlain: »Es würde eine gefährliche Täuschung sein zu glauben, dass ein einmal begonnener Krieg frühzeitig enden würde, selbst wenn ein Erfolg an einer der verschiedenen Fronten, an denen er geführt werden wird, erzielt worden sein sollte.« Ein Krieg zwischen beiden Völkern, also Engländern und Deutschen, wäre »die größte Katastrophe«, die »überhaupt eintreten könnte«.

Der Gastgeber reagiert gereizt, in stürmischen Tiraden geißelt er die britische Außenpolitik. England sei verantwortlich für die Krise, der »Blanko-Scheck« an Polen mache weitere Verhandlungen unmöglich. Unnachgiebig zeigt sich der »Führer«. Schließlich erklärt er sich aber bereit, innerhalb von zwei Stunden eine Antwort an Chamberlain mitzugeben. Henderson will so lange den *Berghof* verlassen und lässt sich nach Salzburg fahren.

Hitler schimpft weiter, solange der Botschafter noch in der Nähe weilt, über die Engländer, die lieber Krieg gegen Deutschland führen als den Versailler Vertrag zurücknehmen wollten. Die Stimme des »Führers« ist weit zu hören. Schließlich stehen die Türen wegen des schönen Sommerwetters zur Terrasse weit offen.

Staatssekretär Weizsäcker hält die Erregung Hitlers für gespielt. Und tatsächlich, kaum dass Henderson abgefahren ist, hört Hitler auf zu toben. Er klatscht sich auf die Schenkel, lacht. »Dieses Gespräch überlebt Chamberlain nicht«, ruft der »Führer« aus, »sein Kabinett wird heute Abend stürzen«.

Adolf Hitler glaubt weiterhin, dass die Briten sich nicht in einen Krieg zwischen Deutschland und Polen einmischen werden. Er glaubt das, weil er es glauben will. Weil er sich von niemandem seine Kriegspläne zerreden lassen will.

Der herrliche, warme Tag lässt Hitler oft nach draußen treten, dort spaziert er mit Adjutanten umher, führt Monologe oder schweigt, ist in Gedanken bei Ribbentrop in Moskau. Sein Stab arbeitet währenddessen die Antwort an Chamberlain aus.

Genau zwanzig Minuten nach zehn Uhr klingelt bei Birger Dahlerus in Stockholm das Telefon. Hermann Göring ist am Apparat. Die Lage habe sich verschlimmert, teilt ihm der Politiker mit. Die Aussichten auf eine friedliche Lösung hätten sich verschlechtert. Göring bittet den Schweden, sofort zu ihm nach Berlin zu kommen. Am besten schon morgen früh.

Dahlerus nimmt daraufhin Kontakt zu seiner Regierung auf. Der Ministerpräsident Hansson unterbricht extra seinen Urlaub auf den Schären und kommt nach Stockholm, um mit Dahlerus zu sprechen. Von einer Zuspitzung der Lage weiß Hansson nichts. Er bittet Dahlerus eindringlich, nichts zu veranlassen, was schwedischen Interessen schädlich sein könnte. Es wird mehr als deutlich, dass ihm Dahlerus' Mission suspekt erscheint. Er habe stets als Privatmann gehandelt, versichert der Unternehmer. Aber der Druck, der auf ihm lastet, muss ungeheuerlich sein: Die Deutschen drängen ihn, wieder nach England zu fliegen. Die Engländer aber misstrauen seinen Auftraggebern und damit vermutlich auch Dahlerus selber. Und die Schweden fürchten, dass er das Land in einen verheerenden Konflikt hineinzieht. Was er auch macht, am Ende wird mindestens eine Regierung mit seiner Mission sehr unzufrieden sein. Dennoch wird er morgen nach Deutschland fliegen. Was mag Göring diesmal von ihm wollen?

Vizeadmiral Canaris ist zurück in Berlin. Er sitzt in seinem Büro bei der Abwehr, in einer alten preußischen Villa in bester Lage, Tirpitzufer 74–76. Vor ihm liegen seine Dackel auf Decken in einem Feldbett. Die Hunde schlafen friedlich. Canaris treibt die Rede des »Führers« von gestern um. Er ist verzweifelt. Canaris sieht sich seine Aufzeichnungen an. Er fasst die entscheidenden Passagen zusammen. Dann ruft er seine engsten Mitarbeiter in sein Büro. Er weiht sie in Hitlers Kriegspläne ein. Beim Sprechen zittert seine Stimme leicht, dazu lispelt er. Einer seiner Männer denkt, dass er seinen Chef noch nie so aufgebracht gesehen hat. Canaris ist sich bewusst, Zeuge von etwas Ungeheuerlichem gewesen zu sein. Hitlers Spiel mit der Gewalt, seine Bereitschaft, die Katastrophe zu riskieren, das zermürbt Canaris. Auch wenn er versucht, es nicht zu zeigen, die Skrupellosigkeit des »Führers« hat ihn zutiefst erschüttert.

Canaris' Stellvertreter Hans Oster schlägt vor, den Text von Hitlers Rede an die Öffentlichkeit durchsickern zu lassen, Regimegegner in Deutschland zu einem Staatsstreich anzustacheln und die Regierungen in London und Paris zur Härte gegenüber Hitler zu bewegen. Aber eine freie Presse gibt es schon lange nicht mehr in Deutschland. Wie sollen Hitlers Pläne also öffentlich werden? Die Runde in Canaris' Büro überlegt, sucht nach einer Lösung.

Im Kriegstagebuch der Abwehr II werden Canaris' Sorgen über Hitlers Politik natürlich nicht vermerkt. Darin notiert Lahousen lediglich: »Der Führer ist der Ansicht, dass die Möglichkeiten für Deutschland zur Lösung der Ostfrage sehr günstig sind. Der Führer glaubt an ein Nichteingreifen der Westmächte. Der Abschluss des deutsch-russischen Paktes sei nicht nur ein Nichtangriffspakt, sondern mehr. Der Zeitpunkt zum Losschlagen ist jetzt gekommen. Y-Tag wahrscheinlich der 26. oder 27. August. Der Amtsgruppenchef befiehlt Einstellen auf kriegsmäßigen Betrieb in der Amtsgruppe.« Canaris stellt seine Abwehr also auf den Krieg ein, den er eigentlich verhindern will. Am Y-Tag soll der Angriff auf Polen beginnen. Noch kennt die Abwehr nicht das genaue Datum.

Am Morgen fahren gut dreißig Lastwagen vor den Gebäuden der SS-Fechtschule in Bernau vor. Alle Männer des Sonderkommandos klettern auf die Ladeflächen, bis zu fünfzehn Mann pro Lkw. Sie fahren über Breslau weiter bis Oppeln im Grenzgebiet. Dort teilen sie sich auf. Eine Kolonne von zehn Fahrzeugen bricht nach Pitschen auf, die anderen Lastwagen steuern die Region Hochlinden an. Einige der Männer tragen bereits die grün-graue Uniform des Grenzschutzes. Andere haben ihre polnischen Uniformen in Säcken bei sich. Weitere SS-Leute mussten abgenutzte, alte Kleidungstücke überziehen, die ihnen ausgehändigt wurden. »Räuberzivil« sagen die Männer dazu. Vermutlich sollen sie wie Freischärler aussehen. Damit niemand die Männer in ihren Verkleidungen sieht, werden die Planen der Lastwagen heruntergeklappt und fest zugezogen. Vor der Abfahrt werden alle darüber belehrt, dass sie nicht hinausschauen und niemanden unterwegs ansprechen dürfen.

Botschafter Attolico kehrt nach Berlin zurück. Er wirkt deprimiert. Ihm und Graf Ciano sei es nicht gelungen, den »Duce« davon zu überzeugen, mit Hitler zu brechen. Sein Außenminister notiert enttäuscht, Mussolini sei für den

Krieg. Er verspricht sich davon Vorteile, einen Anteil an der Beute der Deutschen, Hitlers Unterstützung bei möglichen Kriegen in Südosteuropa.

Um 13 Uhr landet Hitlers Privatmaschine in Moskau. Außenminister Joachim von Ribbentrop geht von Bord und wird mit allen Ehren in Empfang genommen. Er trägt einen Ledermantel, darunter ein schwarzes Jackett und gestreifte Hosen. Auf dem Flughafen sind Hakenkreuz-Fahnen gehisst. Allerdings aus Versehen spiegelverkehrt. Sie stammen aus dem Fundus und sind eigentlich für die Dreharbeiten eines antifaschistischen Filmes bestimmt. Ein Orchester spielt das Deutschlandlied. Ribbentrop beeindruckt es sehr, was die Sowjets alles aufgeboten haben, um ihn zu begrüßen. Viel Zeit nehmen sich er und die Mitglieder der deutschen Delegation dennoch nicht, die beeindruckende Kulisse anzusehen. Sie wissen, dass sie schon in zwei Stunden im Kreml erwartet werden. In einem kugelsicheren schwarzen ZiS, einer sowjetischen Limousine, die von den Stalinwerken produziert wird, lässt sich Ribbentrop zur deutschen Botschaft fahren. Dort wird er mit Sekt und Kaviar bewirtet, dabei gibt es noch gar nichts zu feiern, die Detailfragen des Nichtangriffspakts müssen erst verhandelt werden. Ausgang offen.

London bereitet sich auf den Verteidigungsfall vor: Bunker werden ausgehoben, Sandsäcke gefüllt und vor wichtigen Gebäuden hochgestapelt, Fenster verdunkelt, bedeutende Kunstwerke in Museen und Galerien bombensicher verstaut und Evakuierungspläne für Schulen aufgestellt. Im Radio gibt es sogar Tipps für die Halter von Hunden und Katzen, wie diese im Notfall mit ihren Tieren umgehen sollen. Die Spannung nimmt zu. Viele Menschen leiden darunter. Auch Iwan Maiski spürt dieses dumpfe Gefühl, dass etwas Furchtbares, Bedrohliches und Unabwendbares passieren wird. »Ist das der Ernstfall?«, fragt sich Maiski. »Oder sind es nur die psychologischen Vorbereitungen auf ein neues München? Wir werden sehen.« Der Botschafter fürchtet allerdings, dass Hitlers Appetit wächst und so eine friedliche Lösung erschwert wird.

München. Damit meint Maiski die Verhandlungen in der bayerischen Landeshauptstadt vor einem Jahr am 29. und 30. September. Damals trafen sich die Mächtigen Europas zu einer Konferenz, Stalin allerdings war nicht eingeladen. Der britische Premier Neville Chamberlain und Frankreichs Premierminister Édouard Daladier stritten mit Hitler über dessen Forderung, das Sudetenland zu besetzen. Italiens »Duce«, Benito Mussolini, fungierte als Vermittler. Kriegsgerüchte schwirrten umher.

England und Frankreich wollten den Frieden erhalten. Chamberlain und Daladier gaben Hitler nach, der das »Sudetenland« bekam. Der »Führer« sah darin Schwäche und zerschlug daraufhin im März 1939 die Tschechoslowakei. Ist nun Polen dran?

Kaum, dass der britische Botschafter Henderson in Salzburg angelangt ist, wird er wieder zum *Berghof* gerufen.

Erneut trifft er dort auf Hitler. Der deutsche Kanzler ist nun ruhiger, spricht ganz sachlich mit ihm. Er wiederholt seine Drohung, dass er Polen angreifen werde, wenn nur ein einziger weiterer Deutscher misshandelt würde. Fünfzig Jahre sei er nun alt, sagt Hitler. Er ziehe es vor, heute Krieg zu führen, als in fünf oder zehn Jahren. England habe ihn zum Pakt mit Russland gezwungen.

Henderson erwidert, ein Krieg sei unvermeidlich, sollte Deutschland direkt militärisch gegen Polen vorgehen. Hitler gibt seinem Gast einen Brief an Chamberlain mit, in dem er droht und Härte zeigen will. Nach einer halben Stunde beendet Hitler das Gespräch. Henderson ist entlassen. Der Reichskanzler zeigt sich mit dem Ablauf des Besuchs sehr zufrieden. Er gratuliert sich selbst.

Um drei Uhr nachmittags, nur zwei Stunden nach seiner Landung in Moskau, rollt Ribbentrops Limousine durch das Spasski-Tor des Kremls. Molotow wartet auf ihn. Der Außenminister und sein Gefolge betreten kurz darauf einen langgestreckten Saal. In dem Raum trifft er nicht nur auf Molotow wie abgemacht, sondern zur Überraschung der Gäste auch auf Josef Stalin persönlich. »Na, war das nicht ein hübsches Spielchen«, sagt Stalin zu Ribbentrop.

Nach der Begrüßung verkündet der deutsche Außenminister, dass sein Land neue Beziehungen auf dauerhafter Basis zur Sowjetunion anstrebe. »Das Deutsche Reich verlangt nichts von Russland – nur Frieden und Handel.«

Stalin antwortet, dass beide Länder sich mit »Kübeln voller Jauche übergossen« hätten, aber nun könne man diese Auseinandersetzung beenden. Er hat gute Laune. Seine Truppen haben im Osten die Japaner geschlagen. Deren Verluste belaufen sich auf 61 000 Mann. So schnell dürften die Japaner keinen Angriff mehr auf die Sowjetunion erwägen. Die Rote Armee hat damit gezeigt, dass sie in der Lage ist, auch einen Gegner mit modernen Waffen zu besiegen. Für Japan dürfte Ribbentrops Eintreffen in Moskau ein weiterer schwerer Schlag sein. Der Antikominternpakt gegen die UdSSR gehört wohl schon bald der Vergangenheit an.

Vom *Berghof* aus lässt Hitler die Botschaft in Moskau anrufen. Wie laufen die Verhandlungen im Kreml, wie ist der Stand der Dinge? Nichts Neues gibt es dort zu erfahren. Hitler ist ungeduldig, nervös. Er läuft auf der Terrasse auf und ab. Von Stunde zu Stunde wird er unruhiger. Wann hört er endlich Ergebnisse aus Moskau?

Über dem Untersberg verfärbt sich der Himmel, von türkisgrün über violett in ein kräftiges Rot. Schaurig-schön. Das Nordlicht bewirkt diesen unheimlichen Effekt. Ein Adjutant sagt, das Naturspektakel weise auf einen blutigen Krieg hin. Hitler erwidert, wenn es schon sein müsse, dann so schnell wie möglich. Je mehr Zeit verginge, um so blutiger würde es. Am 26. August um halb fünf in der Früh soll die Wehrmacht gegen Polen losschlagen, entscheidet Hitler. Daraufhin stellt einer seiner Adjutanten den Angriffsbefehl aus. Damit löst der »Führer« bei seinen Generälen große Hektik aus. Bis zum geplanten Kriegsbeginn bleiben nur noch gut drei Tage, und es muss noch so viel im Detail geplant werden.

Die Polenkrise bestimmt auch die Lichtspielhäuser. Die Kinobesucher erfahren vor dem eigentlichen Hauptfilm in der *UFA Tonwoche* etwas über den Danzig-Konflikt und das empörende polnische Vorgehen – also die Sicht des Propagandaministeriums. Seit 1938 müssen die Betreiber der Lichtspielhäuser die Nachrichten-Filme zeigen, die stets nationalsozialistisches Gedankengut transportieren. In dem Film über Polen heißt es: »Auf der Westerplatte zum Eingang zum Danziger Hafen legten die Polen ein Munitionslager an und stapelten dort so viel Munition, dass mit dieser Menge bei einer Explosion der acht Kilometer entfernte Turm der Danziger Marienkirche hätte umgelegt werden können.«

Eine uralte deutsche Stadt soll polnisch gemacht werden, empört sich der Sprecher, der mit rollendem »Rrr« spricht. Nun sei die Danziger SA bewaffnet worden, zum Selbstschutz. Es laufen Bilder von Männern in Uniform und mit Stahlhelm über die Leinwand, die eine Straße mit Baumstämmen blockieren. Zudem sind die Männer der SS-Heimwehr zu sehen, die mit geschultertem Gewehr eine Brücke bewachen. Während die Danziger Bevölkerung auf den Anschluss ans Reich warte, fliehen angeblich Tausende Volksdeutsche aus Polen nach Deutschland.

Die *UFA Tonwoche* zeigt dramatische Bilder aus den Auffanglagern – diese Aufnahmen hatten Goebbels so gut gefallen. Mit Bussen kommen zahlreiche Flüchtlinge an, Helfer verteilen an sie Essen. Frauen schauen mit leerem Blick in die Kamera. Eine Mutter erzählt weinend, wie sie mit ihren Kindern über die Grenze geflohen sei. Gewohnt wirkmächtige Propaganda.

In Moskau verhandeln beide Seiten über den Pakt. Bei vielen Formulierungen gibt es keine Differenzen. Deutsche und Russen sind sich überraschend rasch einig. Eigentlich treffen hier ideologische Todfeinde aufeinander, aber heute obsiegt die skrupellose Realpolitik. Das gegenseitige Nichtangriffsversprechen könnte sofort unterzeichnet werden. Lediglich das geheime Zusatzprotokoll macht noch Arbeit. Strittig zwischen den Parteien bleibt die Aufteilung von Osteuropa. Stalin fordert Finnland für sich und große Teile des Baltikums, darunter mehrere Häfen. Einige der Gebiete in Lettland, die von den Russen beansprucht werden, hat Hitler für eine »Germanisierung« vorgesehen. Über die Forderungen Stalins müsse er erst mit seiner Zentrale sprechen, sagt Ribbentrop nach drei Stunden. Dadurch verzögert sich die Vertragsunterzeichnung: Um achtzehn Uhr dreißig legen die Delegationen eine Pause ein.

Ribbentrop lässt sich mit dem *Berghof* verbinden und spricht persönlich mit Hitler. Er unterrichtet seinen »Führer« über die Gespräche. Er bittet darum, auf Lettland verzichten zu dürfen. Hitler zögert, braucht Bedenkzeit. Er werde sich wieder bei Ribbentrop melden. Das Warten in Moskau geht weiter.

Hitler beugt sich über eine Landkarte. Er studiert die Lage Lettlands, denkt nach. Soll er Stalin das Baltikum weitgehend überlassen? Ribbentrop und sein Gefolge verlassen so lange den Kreml und fahren zur Botschaft.

»Große Aufregung«, schreibt William Shirer in Berlin. »Was für eine Wende.« Wie so viele politische Beobachter staunt er über die deutsch-russische Annäherung. Und er sorgt sich. »Jetzt sieht es nach Krieg aus«, notiert er. Maschinen der Luftwaffe überfliegen die Hauptstadt. Auf den Dächern wichtiger Gebäude stellen Soldaten mächtige Flugabwehrgeschütze auf.

Shirer kennt das schon. Während der Sudetenkrise im vergangenen Jahr lief es genauso. Die deutsche Presse hyperventilierte und hetzte, die Wehrmacht mobilisierte, die Verteidigungsbereitschaft wurde demonstriert. Und dann einigte man sich, und binnen weniger Tage war von einem Krieg keine Rede mehr. Wird es diesmal anderes laufen?

Endlich! Hitler meldet sich bei Ribbentrop, per Telegramm. »Antwort lautet: Ja, einverstanden.« Mit vier lapidaren Worten erteilt der »Führer« seine Zustimmung zu einem Pakt, der Geschichte schreibt. Das letzte Hindernis ist überwunden.

Gegen 22 Uhr trifft Ribbentrop erneut im Kreml ein. Er informiert Stalin, das nun alles klar sei. Der sowjetische Diktator reicht seinem Gast die Hand. Während die Beamten beider Seiten die endgültige Vertragsfassung formulieren, laden die Russen die Deutschen zu einer kleinen Feier ein.

Wodka und Krimsekt sorgen für ausgelassene Stimmung. Eine Kellnerin serviert belegte Brote. Stalin bringt einen Toast auf Hitler und auch sich selber aus: »Auf Stalin, das neue Mitglied des Antikominternpakts!« Dann folgt der nächste Toast, auf Kaganovic, einen Vertrauten Stalins, der Jude ist. So will der Herr des Kremls seine Gäste aus Deutschland aufziehen. Er geht um den Tisch herum und stößt mit jedem an.

Die Außenminister sprechen angeregt miteinander. Molotow lernt Deutsch, allerdings wurde sein Lehrer verhaftet, so dass er seine Studien gerade nicht fortsetzen kann. Vergeblich hat sich Molotow, immerhin Regierungschef und Volkskommissar, für dessen Freilassung eingesetzt. Nun fällt es ihm schwer, Ribbentrop zu folgen, er versteht kaum etwas. Stalin geht es ähnlich. Dabei hat er doch während der Zarenzeit einige Zeit in Österreich verbracht, um den Nachstellungen der Geheimpolizei zu entgehen und ein Buch über den Marxismus zu verfassen. Zum Glück gibt es Dolmetscher. Beide Seiten bringen weitere Trinksprüche aus, beteuern wortreich ihren Willen zur Zusammenarbeit.

In London liest Iwan Maiski die Berichte über die deutsch-russischen Verhandlungen. Und er empört sich – über Ribbentrop. Aus Moskau hat er erfahren, dass der deutsche Außenminister mit nicht weniger als 32 Begleitern angereist ist. »Das sieht ihm ähnlich«, schreibt Maiski in sein Tagebuch. »Ich erinnere mich, dass er, als er noch Botschafter in Großbritannien war, zwischen London und Berlin stets in Begleitung von nicht weniger als 30 bis 40 Adjutanten unterwegs war.« Auch wenn Maiski den deutschen Chefdiplomaten lächerlich findet – die Verhandlungen in Moskau über den Nichtangriffspakt scheint Ribbentrop dennoch zu seinem Bedauern erfolgreich abzuschließen. Zumindest hat Maiski über die diplomatischen Kanäle keine Nachricht über ein Scheitern erreicht.

Nachts schmeißen einige enttäuschte NSDAP-Mitglieder ihre Parteiabzeichen in den Garten des *Braunen Hauses* in München, der Parteizentrale. So ein deutliches und öffentliches Zeichen des Protestes gab es unter Nationalsozialisten schon lange nicht mehr. Heinrich Hoffmann, Hitlers Leibfotograf und langjähriger Weggefährte, hatte seinen »Führer« gewarnt, dass viele alte Kämpfer die Annäherung an Stalin nicht verstehen können. Sie hatten schließlich auf den Straßen während der Weimarer Republik gegen die Kommunisten gekämpft, danach tote Kameraden beerdigt und Verletzte ins Krankenhaus gebracht. Und in »Mein Kampf« hatte Hitler doch zum Krieg um den Lebensraum aufgerufen. Die Kritik wischt Hitler einfach beiseite: »Meine Parteigenossen kennen mich und vertrauen mir; sie wissen, dass ich nie von Grundsätzen abgehen werde, und sie werden erkennen, dass das Endziel dieses riskanten Spiels darin besteht, die Gefahr im Osten zu beseitigen.«

24. August 1939, Donnerstag

Der Führer arbeitet weiter in der Richtung des lokalisierten Krieges, den er nicht preisgeben will. Der Gedanke, auch mit dem Westen zu kämpfen, ist ihm doch peinlicher, als ich es gestern glaubte.

Ernst von Weizsäcker, Staatssekretär, im Tagebuch

Mit dem heutigen Tag ist die 8. Armee gebildet, deren Oberbefehl mir der Oberste Befehlshaber der Wehrmacht anvertraut hat. Seinen Willen mit harten, schnellen Schlägen zu vollstrecken, soll unser höchstes Gebot sein. Es lebe der Führer!

Armeebefehl

Kaum, dass der neue Tag angebrochen ist, um ein Uhr in der Früh, klingelt auf dem *Berghof* das Telefon. Ribbentrop ruft aus Moskau an. Er meldet seinen Erfolg. Der Pakt kann unterzeichnet werden. Hitler gratuliert seinem Außenminister und prophezeit: »Das wird wie eine Bombe einschlagen.«

Im Kreml feiern die hohen Herren noch in den frühen Morgenstunden. Ihre Beamten erledigen währenddessen die Detailarbeit. Sie setzen den Vertrag und das Geheimabkommen auf. Um zwei Uhr in der Nacht sind sie fertig und legen die Dokumente Stalin und den Außenministern vor.

»Die Deutsche Reichsregierung und die Regierung der Union der Sozialistischen Sowjetrepubliken, geleitet von dem Wunsch, die Sache des Friedens zwischen Deutschland und der UdSSR zu festigen«, heißt es zu Beginn, legten mehrere Punkte fest. Artikel I.: »Die beiden vertragschließenden Teile verpflichten sich, sich jeden Gewaltakts, jeder aggressiven Handlung und jeden Angriffs gegeneinander, und zwar sowohl einzeln als auch gemeinsam mit anderen Mächten, zu enthalten.« Artikel II gibt vor, dass wenn einer der Partner kriegerische Handlungen gegen eine dritte Macht führe, der andere »in keiner Form diese dritte Macht unterstützen« werde. Damit sichert die Sowjetregierung ihre wohlwollende Neutralität auch in dem Fall zu, dass Deutschland ein anderes Land überfällt, etwa Polen.

Ein geheimes Zusatzprotokoll regelt die Aufteilung Osteuropas in Interessensgebiete und auch den »Fall einer territorialpolitischen Umgestaltung der zum polnischen Staat gehörenden Gebiete«. Kurz zusammengefasst: Das Abkommen räumt der UdSSR das Recht ein, im Falle eines deutsch-polnischen Krieges Teile Polens bis an die Weichsel-Linie zu besetzen. Auch Litauen, Lettland und Estland darf die Sowjetunion sich danach einverleiben.

Hitler und Stalin teilen den Osten untereinander auf. Ihre Außenminister dürfen den Pakt besiegeln. Ribbentrop und Molotow unterzeichnen weit nach Mitternacht die Papiere. Dennoch wird der Vertrag auf den 23. August datiert.

Als alle müde werden, die Feier gegen drei Uhr am frühen Morgen endet und Stalin mit seinen Vertrauten den Saal verlässt, da nimmt er Kaganovic kurz beiseite. »Wir müssen Zeit gewinnen«, sagt er leise zu ihm.

Stalin lässt sich aus Moskau hinaus nach Kuznewo zu seiner Datscha chauffieren. Einige Getreue erwarten ihn dort schon. Auch Marschall Woroschilow und Chruschtschow sind darunter. Stalin berichtet, wie die Verhandlungen gelaufen sind, er lacht viel dabei und ist sichtlich mit sich zufrieden. Aber er macht sich keine Illusionen. Das große

Spiel, ein Nervenkrieg zwischen ihm und Hitler, hat begonnen, das ist dem »Woschdj«, dem Anführer der Bolschewiken, klar.

Während Ribbentrop im Kreml verhandelt und feiert, schauen sich Hitler und Goebbels auf dem *Berghof* einen Film an. Richtig Freude haben beide aber nicht dabei. Sie sind viel zu erregt und denken ständig an die historischen Verhandlungen in Moskau. Ein Pakt mit Stalin verhindert schließlich, dass Deutschland eingekreist wird. Die Polen wollten nicht gemeinsam mit Hitler in einen Krieg gegen die UdSSR ziehen. Vielleicht kämpfen die Sowjets nun an seiner Seite gegen die Polen? Bei der Wahl seiner Verbündeten ist Hitler pragmatisch, um sein großes Ziel zu erreichen: »Lebensraum« gewinnen.

Erst zwei Stunden nach der Vertragsunterzeichnung erhält Hitler auf dem Obersalzberg die gute Nachricht. Der Nichtangriffspakt steht. »Jetzt gehört Europa mir«, ruft Hitler triumphierend aus. Dann lässt er Champagner bringen und nippt sogar selbst an einem Glas. Zur Feier des Tages gönnt er sich ein paar Tropfen Alkohol, obwohl er Abstinenzler ist. Nun hat Adolf Hitler gegen Polen freie Hand.

Spät kommt Hitler wieder einmal in sein Bett. Das bedeutet wenig Schlaf. Denn heute noch wird er nach Berlin fliegen. In der Reichskanzlei will er seinem Ribbentrop einen würdigen, feierlichen Empfang bereiten.

Der Vertragstext des Nichtangriffspaktes wird noch am Vormittag veröffentlicht. Das Zusatzprotokoll bleibt natürlich geheim. Wie die Herrscher in Berlin und Moskau unter sich Europa aufgeteilt haben, soll niemand erfahren, bis die Armeen Tatsachen geschaffen haben.

Die *Prawda* und *Izvestiya*, zwei große sowjetische Staatszeitungen, berichten in imposanter Aufmachung über den Pakt.

Auf einem Foto ist Molotow bei seiner Unterschrift unter das Dokument zu sehen. Hinter ihm steht Stalin. Er lächelt breit.

Um acht Uhr am Vormittag macht Polen mobil. Die deutsche Abwehr informiert über diesen Schritt rasch alle wesentlichen Stellen. In England läuft die stille Mobilmachung bei allen Streitkräften. Und Frankreich hat für die Grenzregion die 4. Spannungsstufe ausgerufen.

Gegen acht Uhr morgens steigt Birger Dahlerus in Stockholm wieder einmal in ein Flugzeug. Es geht nach Berlin. Dort angekommen lässt er sich gleich ins Hotel *Esplanade* bringen. Er erhält die Nachricht, dass er mittags, um halb eins, mit dem Auto abgeholt würde. Er solle Göring in *Carinhall* treffen, dessen Landsitz außerhalb Berlins.

Dahlerus ruft einen alten Freund an, einen Bankdirektor aus Berlin. Er bittet ihn zu sich ins Hotel. Der Druck ist zu groß. Der Unternehmer berichtet dem Banker von den Verhandlungen, von Görings Plänen. Der Freund ist entsetzt. Wenn das alles gegen Hitlers Sinne wäre, dann müsste Dahlerus mit einer Verhaftung oder Schlimmerem rechnen. Er besteht darauf, dabei zu sein, wenn ihn der Wagen abhole. Als Zeuge könne er dann den schwedischen Gesandten alarmieren, sollte Dahlerus nicht am selben Abend in sein Hotel zurückkehren.

In Rom wendet sich der Heilige Vater an die Weltöffentlichkeit. Er kämpft mit Worten gegen den Zeitgeist, der politische Probleme mit Waffengewalt lösen will. Pius XII. führt seit dem 19. März die katholische Kirche. Sein Pontifikat steht unter dem Motto: »Opus justitiae pax«, »Der Friede ist das Werk der Gerechtigkeit«. Heute hält der Papst aus dem Vatikan eine Rundfunkansprache. »Mit dem Frieden ist nichts verloren«, sagt er. »Alles aber kann mit dem Krieg verloren gehen.«

Hochgewachsene, breitschultrige Bobbys sperren mittags die Downing Street in London ab. Die Polizisten haben viel zu tun, denn Schaulustige und Demonstranten drängen sich vor dem Regierungssitz, vor dem Parlamentsgebäude und den wichtigen Ministerien. Berittene Polizisten mühen sich, die Straßen frei zu halten, damit die schwarzen Staatslimousinen hindurchkommen. Nach dem Kabinett wurde nun auch das Parlament zur außerordentlichen Sitzung einberufen, und das in den politischen Ferien. Der König empfängt vorher Premierminister Chamberlain und Außenminister Halifax zum Gedankenaustausch. Danach spricht Chamberlain vor dem Unterhaus. Die ernste Situation habe die Regierung veranlasst, die Abgeordneten zusammenzurufen: Der deutsch-sowjetische Nichtangriffspakt und Hitlers Forderung, Danzig anzugliedern, bedeuteten eine große Kriegsgefahr. Es gebe keine Anzeichen für eine friedliche Lösung, bedauert der Premierminister. Deutschland betreibe denselben Propagandakrieg wie während der Sudetenkrise. England und Frankreich werden ihren Pflichten gegenüber Polen nachkommen, auch der überraschende deutsch-russische Pakt ändere daran nichts.

Chamberlain beantragt ein Ermächtigungsgesetz für die Landesverteidigung. Auch die Opposition stimmt im Plenum dafür. Niemand hält heute eine kämpferische Gegenrede. Es gibt nur vier Gegenstimmen, 457 Parlamentarier votieren mit »Ja«.

Das »House of Lords« wird gleichzeitig von Halifax über die dramatische Lage informiert. Er hat von Henderson einen Bericht über dessen Besuch auf dem Obersalzberg bekommen. Der Botschafter weiß, dass seine Mission gescheitert ist, dass er Hitler nicht beeindrucken konnte. »Meine Unterredung mit diesem Mann hat mich in der Ansicht bestärkt, dass es praktisch hoffnungslos ist, sich mit ihm abzugeben«, schreibt Henderson über Hitler. »Er war in einer Verfassung, in der Vernunft nichts für ihn bedeutete.«

In Paris tagt das Kabinett. Und es ist uneinig. Wie mit Hitler umgehen? Bei dieser Frage streiten die Mitglieder. Außenminister Georges Bonnet, bekannt als Ränkeschmied, widerspricht wieder einmal seinem Premier Édouard Daladier. Er will nicht den Briten folgen und um jeden Preis den Polen beistehen. Die Garantie gegenüber der Regierung in Warschau könne nicht aufrechterhalten werden. Daladier aber setzt sich durch. Auch er will keinen Krieg. Aber er will auch kein zweites München, kein erneutes Nachgeben gegenüber Hitler, der sich dann doch wieder nimmt, was er vorher verlangt hat. Daladier ordnet die Teilmobilmachung an. Seine Generäle haben ihm versichert, dass Frankreich einen Kampf gegen die Deutschen bestehen könne.

Gegen zwei Uhr mittags trifft Birger Dahlerus bei Hermann Göring ein. In *Carinhall* gibt ihm der Deutsche einen detaillierten Bericht über die politische – und über die militärische Situation. Der Vertrag mit Stalin ändere alles. Deutschlands Ausgangsposition sei nun eine ganz andere. Hitler habe stets einen Zwei- oder gar Mehrfrontenkrieg verhindern wollen. Das sei nun mit dem Nichtangriffspakt gegeben. Mit England wolle der »Führer« eine Vereinbarung. Göring beklagt, dass keine Konferenz zustande gekommen sei. Er schlägt vor, dass Dahlerus schon morgen nach England fliegt, um dort der Regierung den deutschen Wunsch nach einer Verständigung zu übermitteln. Göring werde seine ganze Autorität einsetzen, um dieses Ziel zu erreichen.

Da Göring zurück nach Berlin muss und sich weiter mit Dahlerus unterhalten will, lässt er ein zweisitziges Cabriolet vorfahren. Er quetscht sich hinter das Lenkrad und fährt selbst. Dahlerus findet, dass Göring, der frühere Kampfpilot, ein hervorragender Fahrer ist. Geschickt lenkt er den Wagen durch den dichten Verkehr, der kurz vor der Hauptstadt einsetzt. Viele Menschen erkennen Göring und winken ihm zu. Dahlerus kehrt in sein Hotel zurück.

Die SS-Männer, die für die Sonderaktionen in Oberschlesien trainiert wurden, erreichen auf den Lastwagen die Quartiere in der Nähe ihrer Einsatzorte. Welche Mission auf sie zukommt, wissen sie immer noch nicht genau. Die SS-Leute, die in Hochlinden eingesetzt werden sollen, werden im Saal einer Gastwirtschaft in einem Dorf untergebracht. Sie dürfen den Raum nicht verlassen, nicht in den Schankraum gehen, nicht mit den Einwohnern sprechen. Aufgestellte Wachen sollen verhindern, dass ihnen Zivilisten zu nah kommen. Und es besteht ein striktes Alkoholverbot. Ihre Offiziere wohnen hingegen im Schloss des Fürsten zu Hohenlohe-Oehringen. Einer von ihnen gibt an Mehlhorn in Oppeln eine verschlüsselte Meldung durch: »Schneider an Schlosser. Wir sind gut angekommen und haben im Gasthaus Quartier gemacht.«

Ein anderes Kommando kommt in Pitschen unter. Die zehn Lastwagen parken in einem großen Hof einer Brauerei, der von einer hohen Mauer umgeben ist. Auf den Dachböden der Ställe müssen die gut 130 SS-Männer auf Stroh schlafen. Eine Waschmöglichkeit gibt es dort nicht. Und die Verpflegung ist schlecht. Ihre SS-Führer beziehen hingegen Gästezimmer.

In der deutschen Botschaft in Moskau erfährt Hans-Heinrich Herwarth von Bittenfeld vom geheimen Zusatzprotokoll des Nicht-Angriffs-Pakts. Er besorgt sich weitere Details und gibt sie an Bekannte weiter, die für die US-Regierung arbeiten. Präsident Franklin D. Roosevelt wird nun von seinen Beratern nicht nur darüber informiert, dass der Pakt zwischen Hitler und Stalin geschlossen wurde – sondern auch, dass beide heimlich Osteuropa unter sich aufgeteilt haben.

Der amerikanische Präsident lässt eine dringende Nachricht an Hitler senden, in der er ihn auffordert, den Frieden zu erhalten. Schon im April hatte Roosevelt Hitler gemahnt, das Territorium von dreißig bestimmten Staaten nicht anzutasten.

Dieser verspottete den Amerikaner dafür in einer Rede im Reichstag. Dem Präsidenten fällt es schwer, diesen deutschen Reichskanzler zu verstehen. Was will Hitler? Ein guter Staatsmann könne doch keinen Krieg riskieren, um seine Macht vergrößern zu wollen, davon ist er überzeugt.

Roosevelt würde sich gern stärker in Europa engagieren. Hitler widert ihn an. Der Präsident nennt ihn in seinem engen Kreis einen »Wilden«. Aber die Isolationisten, die Amerika aus allen Gefahren der Weltpolitik heraushalten wollen, vor allem aus den Problemen Europas, lassen das nicht zu. Und leider lehnt auch das Wahlprogramm seiner Demokratischen Partei Krieg als ein Instrument der Politik generell ab und plädiert für eine strikte Neutralität der USA bei internationalen Streitigkeiten. Zu viel Risiko will auch Roosevelt nicht eingehen. Solange Hitler nicht die USA bedroht, wird er nicht direkt gegen Deutschland vorgehen. Denn er weiß nur zu gut, dass seine Armee wenig beeindruckend ist momentan. Das stehende Heer befindet sich in einem desolaten Zustand. Unterfinanziert, unzureichend ausgestattet und mit veralteten Waffensystemen bestückt. Zwar rüsten die USA seit einigen wenigen Jahren wieder auf, aber in einem Ranking der globalen Militärstärke landeten die Vereinigten Staaten jüngst nur auf dem 18. Platz. Mit dieser Truppe will der Präsident nur ungern in einen bei seinen Wählern unbeliebten Krieg ziehen.

Seiner Frau bereitet die passive Haltung ihres Landes in internationalen Fragen große Sorgen. »Ich frage mich«, notiert Eleanor Roosevelt, »ob wir beschlossen haben, uns hinter der Neutralität zu verstecken. Sie mag vielleicht sicher sein, aber ich frage mich, ob es richtig ist, in Sicherheit zu sein.«

Was soll das alles nur, fragt sich Iwan Maiski in London. Er sitzt in der sowjetischen Botschaft und grübelt. »Unsere Politik vollführt allem Anschein nach eine scharfe Richtungsänderung, deren Bedeutung und deren Konsequenzen mir noch nicht ganz klar sind«, schreibt er in sein Tagebuch. Maiski muss auf weitere Informationen aus Moskau warten. Er hatte auf ein Bündnis gegen Hitler gesetzt und dafür gearbeitet. Nun sind die Nationalsozialisten plötzlich seine Verbündeten.

Auch Guy Burgess, der sowjetische Agent beim englischen Geheimdienst, reagiert verstört auf den deutsch-russischen Pakt. Er hat London für einen ausgedehnten Urlaub verlassen. Als er die Nachricht erfährt, dass Ribbentrop und Molotow den Vertrag unterzeichnet haben, verbringt er gerade einige schöne Tage in Südfrankreich mit einem Freund. Eigentlich wollen beide noch weiter nach Italien, aber Burgess erhält ein dringendes Telegramm aus London. Absender ist die »Section D« des MI6. Der Geheimdienst ruft ihn sofort zum Dienst zurück. Von Antibes an der Côte d'Azur fährt er mit seinem Auto rasch zum Ärmelkanal. Dort lässt er den Wagen zurück, damit er später nach England verschifft wird, und nimmt noch in der Nacht eine Fähre.

Burgess hatte durchaus auf ein Bündnis seines Heimatlandes mit der Sowjetunion gehofft. Als linientreuer Kommunist muss er diese Entscheidung Stalins aber wohl mit wenig Begeisterung akzeptieren. Für ihn ist der Pakt lediglich ein taktisches Manöver: Stalin will Zeit gewinnen für die Aufrüstung, bevor die Deutschen angreifen.

Ausgerechnet Stalin! Ein Bolschewik als Verbündeter ihres »Führers«. Unity Mitford dürfte die aktuellen Schlagzeilen ungläubig lesen. Sie hatte so von einem Bündnis zwischen England und Deutschland gegen die Sozialisten geträumt.

Während viele Engländer fluchtartig Deutschland verlassen, sie wollen weg, solange es geht, bleibt Mitford in München. Sie hat die Hoffnung noch nicht aufgegeben, dass es bald eine Einigung zwischen beiden Nationen gibt.

Sehr wenig Sympathien für die Familie Mann äußert ein Gutachter in der Schweiz. Der Sekretär des Schriftstellerverbandes antwortet auf eine Anfrage der Fremdenpolizei, ob Golo Mann im Land bleiben soll. Seine Stellungnahme ist eine Abrechnung. Mann gelte als ein »äusserst rasanter Politiker und Publizist«. Klaus Mann, der Bruder Golos, reise in den Vereinigten Staaten umher und erkläre öffentlich, »die ganze Familie Mann habe es sich zur Lebensaufgabe gemacht, Adolf Hitler und das Dritte Reich zu bekämpfen«, schreibt der Sekretär. Er vergisst zu erwähnen, dass Katia und Thomas Mann ein Haus in der Schweiz besitzen und dort bereits länger gelebt haben – ohne irgendwie negativ aufzufallen.

Die Zeitschrift *Mass und Wert*, für die Golo Mann arbeite, sei zwar ein Blatt von beachtlichem Niveau, aber vor allem aufgrund eines früheren Redakteurs, der durch Mann ersetzt worden sei. Nun sei zu befürchten, dass die Zeitschrift zu einem »aggressiven Kampfblatt« werde. Das abschließende Urteil lautet: »Da sich nun die Schweiz zur allseitigen Neutralität verpflichtet hat, so hat sie kein Interesse daran, dass von ihrem Boden aus die Emigranten – sei es nun mit guten oder schlechten Gründen – ihren Kampf gegen Deutschland führen. Die Verteidigung der schweizerischen Demokratie ist unsere eigene Sache. Es kann uns nur schaden, wenn die früheren Reichsdeutschen ihren Kampf gegen das Dritte Reich von der Schweiz aus führen.«

Was den Sekretär des Schriftstellerverbandes zu einem solchen Urteil qualifiziert, ist fraglich. Zunächst bleibt die Akte Mann unbearbeitet bei den Behörden liegen. Die Fremdenpolizei unternimmt erst mal keine weiteren Schritte gegen den Redakteur. Golo Mann bleibt in der Schweiz.

Um elf Uhr am Vormittag legt im Seebad Swinemünde auf Usedom die »Schleswig-Holstein« ab. Das Schiff lief 1908 vom Stapel, es ist fast 126 Meter lang und 22 Meter breit. Vor drei

Jahren wurde die »Schleswig-Holstein« zuletzt umgebaut. Mit vier 28-Zentimetergeschützen, zehn 15-cm- und vier 8,8-cm-Kalibern ist sie bestückt. Eine beeindruckende Bewaffnung. Dazu kommen mehrere Flak-Geschütze zur Luftabwehr. Vor der Abfahrt sind extra 60 weitere Mann für die Flugabwehr mit neuen Waffen und mit Tausenden Schuss Munition an Bord gekommen. Das Linienschiff unter Kommando von Kapitän Gustav Kleikamp nimmt nun Kurs auf Danzig. Offiziell sollen er und seine Crew der freien Stadt einen Freundschaftsbesuch abstatten. Auf der Fahrt nach Danzig lässt Kleikamp 4219 Granaten scharfmachen.

Sehr freundlich geht es heute zwischen Polen und Deutschen nicht zu. Die Danziger Polizei stoppt auf dem Bahnhof in der Nähe der Westerplatte einen Transport, der für das Depot bestimmt ist. Sie stellt 2000 Handgranaten, 2,5 Tonnen Sprengstoff, einige Hundert Granatzünder, etliche Stahlhelme und Gasmasken sicher, dazu Verbandsmaterial sowie eine chirurgische Feldausrüstung. Kurzerhand beschlagnahmen die deutschen Beamten alles. Sollen die Polen doch protestieren, erst mal erhalten sie ihre Ausrüstung nicht. Für die Westerplatte ist der Verlust bitter. Helme und Gasmasken etwa sind nur für die reguläre Besatzung von gut 90 Mann vorhanden. Mittlerweile sind aber mehr als doppelt so viele Soldaten in dem Munitionsdepot stationiert. Nun fehlt es an Material, um auch die heimlich in den Stützpunkt gekommenen Männer adäquat auszustatten.

Weiterhin reagiert die britische Regierung mit großer Gelassenheit auf den Hitler-Stalin-Pakt. Sie bleibt bei allen Garantieerklärungen an Polen. Von Rücktritt oder Abwahl ist in London nicht die Rede. Auf dem *Berghof* reagiert Hitler überrascht. Das Zeigen von Härte hat ihm bislang nichts eingebracht. Er glaubt, dass Großbritannien vor allem seine Seemacht wichtig sei. Wenn die Deutschen einige Länder auf dem Kontinent besetzten, sollte das London nicht weiter herausfordern.

Hitler bricht nach Berlin auf. Die weiteren Ereignisse will er aus seiner Reichskanzlei verfolgen. Der Neubau wurde am 20. April eingeweiht, an Hitlers Geburtstag. Errichtet hat sie Albert Speer, der Städteplaner der Nationalsozialisten, der Berlin in »Germania« verwandeln soll, die Hauptstadt eines faschistischen Großreiches.

In Berlin angekommen, schreibt Adolf Hitler persönlich einen Brief an ein Vorbild aus den frühen Tagen seiner Bewegung. Das Schreiben richtet er an Benito Mussolini, Italiens Regierungschef. Hitler erklärt die Gründe für seinen Pakt mit der Sowjetunion und bittet den Faschistenführer im Nachbarland, ihn beim Angriff auf Polen zu unterstützen. Militärisch braucht Deutschland dabei keine Hilfe, aber in der Diplomatie hat sich Hitler in eine Sackgasse manövriert. Sein einziger echter Verbündeter ist momentan ausgerechnet ein Bolschewist.

Mit Mussolini zusammen hatte Hitler noch bis vor Kurzem in Spanien gekämpft: Deutsche und Italiener unterstützten im Bürgerkrieg General Franco, der nun als Diktator herrscht. Die deutsche »Legion Condor« war bei Republikanern, Kommunisten und Sozialisten in Spanien gefürchtet. Ihre Bomber vernichteten nicht nur die Kleinstadt Guernica, sondern griffen auch sonst gnadenlos militärische und zivile Ziele an. Zu ihren Gegnern gehörten auch sowjetische Kämpfer, die im Auftrag Stalins versuchten, Francos Truppen aufzuhalten. Die UdSSR schickte Panzer, Munition, Freiwillige und Experten. Nun sind Deutschland und Russland verbündet, und Mussolini zweifelt an Hitlers Außenpolitik.

Der »Führer« weiß nicht, dass Ernst von Weizsäcker, hinter seinem Rücken, die Italiener mit Informationen versorgt. Der Staatssekretär drängt Mussolini dazu, sich für neutral zu erklären. Weizsäcker hofft, dass der Krieg doch noch ausfällt, wenn Hitler die Verbündeten weglaufen.

Einem Verbündeten Weizsäckers, der wie er den Konflikt verhindern will, bleibt heute nichts anderes übrig, als die Kriegsvorbereitungen voranzutreiben. Wilhelm Canaris lässt in der Nacht alle Reserveoffiziere der Abwehr alarmieren. Der Befehl lautet: Sofortiges Einrücken. Außerdem bekommen alle Sonderformationen der Abwehr ihre Einsatzbefehle. Darunter ist auch die Truppe, die Hauptmann von Hippel aufgestellt hat für Kommandoeinsätze im polnischen Grenzgebiet. Mit Kriegsausbruch sollen die Einheiten gegen die ihnen vorgegebenen Ziele in Polen losschlagen.

Sofort nach seiner Landung in Berlin lässt sich Ribbentrop zu Hitler in die Reichskanzlei fahren. Stolz schreitet er durch die langgezogenen Räume, bis er in der Führerwohnung auf Hitler trifft. Beide begrüßen sich herzlich. Sie ziehen sich mit Göring zurück, besprechen die Ereignisse in Moskau. Ribbentrop zeigt den unterzeichneten Nichtangriffspakt und das geheime Zusatzprotokoll. Er genießt seinen Triumph. Heute sonnt er sich in der Anerkennung seines »Führers«.

Nach Einbruch der Dunkelheit trifft die »Schleswig-Holstein« auf der Ostsee, zwölf Seemeilen von Stolpmünde entfernt, einige Minensuchboote. Zufällig ist diese Begegnung nicht, sie wurde von langer Hand geplant und ist streng geheim. Die Boote bringen weitere Soldaten zum Linenschiff. Sie machen längsseits fest und übergeben ab 20.33 Uhr ihre Passagiere. Der Himmel ist wolkenlos, der Mond beleuchtet das Manöver, der Wind weht aus Ostnordost mit Stärke 1 bis 2. Ideales Wetter für die Übernahme der Soldaten. 225 ostpreußische Marineinfanteristen steigen bis 22.03 an Bord. Sie bringen sieben Krads, mehrere schwere Maschinengewehre und Granatwerfer mit.

Während ihre Waffen noch verstaut werden, gehen die Marineinfanteristen rasch unter Deck. Sie verbergen sich im Inneren, sollen von außen nicht gesehen werden. Die Neuankömmlinge sind schließlich keine Seemänner, ihre Spezialität ist der Sturmangriff aufs feindliche Ufer. Eine Fähigkeit, die bei einem harmlosen Hafenbesuch nicht unbedingt benötigt wird.

Um zwanzig Minuten nach elf erhält Birger Dahlerus einen Anruf im Hotel *Esplanade*. Von Nachtruhe hält Göring anscheinend nicht viel: Er berichtet seinem schwedischen Bekannten, dass die Rede Chamberlains heute einen guten Eindruck auf ihn gemacht habe. Jetzt sei es wichtig, dass Dahlerus sofort nach London reise und Kontakt zur englischen Regierung aufnehme. Sie müsse erfahren, wie wünschenswert baldige Verhandlungen mit den Deutschen seien. Doch wünschenswert für wen, fragt sich Dahlerus.

Er hat Zweifel, ob eine weitere Reise wirklich sinnvoll ist. Dennoch sagt er Göring zu. Er hofft, dass er seine guten Kontakte aus den vergangenen Wochen nutzen kann. Immerhin hatte Außenminister Halifax ihn bereits empfangen. Daran will er anknüpfen.

VII. Kehrtwende

25. August 1939, Freitag

Die Hoffnungen Englands auf Hinauszögerung d. Verhandlungen haben sich glücklicherweise nicht bewahrheitet: der Pakt mit Moskau wurde schnell unterschrieben. Ein weitereichender Entschluss, dessen Folgen nicht abzusehen sind.

Alfred Rosenberg, im Tagebuch

Verdrehungen des Lord Halifax
Im Oberhaus gab Lord Halifax gleichzeitig mit Chamberlain eine Erklärung ab, die sich in den Grundlinien mit der Rede Chamberlains deckte und von noch brutalerem Unverständnis für die herzzerreißenden Leiden deutscher Männer, Frauen und Kinder unter dem polnischen Blutterror getragen wurde.

Hamburger Fremdenblatt

Früh am Morgen fährt Birger Dahlerus in Berlin zum Flughafen. Um acht Uhr startet eine Linienmaschine nach London. Er hat seine englischen Freunde bereits darüber informiert, dass er erneut in wichtiger Mission zu ihnen kommt. Sie wollen sich in einem Büro in Westminster treffen.

Die »Schleswig-Holstein« nähert sich um kurz nach acht Uhr am Morgen dem Danziger Außenhafen »Neufahrwasser«. Ein polnisches Torpedoboot hält auf das Kriegsschiff zu. Dessen Kommandant will anscheinend die Deutschen begrüßen – oder sie provozieren. Mit einem Megaphon schreit ihm ein deutscher

Seemann zu, dass sein Besuch unerwünscht sei. Schließlich drehen die Polen ab. Nun kommt ein Polizeiboot aus Danzig auf das Linienschiff zu. Der Kommandeur der Schutzpolizei und weitere Vertreter der Stadt steigen an Bord, um die Besatzung willkommen zu heißen. Die »Schleswig-Holstein« wird vom Schlepper »Albert Forster«, der nach dem Gauleiter benannt ist, nach Danzig gebracht. Die Flagge der Kriegsmarine mit einem großen schwarzen Hakenkreuz auf weißem Grund flattert am Heck des Linienschiffs.

Es macht um 10.44 Uhr im Hafenkanal an den Salzspeichern gegenüber der Westerplatte fest, der niedrigen, länglichen und sandigen Halbinsel vor dem Hafen. Nur zwei Kilometer ist die Westerplatte lang, an der breitesten Stelle misst sie 600 Meter, und doch ist sie ein Symbol für den Kampf zwischen Deutschen und Polen geworden.

Auf der Halbinsel unterhält die polnische Armee das Munitionsdepot, das aus ein paar Bunkern, Maschinengewehrstellungen und einem halben Dutzend Wachhäusern besteht. Umschlossen ist das Areal von einer roten Ziegelmauer.

An Bord der »Schleswig-Holstein« beginnen Musiker zu spielen. Eine Ehrenwache tritt an der Steuerbordseite an. An Land jubeln Hunderte Danziger. Das Hochdruckwetter sorgt für angenehme Temperaturen, es ist warm, trocken und heiter. Leichte Bodenwinde aus Osten sorgen für frische Luft. Dieser Freitag wird schön, und die Menschen nutzten ihn, um das deutsche Schiff zu bewundern.

Was nicht zu sehen ist: Kleikamp hat Kriegswache befohlen, Geschütze werden besetzt, die Schotten geschlossen und die Ausrüstung der Marineinfanteristen unter Rettungsbooten verborgen. Der Schein soll gewahrt werden: »Nach außen betont friedensmäßig« soll die »Schleswig-Holstein« wirken, so lautet Kleikamps Befehl. Schließlich legt sie offiziell zur Feier des 25. Jahrestages der Tannenberg-Schlacht aus dem Ersten Weltkrieg in der Stadt an. Außerdem soll an die Besatzung eines im Ersten Weltkrieg untergegangenen Schiffes erinnert werden, die in Danzig bestattet ist.

In den folgenden Stunden empfängt der Kapitän mehrere Gäste. Zu den Besuchern gehört auch der polnische Gesandte in Danzig, Marian Chodacki. Gustav Kleikamp, so sieht es das Protokoll vor, wird ebenfalls die Honoratioren der Stadt mit Besuchen beehren: Gauleiter Forster, den Hohen Kommissar Burckhardt und den Präsidenten des Hafenausschusses. Ein Festbankett im Rathaus, eine Flaggenparade und ein Bordempfang stehen ebenfalls auf dem Programm – ebenso ein Gegenbesuch beim polnischen Vertreter.

Den Anfang macht Kleikamp natürlich beim Hitler-Vertrauten Forster und anderen Nationalsozialisten der Region. In Ausgehuniform steht der Kommandant der »Schleswig-Holstein« schon bald neben dem Gauleiter mit einem Sektglas in der Hand. Auf den Frieden stoßen sie wohl eher nicht an.

An Bord der »Schleswig-Holstein« harrt die Besatzung in großer Enge aus. 1197 Mann hat Kleikamp an Bord – fast 300 mehr als üblich.

Ein harmloser Besuch? Wohl eher nicht. Sir Neville Henderson, Großbritanniens Botschafter in Berlin, sieht im Eintreffen der »Schleswig-Holstein« in Danzig ein schlimmes Anzeichen: Das Entsenden eines Kriegsschiffs in diesen angespannten Zeiten erinnert den Diplomaten an Hitlers übliche Technik, ein paar Gründe zu schaffen, um nach Zwischenfällen militärisch eingreifen zu können. England macht jedenfalls heute seine Flotte mobil und beginnt auch beim Heer damit. So rüsten sich die Briten für den möglichen Ernstfall.

Martin Bormann, Adlatus des Führers und graue Eminenz der NSDAP, steht vor einem großen Problem. Er muss den »Parteitag des Friedens« verschieben. Abertausende NSDAP-

Mitglieder reisen dafür jedes Jahr im September nach Nürnberg. Alles ist bereits vorbereitet und geplant, Hotels sind gebucht, Züge reserviert, Aufmärsche organisiert, SA-Einheiten bestellt, die Hitler-Jugend mobilisiert. Die Vorauskommandos sind bereits eingetroffen, bauen Zelte auf, kümmern sich um die Organisation des Massenspektakels. Allein aus dem Gau Salzburg sind schon 1000 Parteimitglieder nach Nürnberg gereist.

Nun muss Bormann alles abblasen. Was für ein Aufwand. Aber Adolf Hitler hat die Mobilmachung befohlen – und gleichzeitig die Absage des Parteitages. Befehl ist Befehl. Das diesjährige Motto: »Parteitag des Friedens« wirkt ohnehin irgendwie überholt.

In Rom übergibt der deutsche Botschafter den von Hitler verfassten Brief an Mussolini. Um baldige Antwort wird gebeten. Heute geht im italienischen Außenministerium zudem ein Bericht aus Moskau ein, der für Aufmerksamkeit sorgen dürfte. Darin teilt der Botschafter mit, was Ribbentrop ihm vor seinem Rückflug nach Deutschland berichtet habe: »Ribbentrop sagte mir, die Sowjetregierung habe die Notwendigkeit zur Kenntnis genommen, dass Deutschland die Danzig-Frage regle, und werde infolgedessen keine Einwendungen gegen einen Angriff auf Polen erheben.« Ein Blanko-Scheck der Russen für den Einmarsch?

Ob der deutsche Außenminister wirklich diese Zusage bekommen hat? Oder will er so lediglich die Italiener dazu bringen, an der Seite seines »Führers« in den Krieg zu ziehen? Das Schachspiel hinter den Kulissen geht weiter. Und Mussolini grübelt über seinen nächsten Zug. Vor fünf Jahren hätte er fast Krieg geführt gegen Deutschland, weil er Hitler aus Österreich fernhalten wollte. Nun soll er an dessen Seite in einem Konflikt kämpfen, der sich rasch auf den ganzen Globus ausweiten könnte. Für Mussolini kommt ein Waffengang ohnehin zur

Unzeit. Frühestens 1942 soll die italienische Armee kriegsbereit sein. Was also tun? Mussolini grübelt weiter.

Wenn diese Notizen bei ihm gefunden werden, bedeutet das wohl den Verlust seiner Freiheit, vielleicht sogar auch seinen Tod. Hans Oster, der wichtigste Mitarbeiter von Abwehrchef Canaris, trifft sich in Berlin mit Alexander C. Kirk, dem amerikanischen Geschäftsträger an der Botschaft. Oster, 52 Jahre alt, in Dresden aufgewachsen, Sohn eines Pfarrers, Vater von drei Kindern, ist kein Heißsporn oder Abenteurer. Dennoch riskiert er mit diesem Besuch viel. Bei sich hat er eine Abschrift von Canaris' Notizen von Hitlers Rede auf dem *Berghof*. Doch der Diplomat scheint dem deutschen Agenten nicht zu trauen. »O. k., nehmen Sie das wieder mit«, sagt Kirk nur zu Oster. »Ich möchte da nicht hineingezogen werden.«

Oster ist enttäuscht, gibt aber noch nicht auf. Seit fünfeinhalb Jahren gehört er zur Abwehr. Seine zupackende Art hat ihn Karriere machen lassen. Als Abteilungsleiter war er eine Zeit lang für die Kontakte zu anderen Behörden zuständig. Seitdem kennt Oster viele Leute, die an den Schalthebeln der Bürokratie sitzen. Am 1. April wurde er zum Oberst befördert, ein Dienstgrad unter der Generalität. Oster hält den militärischen Widerstand gegen das NS-Regime zusammen, er hat das Netzwerk geknüpft und ausgebaut. Wie kann er die Hitler-Rede doch noch bekannt machen, ohne seinen Chef Canaris und sich selbst zu gefährden? Er schickt eine Fassung ohne Briefkopf und Absender an einen Mitarbeiter der britischen Botschaft. Doch auch hier zeigen sich die Diplomaten unbeeindruckt. Die Aufzeichnungen ohne Unterschrift und Briefkopf könnten von einem Wirrkopf stammen.

Osters Chef Vizeadmiral Canaris löst heute Alarmstufe 1 aus. Die befohlene Mobilmachung aller Wehrmachtsteile führt beim Militärgeheimdienst dazu, dass auch die Agenten im Ausland aktiviert werden. In Polen legt das Funkagentennetz mit über 30 geheimen Sendern los. Canaris gibt seinen Abteilungschefs und Gruppenleitern bekannt: »England: Flotte mobil. Heer: Mobilmachung angelaufen. Frankreich: 3. Alarmstufe erreicht, Grenzgarnisonen stehen zum Teil schon auf 4. Stufe. Italien: unbekannt, keine sichtbaren Maßnahmen«. Für Gegner eines großen Krieges wie Canaris sind das nervenaufreibende Zeiten.

Alarmstufe 1 heißt es auch bei den Kommandos der SS in Oberschlesien. Der Trupp, der das Zollhaus bei Hochlinden überfallen soll, erfährt am Nachmittag, dass es ernst wird. Ein Kradmelder überreicht dem Anführer einen versiegelten Briefumschlag. Darin steckt ein codierter Befehl: »Kleiner Auerhahn Schlosser. Großer Auerhahn wahrscheinlich ab zwei Uhr zu erwarten.« Am Abend soll der SS-Offizier die Aktion beginnen und die als Polen verkleideten Männer und die in den Uniformen des deutschen Grenzschutzes steckenden SS-Leute vor dem Zollhaus in Stellung bringen. Die Zöllner, die in dem Gebäude Dienst tun, werden per Telefonanruf ihres Vorgesetzten abgerufen. Und der echte Grenzschutz sowie die Wehrmacht werden ebenfalls aus der Region abgezogen. Heydrichs Leute haben freie Bahn.

Ernst von Weizsäcker beobachtet derweil, wie Adolf Hitler weiterhin einen Übergriff auf Polen plant und gleichzeitig einen Weg sucht, das Eingreifen der Westmächte zu verhindern. Hitler will England von Polen trennen. Dazu hat er sich ein Angebot an die Briten überlegt, das er selbst als äußerst großzügig bewertet. Nun muss er nur noch die Regierung in London davon überzeugen.

In Berlin lässt Hitler um 12.45 Uhr dem britischen Botschafter Sir Neville Henderson mitteilen, dass er ihn um 13.30 Uhr in der Reichskanzlei erwarte. In 45 Minuten! Da bleibt kaum Zeit, sich auf das Treffen vorzubereiten. Solche knappen Einbestellungen sind in der Welt der Diplomatie alles andere als üblich. Henderson trifft dennoch pünktlich in der Neuen Reichskanzlei an der Voßstraße ein. Sein Weg von der britischen Botschaft an der Wilhelmstraße ist zum Glück sehr kurz: Eigentlich könnte Henderson zu Fuß gehen, aus Prestigegründen steigt er aber in seine Limousine.

Hitler erklärt dem Gast, dass er bereit wäre, einen Vertrag mit Großbritannien abzuschließen, in dem alle generellen Interessen beider Seiten geklärt werden sollten, aber erst, nachdem Deutschland die Polenfrage gelöst habe – das sei von größter Dringlichkeit. Hitler spricht ernsthaft, wirkt bemüht aufrichtig. Er bittet Henderson, sofort nach London zu fliegen, um sein Angebot an Chamberlain zu übermitteln. Dafür könne der Botschafter gern Hitlers Privatflugzeug nutzen. Henderson reagiert zögerlich, er hat sich mit seiner Regierung nicht abgestimmt, und so spielt er auf Zeit.

Eine Reise nach London würde für ihn nur Sinn ergeben, wenn Hitlers Angebot sicher eine Verhandlungsregelung für die polnische Frage bedeuten würde. In der höflichen Sprache der Diplomatie verlangt Henderson also, dass Hitler ihm zusichert, keine Soldaten nach Polen zu schicken, sondern den Konflikt am Grünen Tisch zu lösen. Hitler weigert sich, eine solche Garantie abzugeben. »Deutschland hat nichts zu verlieren, England viel«, sagt er. Nach einer Stunde beendet er das Gespräch mit einem melodramatischen Ausbruch: Er sei seinem Wesen nach Künstler und nicht Politiker; sobald die Polenfrage geklärt sei, werde er sein Leben als Künstler zu Ende führen. Kurz nach halb drei Uhr verlässt Henderson die Reichskanzlei. Meint Hitler sein »großzügiges und letztes Angebot« an Großbritannien wirklich ernst? Den Botschafter zumindest scheint er durchaus überzeugt zu haben. Henderson telegrafiert an seine Regierung, er sehe Anzeichen dafür, dass der Reichskanzler »den Weltkrieg zu vermeiden wünscht«.

Während Hitler und Henderson sprechen, läuft die Planung von »Fall Weiß« auf Hochtouren. Weiterhin steht fest: Am nächsten Morgen, am Samstag, dem 26. August, soll um 4.30 Uhr der Angriff auf Polen beginnen. Das Oberkommando des Heeres verlegt das Kriegshauptquartier nach Zossen, im Umland von Berlin.

Die Nacht wird kaum bewölkt sein, am Morgen nimmt die Bewölkung im südlichen und mittleren Polen zu, sagen die Meteorologen. Einzelne Regenfälle sind zu erwarten. Kein perfektes Angriffswetter, die Piloten der Sturzkampfbomber, Stukas genannt, und der anderen Flugzeuge dürften dennoch weitgehend gute Sicht haben.

Reichstrainer Josef Herberger, besser bekannt als Sepp, hat die deutsche Fußballnationalmannschaft zusammengerufen. In zwei Tagen soll Deutschland in Stockholm gegen Schweden antreten, morgen früh steht die Reise per Zug nach Norden an. Im Berliner Hotel *Russischer Hof* in der Friedrichstraße sind fünfzehn Spieler zusammengekommen. Herberger hatte befürchtet, dass die internationale Krise seine Männer beunruhigen könnte. Zum Glück sind die Fußballer aber ganz auf die nächste Partie fokussiert. Herberger notiert: »Für drohende Wolken am politischen Himmel keine Anfälligkeit.« Trotz großer Hitze quälen sich die Spieler beim Training.

Was ein Krieg anrichten kann, weiß Sepp Herberger nur zu gut. Den Ersten Weltkrieg hat er selber miterlebt. Seit 1936 trainiert er die Nationalmannschaft. Mit dem Anschluss Österreichs kamen viele talentierte Fußballer zur nun »großdeutschen« Nationalmannschaft dazu. Herberger sollte sie schnell integrieren. Aber das funktionierte nicht. Bei der WM im vergangenen Jahr schied Deutschland früh gegen die Schweiz aus. Nun hat Herberger endlich eine schlagfertige Gruppe geformt. Das will er den Schweden beweisen.

Die Reichskanzlei in Berlin gleicht einem Ameisennest. Überall wimmeln Beamte, Soldaten und NSDAP-Vertreter umher. Hitler beaufsichtigt die letzten Planungen für den Angriff auf Polen, der morgen losgehen soll. Aus der Reichskanzlei geht der Befehl heraus, alle Tannenberg-Feiern zu verschieben. Hitler lässt Goebbels zu sich kommen und bespricht mit ihm nach dem Mittag die Propagandamaßnahmen für den Kriegsbeginn. Leitlinie ist: Deutschland habe keine andere Wahl gehabt, als gegen Polen zu kämpfen. Wenn notwendig werde dieser Krieg Monate oder sogar Jahre dauern.

Während Hitler mit Goebbels spricht, ruft das Büro von Wilhelm Keitel, Chef des Oberkommandos der Wehrmacht, beim Chef des Generalstabes des Heeres an. Wie lang habe Hitler noch Zeit, den endgültigen Marschbefehl zu erteilen? Wann sei der spätestmögliche Zeitpunkt dafür? Nicht später als drei Uhr am Nachmittag, antwortet das Büro von Halder. Eigentlich war die Befehlsausgabe für halb zwei Uhr vorgesehen. Nun verschiebt die Reichskanzlei das Startsignal für den Angriff ein wenig. In Berlin warten die Verantwortlichen noch auf eine Rückmeldung Mussolinis.

Ein dringender Befehl ergeht an die deutsche Handelsmarine. Alle zivilen Schiffe, die sich in ausländischen Häfen aufhalten, sollen sich von dort absetzen. Alle Fracht- und Stückgutkähne sowie Tanker, die gerade auf hoher See unterwegs sind, haben sich von den üblichen Schifffahrtsrouten zu entfernen.

Am Nachmittag werden in Berlin alle Telefonverbindungen nach London und Paris gekappt. Ab morgen, so geht eine Anweisung heraus, sind alle Flughäfen für den zivilen Verkehr geschlossen. Und in zwei Tagen beginnt die Rationierung von Lebensmitteln in Deutschland. Dazu wird ein Kartensystem eingeführt.

Die Lage ist ernst, aber es gibt noch immer eine echte Chance, den Frieden zu erhalten: Birger Dahlerus schreibt einen Bericht für die englische Regierung, in dem er seine Mission und Görings Ziele erläutert. Er sitzt in einem Büro in Westminster, wo er britische Freunde getroffen hat, die dafür sorgen werden, dass Dahlerus' Zeilen die richtigen Männer in der Regierung lesen werden. Sein Bericht geht auch an die Downing Street, den Sitz des Premierministers, und an das Außenministerium.

Um zwei Minuten nach drei Uhr befiehlt Hitler der Wehrmacht, am morgigen Vormittag mit dem Angriff auf Polen zu beginnen. Neville Henderson, der englische Botschafter, der wieder an den Friedenswillen Hitlers glaubt, hat die Reichskanzlei gerade erst vor einer halben Stunde verlassen. Nur anderthalb Stunden später, um halb fünf, erhält Hitler von Ribbentrop die Nachricht, dass Briten und Polen soeben einen schriftlichen Beistandspakt unterzeichnet haben. Auf gerade mal zwei Seiten Papier fixieren die Partner, im Fall der Fälle gemeinsam zu kämpfen. Schwarz auf weiß. Meint es die Regierung in London also doch wirklich ernst? Sind Chamberlain und Halifax bereit, ihre Soldaten für Danzig und Polen sterben zu lassen? Hitler zeigt sich von diesem Schritt der Briten beeindruckt – und beunruhigt.

Am Nachmittag kommt Generalmajor Eberhardt mit einigen Offizieren und dem Danziger Senatspräsidenten Greiser an Bord der »Schleswig-Holstein« im Hafen an. Eberhardt teilt Kapitän Kleikamp mit, dass er nicht plant, die Westerplatte mit seinen Männern zu erobern. Dann kann Kleikamp das Schiff aber nicht gegen Ziele an Land einsetzen. Während die Männer diskutieren, geht um 16.48 Uhr eine dringende, streng geheime Meldung ein: der Angriffsbefehl für den Morgen des 26. August. Die »Schleswig-Holstein« soll Danziger Truppen, die nördlich der Stadt polnische Einheiten attackieren sollen,

Artillerieunterstützung geben. Dafür muss sie eine Position nördlich der Westerplatte einnehmen. Vor Geschützfeuer von der Halbinsel aus wäre das Schiff auf der vorgesehenen Position nicht geschützt.

Nun muss eine schnelle Entscheidung her. Die Offiziere einigen sich auf folgenden Plan: die »Schleswig-Holstein« soll das Munitionsdepot auf der Westerplatte unter Feuer nehmen, dann geht die Marineinfanterie zum Sturmangriff über, und die »Gruppe Eberhardt« unterstützt sie dabei. Kleikamp vermerkt im Kriegstagebuch, dass keiner der Anwesenden irgendwelche Befürchtungen äußert, dass der Angriff schwierig werden könnte. Um fünf Uhr erhält die Marinestoßtruppkompanie den Befehl, in vier Stunden bereit zum Ausschiffen zu sein.

Weitere schlechte Nachrichten treffen derweil in der Reichskanzlei ein. Um halb sechs tritt der französische Botschafter vor Adolf Hitler und sagt ihm ins Gesicht: »Wenn Sie Polen angreifen, wird Frankreich mit allen Kräften an der Seite seines Verbündeten kämpfen.« Und damit den Deutschen wirklich klar ist, dass er nicht blufft, gibt er Hitler sein Ehrenwort als Offizier, dass die Grande Nation tatsächlich bereit sei, für Polen zu bluten.

Nur gut eine Viertelstunde später lässt Mussolini dann Hitler mitteilen, dass sich Italien nicht an dem Krieg beteiligen werde. Diese Note überbringt Botschafter Attolico. Er platzt, ohne auf die Etikette zu achten, in das Arbeitszimmer des deutschen Reichskanzlers und übergibt die Nachricht aus Rom. Hitler entlässt Attolico äußerst kühl. Dann tobt er. »Die Italiener machen es genau wie 1914«, schimpft der »Führer«. Fast eine Stunde lang erschallen in der Reichskanzlei wütende Ausrufe. Hitler und seine Getreuen reden sich in Rage, »Verrat, Verrat«, rufen einige aus. Bislang hatten sie fest mit Italien als Kampfgenossen gerechnet. Der »Führer« reagiert verunsichert.

Um zehn nach sechs ruft Hitler bei Generaloberst Walther von Brauchitsch an, dem Oberbefehlshaber des Heeres. Könne der Vormarsch noch aufgehalten werden, will er wissen. Seit drei Stunden rückt die deutsche Armee in einer Front von mehr als 600 Kilometer auf Polen vor. Soll er das wirklich alles stoppen, fragt sich der General – und will das lieber persönlich klären. Um 19 Uhr trifft Brauchitsch in der Reichskanzlei ein. Er teilt Hitler mit, dass es noch gerade genug Zeit sei, den Angriff anzuhalten. Er empfiehlt den Abbruch der Offensive, damit der »Führer« mehr Zeit habe für sein »politisches Spiel«.

Hitler greift den Vorschlag dankbar auf. Er schickt um Viertel vor acht einen Adjutanten mit einem ungestümen Befehl zu Generalmajor Halder, der für die Planung verantwortlich ist. Auch General Keitel bemüht sich, den Wunsch des Führers an die Truppe weiterzugeben. Er stürmt aus Hitlers Räumen und ruft seinem Adjutanten zu: »Der Vormarschbefehl muss sofort widerrufen werden.«

Die Kommandierenden des Heeres mokieren sich im kleinen Kreis über die Inkompetenz der politischen Führung. Einige Offiziere üben offen Kritik, sie sind empört, einer von ihnen notiert in seinem Tagebuch seinen Zorn über »Entschluss- und Befehlschaos«. Aber der Ärger nützt nichts. Die Generäle legen los. Eine komplexe Angriffsmaschinerie muss gestoppt werden – ohne die Divisionen komplett von der Grenze abzuziehen. So ergeht ein Fernspruch an Einheiten in Breslau und Kolurft: »Eröffnung der Feindseligkeiten verboten. Truppe sofort anhalten. Mob.Machung läuft weiter. Aufmarsch ›Weiß‹ und ›West‹ werden planmäßig gefahren.«

Während andere Offiziere sich über den zurückgezogenen Angriffsbefehl ärgern, herrscht bei der Spitze der Abwehr Hochstimmung. Canaris frohlockt: Hitler habe mit dieser Entscheidung ausgespielt. Ein Putsch gegen ihn sei nun gar nicht mehr nötig. Ein Anführer, der einen so entscheidenden Befehl wie den über Krieg und Frieden binnen weniger Stunden widerruft, sei ein erledigter Mann, da sind sich Canaris und sein Stellvertreter Oster sicher. »Von diesem Schlag erholt er sich nie wieder«, sagt Canaris zu Mitgliedern einer zivilen Widerstandsgruppe gegen Hitler, die ihn an diesem Nachmittag besucht. »Der Friede ist für zwanzig Jahre gerettet.«

Am Abend bricht Birger Dahlerus in London zum Regierungsviertel auf. Außenminister Lord Halifax hat ihn ins Foreign Office gebeten. Er dankt dem Schweden für seine Mühe. Aber sein Botschafter Henderson stehe in direktem Kontakt mit Hitler. Er hoffe, dass so Verhandlungen beginnen könnten, um eine friedliche Lösung zu erreichen. Dahlerus müsse man wohl nicht weiter in Anspruch nehmen, da nun wieder offizielle Verhandlungswege genützt würden. Die Herren verabschieden sich.

Um acht Uhr kehrt Dahlerus in das *Carlton Hotel* zurück. Er trifft mit den sieben Gentlemen zusammen, die er vor Kurzem auf dem Sönke-Nissen-Koog bewirtet hat. Ihre Stimmung ist heiter, sie genießen ihr Dinner und haben das Gefühl, das große Problem habe gelöst werden können.

Dann kommt während des Essens einem der Herren die Idee, dass Dahlerus doch Göring anrufen könnte. Wie bewerten die Nationalsozialisten wohl ihre Gespräche mit Henderson? Dahlerus bittet die Rezeption des *Carlton Hotels*, ihn mit Görings Anschluss zu verbinden. Da erfährt er, dass die Telefonleitungen nach Deutschland gekappt worden sind. Mithilfe des Foreign Office gelingt es aber, die Reichskanzlei gegen zwanzig Minuten nach zehn zu erreichen und Göring an den Hörer zu bekommen. Preußens Ministerpräsident und Chef der Luftwaffe ist verstimmt über den Pakt zwischen England und Polen. Er rechne jeden Moment mit dem Kriegsausbruch, sagt Göring. Auf Dahlerus wirkt der Deutsche äußerst nervös.

Dahlerus informiert seine Freunde über das Gespräch, die sofort das Foreign Office kontaktieren. Dahlerus wollte eigentlich am nächsten Morgen schon wieder nach Schweden zurückfliegen. Nun ändert er seine Pläne. Er bleibt in London, vielleicht wird er ja doch noch als Vermittler gebraucht.

Hitler versucht, seinen wichtigsten Verbündeten zu verstehen – und weiter für seine Pläne zu gewinnen. Er schreibt erneut an Mussolini. Was hält Italien denn ab, an der Seite Deutschlands in den Krieg einzutreten, was braucht die italienische Armee genau an Rüstungstechnik?

Diese Frage wurde Hitler eigentlich schon im vergangenen Jahr beantwortet – von den eigenen Offizieren. Die Abteilung »Fremde Heere« der Wehrmacht hatte eine geheime Denkschrift über die Stärken und Schwächen der italienischen Streitkräfte erstellt. Auch zum »Führer« gelangte die wenig schmeichelhafte Analyse, die Italien als keinen besonders starken Bundesgenossen beschrieb. Hitler aber ließ die Denkschrift einziehen und vernichten. Er erklärte es für abwegig, ein derartig unbefriedigendes Bild über den Verbündeten zu verbreiten. Auch den Versuch des Generalstabes, den obersten Feldherrn auf das schwache Kriegspotenzial der Italiener hinzuweisen, um ihn von seiner verhängnisvollen Bündnispolitik abzuhalten, bügelte Hitler ab. Und die Berichte der Abwehr hatte Adolf Hitler als »Canaris-Märchen« tituliert. Nun muss ihm aufgegangen sein, dass die Analysen und Warnungen korrekt waren. Für einen intensiven Krieg gegen eine moderne Armee sind die Italiener nicht bereit.

Nach dem Training bekommt Reichstrainer Herberger Besuch von einem Funktionär. Der Gast überbringt schlechte Neuigkeiten: »Das Spiel ist abgesetzt«, sagt er. »Wegen drohender Kriegsgefahr.« Das Match gegen Schweden und die Fahrt nach Norden fallen also aus. Herberger beschließt, seine Spieler erst am nächsten Morgen darüber zu informieren. Schließlich sollen sie heute Abend gemeinsam Spaß haben. Die Mannschaft geht geschlossen in den Sportpalast, um Boxkämpfe anzusehen.

In Köslin, in Ostpommern, soll bis acht Uhr am Abend die Landesschützenkompanie aufgestellt sein. Als Heimatwachkompanie soll sie helfen, die Region gegen mögliche polnische Angriffe zu verteidigen. Aber nun ist es acht Uhr, und noch nicht einmal alle Soldaten sind angekommen. Nach und nach trudeln die Einberufenen bei ihrer neuen Einheit ein. Mancher von ihnen hat erst am Telefon erfahren, dass er nun aktiv Dienst in der Truppe leisten soll. Die Landschützen sind Jahrgang 1900 und älter, die meisten über vierzig Jahre alt. Sie müssen sehr spontan ihre Familien verlassen, die Arbeit ruhen lassen und haben teilweise kaum Zeit, um sich zu verabschieden.

Die Mobilisierung läuft chaotisch. Die meisten Männer haben noch keine Uniformen bekommen, und auch die Ausrüstung fehlt noch. Soldaten ohne Waffen – die Heimatwachkompanie macht ihrem Namen noch keine Ehre. Dennoch soll die Einheit morgen früh ausrücken. Der 1. Zug nach Saßnitz, der 2. Zug nach Jessentiz in Mecklenburg und der 3. Zug nach Conow. Eingekleidet werden die Soldaten, zumindest diejenigen, die angekommen sind, zwischen zehn Uhr nachts und halb fünf am nächsten Morgen.

Erst um 22.35 Uhr teilt die Abwehr allen Unterabteilungen mit, dass alle Unternehmungen und Bewegungen von Soldaten nach Polen zu stoppen sind, da die politische Lage sich verändert habe. »Es darf am 26. 8. nichts erfolgen«, notiert Lahousen im Kriegstagebuch seiner Einheit. Doch die Offiziere, die für den Einsatz der »K-Trupps« zuständig sind, sagen, sie könnten für nichts garantieren. Verzweifelt versuchen sie, ihre

Männer zurückzurufen – wenn die nicht bloß schon ohne Funkkontakt nach Polen eingedrungen sind.

Bei Hochlinden marschieren SS-Männer in polnischen Uniformen los. Schon der Beginn des Einsatzes geht schief. Ihr Anführer befiehlt den Abmarsch zu früh. Er hat wohl die Codewörter durcheinandergebracht. »Großer Auerhahn« ist nicht der Startbefehl, sondern die Order, sich bereitzuhalten. Das Stichwort »Agathe« soll den Angriff einleiten – und das wurde nicht übermittelt. Heydrich und seine Planer haben diese Mission am Reißbrett entworfen und dabei bei der Komplexität übertrieben. Was in der Theorie funktioniert, bringt in der Realität Missverständnisse und Verwechslungen mit sich.

Die Männer gehen auf die polnische Grenze zu. Ihr Ziel ist das deutsche Zollhaus, sie wollen es von Polen aus attackieren. Kurz bevor sie das Gebäude erreichen, sollen sie laut auf Polnisch fluchen und schreien. So lautet der Plan. Aber nachdem der Angriff abgesagt worden ist, soll die Aktion gar nicht erst anlaufen. Dennoch dringen die als Freischärler verkleideten SS-Männer nach Polen ein. 200 Meter hinter der Grenze erreicht sie ein Kradmelder – in deutscher Uniform, völlig ungetarnt. Die Männer wundern sich, der Mann auf dem Motorrad gefährdet ihre Mission! Er fordert aber die SS-Offiziere auf, sofort den Vormarsch abzubrechen. Der Krieg ist abgesagt. Fast hätte es ein Desaster gegeben. Mehlhorn, der von Heydrich wegen seiner Bedenken vom designierten Chef der Mission zum Oberkontrolleur degradiert worden war, hätte eigentlich solche Pannen verhindern sollen. Aber auch er reagiert zu spät. Reinhard Heydrich dürfte das alles gar nicht gefallen.

In Danzig schleichen am späten Abend gut 300 Seesoldaten der Marineinfanterie von Bord der »Schleswig-Holstein«. Sie machen sich für einen Angriff auf die Westerplatte bereit. Sie beziehen ihre Stellung auf dem anderen Ufer, gegenüber der polnischen Festung in einem Garten. Sie warten auf den endgültigen Befehl zur Attacke. Die »Schleswig-Holstein« bereitet sich vor, ihre schweren Bordgeschütze abzufeuern.

An Bord beobachtet Willi Aurich, was passiert. Der 27-jährige Offizier und Obermusikmeister der Kapelle der »Schleswig-Holstein« weiß, dass morgen sehr früh noch die Westerplatte angegriffen werden soll.

Kann Adolf Hitler heute gut einschlafen? Er ärgert sich, dass er den Angriffsbefehl widerrufen musste. Schon im Vorjahr hatte er sich gewunden, die Krise um die Tschechoslowakei nicht mit seinen Soldaten, sondern am Grünen Tisch gelöst zu haben. Damals hätte er gern die Wehrmacht ins Feld geschickt, aber Briten und Franzosen hatten nachgegeben, sodass er keinen Kriegsgrund mehr gehabt hatte. Hitler fürchtet, vor seinen Generälen als Zauderer dazustehen. Er sieht sein Prestige bei seinen Soldaten bedroht.

Hitler setzt auf seinen alten Weggefährten Hermann Göring, um das Problem zu lösen. Mit ihm war er gemeinsam 1923 beim Hitler-Putsch auf die Feldherrenhalle zumarschiert. Göring, der Rivale des Außenministers, soll noch einmal sein Glück bei den Briten versuchen. Hitlers wichtigstes Ziel ist, eine Einmischung Englands zu verhindern.

Bis tief in die Nacht arbeiten im *Palazzo Venezia* fieberhaft Militärs und Beamte an einer immer länger werdenden Liste. Sie vermerken darauf alles, was Italien an Material, Rohstoffen und Rüstungsgütern brauchte, um an der Seite Deutschlands in den Krieg zu ziehen.

Währenddessen meldet sich Militärattaché Roatta per Telefon bei Ciano. Er informiert den Außenminister darüber, dass Hitler den Marschbefehl auf Polen im allerletzten Moment widerrufen habe. Der Entschluss, den Deutschen eine Absage zu geben, scheint sich ausgezahlt zu haben.

Morgen soll um halb fünf Uhr die Offensive beginnen. Doch dann erreicht die »Schleswig-Holstein« ein eiliger Befehl: Abbruch des Angriffs, »Fall Weiß« ist verschoben. Die Marineinfanteristen ziehen sich auf das Kriegsschiff zurück, auch die Danziger Einheiten verschwinden rasch von der Grenze. War alles nur eine Übung?

Der Militärmusiker Willi Aurich erfährt um neun Uhr am Abend von einem Offizier, dass der Angriff abgeblasen worden ist. »Warum?«, fragt sich Aurich. »Man hofft sicher noch im letzten Augenblick mit der Vernunft der Polen.«

Und so endet ein Tag, an dem der Krieg nicht ausbrach, und ein neuer Tag beginnt, an dem noch immer Frieden herrscht.

26. August 1939, Sonnabend

Die Zahl der gestern in Oberschlesien verhafteten Deutschen wird auf über 300 geschätzt. Unter diesen befinden sich wiederum viele Frauen und Minderjährige. Die Verhaftungen erfolgten wieder unter den schwersten Misshandlungen der gehetzten Deutschen, die wie Tiere behandelt und fortgeschleppt wurden.

Meldung des deutschen Rundfunks

Aus Polen kommen beunruhigende Nachrichten. Gegen Viertel vor fünf sei starkes Gewehrfeuer aus Richtung des Jablunka-Passes zu hören gewesen. Eine deutsche Sondereinheit der Abwehr hat nicht mitbekommen, dass der Angriff gestoppt wurde. 23 Männer sind gegen halb eins in der Nacht über die bewaldete Grenze nach Polen geschlichen. Sie greifen polnische Einheiten an und besetzen den Pass. Alles nur ein Missverständnis, heißt es später. »Es soll nach außen hin nicht in Erscheinen treten, dass ein Angriff beabsichtigt gewesen ist«, notiert Lahousen von der Abwehr II. Und hält auch seine Skepsis nicht zurück: »Es muss bezweifelt werden, ob das überhaupt durchführbar ist.«

Bald wird klar, dass es weitere Zwischenfälle gab. Ein Angehöriger einer Spezialeinheit hat sich ein Feuergefecht mit drei Polen geliefert und einen Gegner getroffen. Bei der Gruppe, die zur Brücke Dirschau vorstoßen sollte, gibt es einen Verlust. Die übrigen Kämpfer sind zurück in ihren Stellungen.

Bei der Abwehr werden nun, so rasch es geht, Informationen über die zahlreichen K-Trupps gesammelt, die in Polen aktiv werden sollten. Wer konnte rechtzeitig zurückgerufen werden – wer hat angegriffen oder Bomben gelegt?

Einen Angriff bereitet Italiens Außenminister in Rom vor. Die Liste mit dem Militärbedarf, die an Hitler gehen soll, ist fast fertig. Ciano und Mussolini schließen ihre Wunschliste am Morgen ab. Sie fordern Millionen Tonnen von Waffen und wertvolle, teilweise in Deutschland sehr seltene Rohstoffe. Niemals wird Hitler diese Wünsche erfüllen. Ciano weiß das genau. Über seine Liste sagt er: »Sie würde einen Stier töten, wenn er sie lesen könnte.«

Per Telefon lässt er die Forderungen an die italienische Botschaft in Berlin übermitteln. Punkt für Punkt. Das wird ein langes Gespräch.

Am Morgen herrscht in London eine erschreckende Stimmung, findet Birger Dahlerus. Mehrere seiner Bekannten verlassen mit ihren Familien die Hauptstadt. Sie rechnen mit Krieg und wollen ihre Lieben in Sicherheit bringen. Viele Beamte des Foreign Office haben so lange gearbeitet, bis spät in die Nacht hinein, dass sie morgens nicht in ihren Büros sind. Züge kommen zu spät, teilweise viele Stunden. Für Birger Dahlerus sind das alles Zeichen für eine Verschlechterung der Lage.

Um elf Uhr am Vormittag spricht er erneut beim Außenminister vor. Er berichtet vom Telefonat mit Göring. Der Vertraute Hitlers sei der einzige Mann in Deutschland, der einen Krieg verhindern könne.

Beide reden länger, der einflussreiche Politiker nimmt seinen Gast ernst, befragt ihn auch nach der Stimmung in Deutschland. Dass in diesen dramatischen Stunden der Außenminister seine knapp bemessene Zeit einer Privatperson auf diplomatischer Mission widmet, zeigt, wie dringend Lord Halifax den Frieden erhalten will.

Dahlerus weiß, dass viele Deutsche immer noch Revanchegedanken haben, der Versailler Vertrag spukt weiter in den Köpfen, dieser angebliche Schandfrieden. Doch einen Krieg gegen England, das wollen die allerwenigsten. Dahlerus versichert dem Lord, dass Göring für den Frieden arbeitet.

Er schlägt vor, dass Lord Halifax einen Brief an Göring schreiben solle, den er nach Berlin bringen könne. Der Außenminister stimmt sich mit Premierminister Chamberlain ab, dann willigt er ein, das Schreiben zu verfassen. Halifax liest seinen Brief laut vor: Klar, aufrichtig und freundlich äußert er den Wunsch, zu einer Verständigung mit Deutschland zu kommen. Dahlerus wird heute noch mit dem Schreiben nach Berlin fliegen.

Neville Henderson steigt um neun Uhr morgens in Berlin in ein deutsches Sonderflugzeug, das ihn nach London bringen soll. Er will seinen Vorgesetzten den Vorschlag des deutschen Machthabers überbringen. Vor dem Abflug hat der Botschafter noch einen Brief an Ribbentrop geschrieben. Er kündigt an, so schnell es geht, nach Berlin zurückkehren zu wollen. »Was ich vor allen anderen Dingen in dieser Welt suche, ist, diese größte aller Katastrophen zu vermeiden: einen neuen Krieg zwischen Deutschland und England.«

Die Maschine hat Adolf Hitler ihm zur Verfügung gestellt. Wäre es beim ursprünglichen Plan für den »Fall Weiß« geblieben, wären deutsche Truppen schon vor Hendersons Abflug in Polen einmarschiert.

Seine Botschaft gleiche »einem Möbellager«, stellt ein britischer Diplomat fest, der frühzeitig aus seinem Urlaub zurückkehren musste – wie viele seiner Kollegen auch. Der Abzug aller englischen Beamten aus Deutschland läuft auf Hochtouren.

Gegen ein Uhr mittags landet Henderson in London. Das Flugzeug, das ihn gebracht hat, wartet dort auf einen Passagier, der heute noch in Berlin erwartet wird. Birger Dahlerus soll damit später zu Hermann Göring reisen.

Reinhard Heydrich beruft eine Konferenz in Berlin ein. Er will aufklären, wieso die Aktion beim Zollhaus in Hochlinden so schiefgegangen ist. Alle Beteiligten müssen in die Hauptstadt kommen. Der Anführer der »polnischen Freischärler«, der die Codewörter verwechselt hat, wird von Heydrich gerügt. Er zieht ihn und auch Mehlhorn von der Aktion ab. Den vorgetäuschten Angriff auf das Zollhaus plant er neu. Beim nächsten Versuch sollen seine Männer nicht mehr polnisches Staatsgebiet betreten.

Seit einigen Tagen residiert Winston Churchill in einem alten Schloss im Tal der Eure in Frankreich. Eine alte Bekannte hat ihn und seine Frau dorthin eingeladen. König Heinrich von Navarra hat in der Nacht vor der Schlacht bei Ivry 1590 dort geschlafen. Churchill versucht hier zu malen – vor der Staffelei zu stehen, das ist eine seiner Leidenschaften. Aber er schafft es nicht, zur Ruhe zu kommen. Alle im Schloss befinden sich in einem Zustand der dauerhaften Erregung. Alle hecheln den internationalen Nachrichten hinterher. Heute entschließt sich Churchill zur Heimreise. Zu Hause erfährt er als Abgeordneter wenigstens zuverlässig, was gerade vor sich geht. Seine Frau soll später nachkommen. Abends erreicht er wieder seinen Landsitz in Chartwell.

Bundestrainer Sepp Herberger ruft früh im Hotel seine Spieler zusammen. Er teilt ihnen mit, dass es kein Länderspiel gegen Schweden geben wird. Schweigen schlägt ihm entgegen, er blickt in betretene Gesichter. Dann schimpft Torwart Hans Jakob: »Wenn wir das gewusst hätten, dann hätten wir uns gestern in der Hitze nicht so im Trainingsanzug quälen müssen.«
Herberger schickt seine Spieler nach Hause. Wann er das

nächste Mal die Nationalmannschaft zusammenrufen kann, weiß er nicht. Wenn es wirklich Krieg geben sollte, dann sieht er die meisten Männer wohl längere Zeit nicht mehr.

Um halb zwei Uhr mittags geht bei der Abwehr eine beunruhigende Nachricht ein. Hauptmann Hans Dingler von der Dienststelle in Breslau meldet, dass die Freiwilligen der »Deutschen Kompanie« den Jablunka-Pass und einen Tunnel besetzt haben. Von der Abwehr trainierte und ausgestattete Männer halten dort die Stellung. Lahousen teilt rasch mit, dass die Männer am Pass und im Tunnel bleiben sollen, solange es keine neuen Befehle der Heeresführung gibt. Die Männer müssten schon mal die »Giftzähne« ziehen, also die Minen entschärfen, mit denen der Tunnel von polnischen Soldaten gesprengt werden sollte.

Botschafter Attolico dürfte die lange Wunschliste aus Rom mit Schadenfreude gelesen haben. Der von ihm gehasste Ribbentrop wird an dem Schreiben keine Freude haben. Das ist sicher. Von seiner Botschaft lässt Attolico sich gegen halb zwei Uhr mittags in der Limousine ins Regierungsviertel zur Neuen Reichskanzlei fahren. Er liest im Auto das Schreiben Mussolinis an Hitler durch, das er mit der Liste übergeben soll. Eine Frist, bis wann Italien die Lieferung aus Deutschland erwartet, steht nirgends. Er überlegt.

Sein Wagen fährt schließlich auf den Ehrenhof der Reichskanzlei. Attolico schreitet durch die lange Säulengalerie und wird direkt zu Hitler gebracht. Er überreicht die Dokumente und entsetzt den »Führer«. Auch Ribbentrop schaut sich die Wünsche aus Rom an. Bis wann brauche Italien die gewünschten Rohstoffe und Produkte, fragt der deutsche Außenminister. »Subito«, antwortet Attolico mit einem freundlichen Lächeln. »Sofort«.

Hitler und Ribbentrop können sich kaum beherrschen. Nur für den Transport wären 17 000 Güterzüge notwendig. Italien verlangt Unmögliches, Attolico weiß das genau, und Hitler und Ribbentrop wissen, dass er es weiß. Was sie nicht wissen: Mussolini und Ciano haben gar keine Frist vorgesehen. Wenn Mussolini nicht mit Hitler brechen will, so mag sich der Botschafter gedacht haben, gibt er den Deutschen einen Anlass, sich mit Italien zu überwerfen.

Attolico verabschiedet sich höflich und steigt wieder in seinen Wagen. Was für ein Auftritt.

Hitler verzichtet nun natürlich auf die Hilfe Italiens. Er reagiert aber überraschend besonnen. Er schreibt an Mussolini, antwortet freundlich, er habe Verständnis für die italienische Position, er könne aber nicht länger warten. »Da weder Frankreich noch England im Westen irgendwelche entscheidende Erfolge erzielen können, im Osten aber nach Niederwerfung Polens Deutschland seine gesamten Kräfte durch das Abkommen mit Russland freibekommt und die Luftüberlegenheit eindeutig auf unserer Seite ist, scheue ich mich nicht, auf die Gefahr einer Verwicklung im Westen hin die Frage im Osten zu lösen.« Das Schreiben trifft am Nachmittag in Rom ein.

Trotz der verständnisvollen Zeilen ist Hitler empört über Italien. Seine Wut richtet er aber nicht gegen Mussolini, sondern gegen den italienischen König sowie gegen die monarchistischen Kreise im italienischen Heer und Außenministerium, denen er die Schuld an Italiens abweisender Haltung gibt. Froh sei er, sagt Hitler, dass es in Deutschland keine Monarchie mehr gebe. Für viele Deutsche ist der »Führer« ohnehin eine Art »Ersatzkaiser«.

Schaulustige umringen in Danzig den Liegeplatz der »Schleswig-Holstein«. Sie fotografieren das Kriegsschiff und winken der Besatzung zu. Der Stoßtrupp der Marine, von dessen Existenz niemand in Danzig wissen soll, bleibt unter Deck und damit unsichtbar. Zu einer Filmvorführung für die Crew um halb drei in einem Schuppen auf der Pier müssen die Marineinfanteristen im Sportanzug erscheinen, damit niemand auf ihre Uniformen aufmerksam wird: Sie tragen normalerweise Feldgrau wie ihre Kameraden vom Heer. Sie bereiten sich weiterhin darauf vor, das Munitionsdepot auf der Westerplatte im Sturmangriff zu nehmen. Nun können sie sich aber erst mal mit dem Film »Florentiner Hut« entspannen, einer Komödie mit Heinz Rühmann.

Um zwanzig Minuten vor drei Uhr erhält Kleikamp den Befehl, weiterhin in Danzig zu bleiben. Der offizielle Grund dafür, den die Marineführung vorgibt, klingt ganz harmlos, ja friedliebend. Man wolle vermeiden, mit einer weiteren Schiffsbewegung in der Danziger Bucht die Spannungen zu erhöhen.

Kapitän Kleikamp besucht später den Hohen Kommissar in dessen Haus, als sei in der Nacht nichts geschehen. Im Gespräch mit Burckhardt verliert der deutsche Offizier kurz die Nerven. »Ich habe einen furchtbaren Auftrag, den ich vor meinem Gewissen nicht verantworten kann«, sagt Kleikamp unvermittelt. Burckhardt reagiert bestürzt. Der Vertreter des Völkerbundes weiß aber nicht, was der Kapitän konkret gemeint hat. Gutes lässt der spontane Ausbruch allerdings nicht erwarten.

Am Abend empfängt Burckhardt einen weiteren Gast. Der polnische Vertreter Chodacki will ihn dringend sprechen. Er beschwört ihn, die Stadt mit seiner Familie rasch zu verlassen. Danzig sei nicht mehr sicher, sagt der polnische Diplomat. Noch in dieser Nacht solle Burckhardt nach Berlin fahren und von dort ein Flugzeug in die Schweiz nehmen. Jeden Tag könnten die Kampfhandlungen beginnen, und es sei ihm unmöglich, die Verantwortung für Burckhardts Familie zu übernehmen.

Der Hohe Kommissar bleibt in der Stadt. Seine Frau aber verlässt nun Danzig – und die Kinder befinden sich bereits in Sicherheit. Burckhardt will bei seiner Familie kein Risiko eingehen. Er selbst aber bricht seine Mission nicht ab, nicht solange der Frieden andauert.

Gegen 19 Uhr legt die »Schleswig-Holstein« doch ab. Weit müssen die Schlepper das Kriegsschiff aber nicht bringen. Der Kapitän lässt an einem neuen Liegeplatz festmachen, der auf der Höhe der Festung Weichselmünde liegt. Dort fühlt sich Kleikamp vor polnischen Angriffen sicher. Und der Ort ist besser dafür geeignet, den Marinestoßtrupp unbemerkt an Land zu setzen.

In der Armee hält die Empörung über den Wankelmut des »Führers« weiterhin an. Ein Offizier notiert in seinem Tagebuch: »Man kann mit dem Instrument Heer nicht exerzieren wie mit einer Gruppe Soldaten.« Die Stimmung in der Truppe könne man sich vorstellen: »Psychologisch ein schwerer Fehler! Vertrauen in die Führung!« Der militärische Fachmann kritisiert die Entschlussschwankungen der »obersten Führung«. Viel zu spät sei die »Westlage« überprüft worden – also die Frage, wie England, Frankreich und Italien sich wohl verhalten werden. Nun stehen die Truppen vor Polen, und niemand wisse gerade, wie es weitergehe.

Und Generalmajor Franz Halder, immerhin Chef des Generalstabes des Heeres, hat sich mühsam beruhigt. Sein Zorn über das klägliche Spiel mit dem Feuer unterdrückt er nur, um Hitler davon abzuhalten, doch noch den großen Krieg zu riskieren. Er weist Hitler daraufhin, dass er eine so große Truppenkonzentration unmöglich für längere Zeit an der Grenze stehen lassen könne. Sein Vorgesetzter Generaloberst Brauchitsch erklärt heute: »Hauptsache ist, dass wir in den Verhandlungen weiterkommen und er beigezäumt wird.« Mit »er« meint der General natürlich Hitler. Aber will Adolf Hitler überhaupt noch mit den Westmächten verhandeln?

Sepp Herberger wird im Hotel zum Telefon gerufen. Ein Vertreter des Auswärtigen Amtes will ihn dringend sprechen. Es geht um das Länderspiel. Der Diplomat bittet darum, dass die deutsche Mannschaft doch in Stockholm antritt. Ein Signal der Entspannung wäre das schließlich. Die Absage sei ein Missverständnis gewesen. Aber Herberger kann nichts mehr machen. Seine Spieler haben sich längst auf die Heimreise begeben, sitzen vermutlich schon in ihren Zügen. Sie nun wieder alle rechtzeitig zu versammeln, ist unmöglich. Und so bleibt die Absage bestehen.

Um sieben Uhr am Abend kommt Dahlerus in Berlin-Tempelhof an. Ein Oberstleutnant wartet dort auf den Schweden. Er soll ihn nach *Carinhall* bringen. Aber als beide dort eintreffen erfahren sie, dass Göring soeben das Anwesen an Bord seines Sonderzuges verlassen habe, um in sein geheimes Hauptquartier zu fahren. Mit dem Wagen bringt der Offizier Dahlerus nach Friedrichswalde, dort wartet Görings Zug auf ihn. Der Unternehmer muss ihm erst mal Bericht erstatten. England habe ehrliches Interesse am Frieden, sagt Dahlerus. Es gebe aber auch keinen Zweifel, dass die Briten ihren Vertrag mit Polen ernst nehmen und bei einem deutschen Angriff in den Krieg eintreten werden. Eine Stunde reden sie, dann übergibt Dahlerus den Brief von Lord Halifax. Göring zeigt sich schwer beeindruckt, er will Hitler das Schreiben persönlich vorlegen, lässt den Zug stehen, ein Auto kommen und fährt gleich mit Dahlerus nach Berlin.

Die polnische Admiralität beschließt, Geheimbefehle an ausgewählte Kriegsschiffe zu schicken. Codewort: »Operation Peking«. Was dahintersteckt, wissen nur sehr wenige Eingeweihte. Die polnische Marine bereitet sich auf den Seekrieg gegen das nationalsozialistische Deutschland vor.

Sophie Scholl denkt wieder an Hartnagel, ihren »lieben Fritz«. Eigentlich will sie sich gar nicht so fest binden, sie ist doch noch so jung. Manchmal stößt sie in ihren Briefen ihren Freund ganz schön vor den Kopf. Aber heute setzt sie sich in Ulm hin und schreibt sehnsüchtige Zeilen. »Eigentlich habe ich Dir gar nichts zu schreiben. Ich hoffe nur sehnlichst, dass Du bald wieder Deine Sonntagsbesuche hier machen kannst.«

Um Mitternacht bremst Göring vor der Neuen Reichskanzlei. Dahlerus schaut aus dem Fenster. Es brennt kaum Licht in dem Gebäude. Ein Oberst meldet Göring, dass Hitler zu Bett gegangen sei. Man müsse den »Führer« unter allen Umständen wecken, befiehlt der Generalfeldmarschall. Dahlerus solle in sein Hotel fahren, sagt Göring, aber bitte noch nicht schlafen gehen. Vielleicht werde er noch gebraucht. Möglicherweise werde es noch in dieser Nacht eine Besprechung geben. Also kehrt Dahlerus in das *Hotel Esplanade* zurück. Er setzt sich in die Halle, die zu dieser Zeit menschenleer ist. Birger Dahlerus wartet, denkt nach. Was würde Görings impulsive Art auf Hitler für eine Wirkung haben? Zwei Offiziere reißen ihn aus seinen Gedanken. Gut eine Viertelstunde sitzt Dahlerus erst hier. Beide Oberste treten in strammer Haltung vor den Schweden. »Der Führer lässt bitten«, sagt einer von beiden schneidig. In einem großen, offenen Wagen bringen die Männer schließlich Dahlerus zur Reichskanzlei. Sie fahren in hohem Tempo, keiner sagt ein Wort. In einem Innenhof hält das Auto, eine Wache mit Gewehr beobachtet die Ankunft. Beamte holen Dahlerus ab und bringen ihn in einen Warteraum vor Hitlers Arbeitszimmer. Hier soll er erst mal Platz nehmen.

Dahlerus reißt heute wieder ein ordentliches Pensum ab. Im Warteraum hängen alte Meister an den Wänden, der Boden ist mit Teppichen von ausgesuchter Qualität bedeckt, und Orchideen dienen als Blumenschmuck. Sonderbar ist es, denkt Dahlerus, dass selbst in einer so außerordentlich ernsten Situation solchen Dingen nach wie vor eine derartige Aufmerksamkeit gewidmet wird. Orchideen!

Dann öffnet sich eine Tür zu einem kleinen, schmalen Vorraum. Dahlerus wird endlich in das Allerheiligste der Neuen Reichskanzlei hineingeführt, in das Arbeitszimmer Hitlers.

Inmitten des Raumes steht der »Führer« und fixiert den Besucher scharf. Neben ihm wartet Göring und sieht zufrieden aus. »Guten Abend, Exzellenz!«, grüßt Dahlerus. Hitler antwortet freundlich und bittet den Schweden, sich zu setzen. In einer Ecke des Raums nehmen die drei Platz. Der Reichskanzler hält eine seiner berüchtigten Reden, spricht über Deutschlands Wunsch, sich mit England zu verständigen. Die Briten seien nicht von einem ehrlichen Wunsch beseelt, mit den Deutschen zusammenzuarbeiten. Zwanzig Minuten redet Hitler, erregt, empört. Als er eine Pause macht, unterbricht ihn Dahlerus. Er berichtet von seinen Eindrücken aus Großbritannien, von der Mentalität der Menschen, von ihrer Zähigkeit und Beharrlichkeit. Hitler stellt Nachfragen, diskutiert, springt auf, läuft durch den Raum. »Dies ist mein letztes großzügiges Angebot an England«, sagt er dann zu Dahlerus. Er hebt hervor, wie stark Deutschland aufgerüstet hat, wie gut die Armee gedrillt und wie ausgezeichnet sie ausgerüstet ist. Er redet sich in Rage. Mit starrem Blick marschiert er durch das Zimmer, zählt so rasch Fakten und Zahlen zur Wehrmacht auf, dass ihn die Anwesenden kaum verstehen. Dann brüllt er los und droht allen Feinden mit Vernichtung. Dahlerus schaut dem Spektakel staunend zu.

»Dies ist der Mann, der nicht nur die Schicksale seines Volkes in der Hand hat, dessen Maßnahmen vielmehr einen Erdteil, ja die Lage der ganzen Welt und das Wohl und Wehe von Millionen Menschen beeinflussen können, der über die Frage zu entscheiden mächtig ist, ob die Menschheit einer friedlichen Entwicklung mit allen ihren Segnungen entgegengehen kann oder ob ein Krieg mit all seinen Schrecken ausbrechen wird«, denkt Dahlerus, während er Hitler zuhört. »Das ist also der Mann, den mir so viele als faszinierend beschrieben haben.«

Hitler läuft weiter in seinem Arbeitszimmer auf und ab und monologisiert. »Sie, Herr Dahlerus, haben meine Auffassung gehört«, sagt er. »Sie müssen sofort nach England reisen, um sie der englischen Regierung mitzuteilen. Ich glaube nicht, dass Henderson mich verstanden hat, und wünsche aufrichtig, dass eine Verständigung zustande kommt.« Dann nennt er dem Schweden mehrere Punkte, die dieser den Briten übermitteln soll: Deutschland wolle einen Pakt mit England schließen. Dafür müsse die Regierung in London dabei helfen, dass Danzig wieder dem Reich angeschlossen werde. Deutschland garantiere für die Grenzen Polens. Im Gegenzug verpflichtet sich Deutschland, das Britische Empire, wo immer es auch angegriffen werden könnte, mit seiner Wehrmacht zu schützen.

Dann verabschiedet Hitler sich von Dahlerus. Göring hat während seines Besuchs kaum etwas gesagt. Draußen, noch im Vorzimmer, sagt ein Adjutant zu Dahlerus, dass morgen um 8 Uhr ein Flugzeug bereitstünde. Dann bricht der Schwede in sein Hotel auf. Er ruft den befreundeten Bankdirektor an und einen Bekannten in England, packt seine Sachen. Danach ist es halb vier am Morgen. Ins Bett legt sich Birger Dahlerus gar nicht erst, schlafen könnte er ohnehin nicht.

27. August 1939, Sonntag

Polnischer Feuerüberfall bei Danzig
Ein SA- und ein SS-Mann erschossen.

Der Angriff

Wichtig ist, dass der nationalsozialistische Bluff in einem Augenblick zu zerplatzen beginnt, in dem er die Welt mit Kriegsdrohungen erpressen will. (...) Bevor man also ganze Erdteile als seine ausschließliche Wirtschaftsdomäne reklamiert, sollte man erst die eigene Bevölkerung ausreichend mit Nahrung, Kleidung, Kohle und Rohstoffen versorgen.

Der Deutsche Weg

Immer noch halten die Freiwilligen der »Deutschen Kompanie« den Jablunka-Pass. Nun rücken sie sogar weiter vor und besetzen den polnischen Bahnhof Mosty. Gegenangriffe der Polen schlagen die Freischärler der Abwehr zurück. Gut anderthalb Kilometer von der deutschen Grenze entfernt, auf polnischem Territorium, führt die Abwehr weiterhin Krieg, obwohl Adolf Hitler den Angriffsbefehl zurückgezogen hatte. Was will Canaris mit diesem riskanten Spiel erreichen? Die Polen gehen davon aus, dass Radikale aus der deutschen Minderheit für die Angriffe verantwortlich sind, und rücken nicht konzentriert gegen die Gruppe vor. Deren Offiziere bereiten alles für den Abmarsch zur slowakischen Grenze vor.

Um zwanzig vor acht Uhr verlässt Birger Dahlerus das *Hotel Esplanade*. Ein Wagen bringt ihn zum Flughafen Tempelhof. Das Flugzeug wartet schon auf ihn. Sobald er an Bord ist, hebt die Maschine ab. Der Chefpilot lädt Dahlerus ein, vorn bei ihm im Cockpit Platz zu nehmen, dann könne er ihn über die Navigation orientieren. Aber Dahlerus lehnt freundlich ab. Er möchte über seinen Auftrag nachdenken. Ein weiteres Mal reist er also als Görings Beauftragter nach London. Der preußische Ministerpräsident, Luftwaffenchef und Vier-Jahres-Plan-Beauftragter, fürchtet den Krieg. Er sieht seinen großen Besitz gefährdet – und sein so angenehmes Leben. Hermann Göring erinnert sich noch gut an den Ersten Weltkrieg. Damals war er Kampfflieger an der Westfront. Ein schneidiger Pilot, der das Eiserne Kreuz und den Orden Pour le Merite erhalten hat, hohe Tapferkeitsauszeichnungen. Heute aber hat er viel mehr zu verlieren als damals.

Göring weiß zudem, dass die Wehrmacht nicht wirklich bereit ist, gegen die Westmächte ins Gefecht zu ziehen. Die Aufrüstung läuft zwar in Deutschland auf Hochtouren, aber sie ist bei Weitem nicht abgeschlossen. Gerade bei seiner Luftwaffe gibt es noch viel zu tun. Bald schon sollen ganz neue Flugzeugtypen eingeführt werden. Eine dieser revolutionären Maschinen ist die He 178, das erste Flugzeug mit Turbostrahltriebwerk. Auf solche Wunderwaffen würde Göring gerne warten, bevor ein Krieg beginnt.

Heute steigt eine He 178 zum Testflug auf. Ihr Pilot ist Erich Warsitz. Er klettert auf dem Betriebsgelände der Heinkel-Werke in Rostock-Marienehe in das Cockpit seiner Maschine. Nach einem gründlichen Check hebt er mit dem Jet ab. Vor einem Monat, am 3. Juli, hatte er ein anderes Modell, eine He 176, vor dem »Führer« präsentieren dürfen. Adolf Hitler hatte dem Start des Raketenflugzeugs zugeschaut. Von der Luftwaffe verspricht er sich sehr viel, sollte es bald zu einem Krieg kommen. Die Deutschen testen zahlreiche neue Antriebe. Ihr Mann für die neuen Raketenwaffen ist Wernher von Braun. Er hat vor wenigen Tagen dem Reichsluftfahrtministerium einen Vorschlag für ein neuartiges Raketenjagdflugzeug geschickt. Eine Höhe von 8000 Metern soll es in nur dreiundfünfzig Sekunden erreichen und so jeden Bomber rasch abfangen können. Für den Flug sollte die Maschine zusätzlich ein Marschtriebwerk erhalten – dasselbe, das auch in der He 176 eingebaut ist.

Dahlerus Flugzeug ist deutlich langsamer. Dafür kann der Schwede, tief in Gedanken versunken, aus dem Fenster schauen und die Landschaft bewundern. Tief fliegt die Maschine, unter Dahlerus ziehen Ortschaften in Sonntagsruhe vorbei. Herrlicher Sonnenschein und klare Luft versprechen einen weiteren schönen Spätsommertag. Vor nicht einmal zwanzig Stunden hat er London verlassen. Nun kehrt er schon wieder in die englische Hauptstadt zurück. Er glaubt an Görings Friedenswillen. Aber das Treffen mit Hitler hat ihn skeptisch gestimmt. Zu oft hat der »Führer« von Krieg gesprochen.

Heute jährt sich die Schlacht von Tannenberg zum 25. Mal. Und Deutschland feiert diesen Tag deutlich weniger pompös als geplant. Die meisten Feiern wurden abgesagt, dabei kennt dieses Datum jedes Schulkind. Tannenberg, ein Triumph in der jüngsten deutschen Geschichte. Damals, 1914, besiegten die deutschen Truppen unter Kommando von General Paul von Hindenburg die Russen und verteidigten Ostpreußen vor den feindlichen Soldaten.

Nun wissen Hindenburgs Nachfolger nicht, wie es im aktuellen Konflikt weitergeht. Alles sei offen, sagt Generaloberst von Brauchitsch. Seiner Meinung nach liefen Verhandlungen mit England, und es bestehe Aussicht, dass es dem »Führer« doch noch gelingt, Polen international zu isolieren.

Sollten in einem künftigen Krieg feindliche Bomben auf London fallen, dann können Regierung und Armeeführung dennoch weiterarbeiten: Heute nimmt eine Einrichtung den Betrieb auf, die in diese konfliktgeladene Zeit passt, auch wenn sie schon vor Langem geplant worden ist. Die *Cabinet War Rooms* sind fertig, ein großer Bunker unter den Regierungsgebäuden an der King Charles Street in der Nähe des *Big Ben*. 60 Menschen finden hier Platz, wenn nötig, für längere Zeit. Der neue Bunker ist nicht nur komfortabler als der bisherige Schutzraum der Regierung, sondern auch sicherer. Bislang war für die Arbeit der Regierung bei Luftangriffen lediglich die stillgelegte und tief gelegene U-Bahn-Station »Down Street« vorgesehen.

Beim Sicherheitsdienst der SS laufen auf höchster Ebene die Vorbereitungen für den Kriegsbeginn. Reinhard Heydrich überwacht alles persönlich.

Kommt er in diesen stressigen Tagen noch zum Fechten? Mit dem Degen geht er meisterhaft um. Mit seiner SS-Mannschaft hat er zahlreiche Preise gewonnen und ist bei Wettkämpfen oft ohne Niederlage geblieben. In diesem Jahr sicherten er und seine Sportkameraden sich den von SS-Chef Heinrich Himmler gestifteten Wanderpokal: eine kunstvolle Holzschale mit Bernsteineinlage und silbernem Hoheitsabzeichen.

Dem Fechten wird innerhalb der SS eine große erzieherische Bedeutung zugemessen. Mit dem Degen erkämpft Heydrich sich nicht nur Pokale, sondern auch den Respekt seiner Kameraden. Eigentlich trainiert er fast täglich, immer um 8 Uhr morgens vor Dienstbeginn in der Turnhalle seines Amtes, mit einem Fechtmeister der SS. Doch momentan ist sein Terminkalender mehr als gefüllt.

Seine zweite Leidenschaft dürfte darunter ebenfalls leiden, das Violinenspiel. Heydrich beherrscht seine Geige virtuos. Sein Vater war Heldentenor, Komponist und später Gründer eines Konservatoriums. Seine Mutter nannte ihren Sohn nach einer Heldenfigur aus einer Oper ihres Mannes: Reinhard,

»stark im Ratgeben«. Sein zweiter Vorname Tristan verweist auf Richard Wagner, den im Hause seiner Eltern so verehrten Komponisten, den auch Adolf Hitler vergöttert.

Um zwanzig Minuten nach zwölf Uhr am Mittag landet das Flugzeug mit Dahlerus an Bord auf dem Flugplatz Croyden in England. Hier herrscht Friedhofsruhe. Der zivile Luftverkehr wurde nahezu vollständig eingestellt. Und nun landet ausgerechnet ein deutsches Militärflugzeug. Das sorgt für Aufsehen. Im Verwaltungsgebäude des Flughafens verfasst Dahlerus einen schriftlichen Bericht für die englische Regierung. Per Kurier geht der Report an Lord Halifax. Durch einen Hinterausgang verlässt Dahlerus dann den Flughafen, dessen Direktor fährt ihn nach Westminster. Schon bald bringen ihn Beamte in die Downing Street Nr. 10. In einem Sitzungsraum trifft er Chamberlain, Lord Halifax und den Staatssekretär Sir Alexander Cadogan. Der Schwede schildert sein Treffen mit Hitler und Göring vor wenigen Stunden. Ruhig und ernst hören die Gentlemen ihm zu. Es herrscht eine ganz andere Atmosphäre als in der Reichskanzlei. Offensichtlich stimmen Hitlers Vorschläge nicht in allen Punkten mit dem überein, was er Botschafter Henderson mitgegeben hatte. Ob er wirklich sicher sei, dass er alles korrekt verstanden habe, fragt ihn Chamberlain. Er beherrsche Deutsch so gut, dass ein sprachliches Missverständnis ausgeschlossen sei, antwortet Dahlerus. Aber er könne in keiner Weise garantieren, dass die von Hitler übermittelten Punkte richtig seien.

Welchen Eindruck habe Hitler auf ihn gemacht, fragt der Premierminister seinen Gast. »Ich möchte ihn nicht als Geschäftspartner haben«, antwortet Dahlerus. Ein Lächeln huscht über Chamberlains Gesicht.

Dahlerus hat sich in der Reichskanzlei keine Notizen gemacht, und Hitler hat ihm nichts Schriftliches mitgegeben. Nun stehen die Briten mit zwei Angeboten aus Berlin da. Einem offiziellen deutschen Vorstoß, der über Botschafter Henderson nach London gelangt ist. Und den Vorschlägen Hitlers, die Dahlerus überbracht hat. Und was davon ernst gemeint ist, was Hinhaltetaktik ist oder nur ein Bluff, niemand in London weiß es genau.

Chamberlain will lieber seinem Botschafter vertrauen, dem professionellen Diplomaten. Dahlerus bietet an, noch heute nach Berlin zurückzukehren und eine inoffizielle britische Antwort zu überbringen. Neville Henderson könne am Montag dann immer noch die offiziöse Stellungnahme der englischen Regierung übermitteln.

Vom Telefonapparat Cadogans im Foreign Office ruft Dahlerus bei Göring an. Er wird heute noch in Berlin zurückerwartet – mit einer britischen Reaktion. Staatssekretär Cadogan geht mit dem Besucher die Punkte durch. Seine Regierung will, dass die Deutschen direkt mit Polen über Danzig und den Korridor sprechen. Die polnische Grenze müssten mehrere Staaten garantieren. Und die Kolonien an Deutschland zurückzugeben, lehne das Vereinigte Königreich ab. Wenn Hitler aber die Demobilisierung einleite, dann könne über die Angelegenheit noch einmal gesprochen werden. Deutschlands Angebot, das Empire zu verteidigen, lehnen die Briten entschieden ab.

»Die Gangsterpolitik muss aufhören«, sagt Cadogan noch zu seinem Gast. Dahlerus wird dann zu einem abgelegenen Flughafen gefahren. Dort wartet das Flugzeug der deutschen Luftwaffe schon auf ihn. Um 19 Uhr geht er an Bord. Zuvor hat er noch einmal am Telefon mit Göring gesprochen. Der Kommandeur der Luftwaffe gibt die genaue Route durch, die das Flugzeug nehmen soll. Auf dieser Strecke ist die Luftabwehr über die Ankunft einer Maschine informiert worden. Ein Beschuss in der Nacht mit Flugabwehrkanonen scheint Göring nicht für ausgeschlossen zu halten.

In Chartwell Mansion, im Landsitz Churchills, trifft General Ironside ein, den Hitler vergeblich nach Deutschland eingeladen hatte. Auch Churchill hat den Offizier zu sich gebeten. Ihn interessiert die Polen-Reise Ironsides und dessen militärischer Sachverstand. Der Politiker will sich mit Ironside austauschen. Diesem Wunsch folgt der altgediente Soldat gern. Er schätzt Churchill. Der General berichtet von einem Divisionsmanöver, das er besucht hat. Durchaus beeindruckend findet er die Kampfkraft der Polen. Deren Moral sei ausgezeichnet. Ironside will drei Tage lang zu Gast bei Churchill sein. Sie versuchen, das »Unerforschliche zu ermessen«, die Frage nach Krieg und Frieden zu beantworten.

Seit Wochen lösen Hedwig Pringsheim und ihr Mann Alfred ihren Haushalt auf. Die Eltern von Katia Mann, 85 und 89 Jahre alt, verabschieden sich von Kunstwerken, Silbergeschirr, Gobelins und ihrem Steinway-Flügel. Besonders wertvolle Stücke hatte die Gestapo bereits im vergangenen Jahr beschlagnahmt. Als Juden haben sie kein Recht mehr auf ihre Kostbarkeiten. Amtliche Schätzer, Kunsthändler, Antiquare und potenzielle Privatkäufer belagern die Senioren. Sie müssen schon bald ausziehen. Ihr Haus in der Widenmayerstraße 35 wird eine SS-Dienststelle werden. Die aus Tibet zurückgekehrten Forscher der Schutzstaffel sollen dort einziehen.

Heute kommt endlich eine gute Nachricht aus London bei Katia Manns Eltern an. Wie von den Nationalsozialisten verlangt, haben sie ihre Sammlung von Majolika-Keramik versteigern lassen. Mit dem Auktionsgeld soll die Reichsfluchtsteuer bezahlt werden. Wenn das geschehen ist, dürfen die Pringsheims endlich in die Schweiz ausreisen.

»Den armen Alten würde ich ein letztes Aufatmen wohl gönnen«, hatte Golo Mann sorgenvoll schon im Februar an einen Bekannten geschrieben. Der Enkel würde seine Großeltern gern in Zürich begrüßen. Doch noch steht die nationalsozialistische Bürokratie diesem Wunsch im Weg.

Halb sechs Uhr abends in Berlin. Im Botschaftersaal der Neuen Reichskanzlei spricht Adolf Hitler vor Abgeordneten des Reichstages. Auch Göring, Goebbels und Himmler sind dabei. Danach lädt er zum Empfang im Großen Saal. Er trägt eine braune Uniform mit Hakenkreuz-Armbinde. Auf einige der Abgeordneten wirkt er abgekämpft, macht auf einen Parlamentarier gar einen »elendigen Eindruck«. Hitler thematisiert die ernste Lage, die drohenden Konflikte. Seine Minimalforderung gegenüber Polen lautet: Danzig »heim ins Reich« und »Lösung« der Korridorfrage. Und über den Pakt mit Stalin sagt der »Führer«: Das ändere nichts an seiner grundsätzlich antibolschewistischen Politik; man müsse den Teufel mit dem Beelzebub austreiben.

Eigentlich hat er die Parlamentarier nur einbestellt, um sie zu beschäftigen. Sie wurden alle nach Berlin gerufen, um über den Kriegsbeginn mit Polen informiert zu werden. Da der Angriff aber vorerst abgesagt wurde, gibt es eigentlich keinen Grund mehr, dass die Abgeordneten, oft Parteiprominente wie Danzigs Gauleiter Forster, in Berlin bleiben. Hitler also warnt vor der drohenden Kriegsgefahr, die er selbst heraufbeschworen hat.

Um Viertel nach sechs gibt die Abwehr einen Befehl in Sachen Jablunka-Pass heraus. Die »Deutsche Kompanie« soll weiter vor Ort bleiben. Es müsse aber verhindert werden, dass die Einheit komplett aufgerieben werde. Währenddessen stellen die Mitarbeiter der Abwehr sicher, dass die Freiwilligen bei Jablunka mit Munition und Verpflegung versorgt werden. Es besteht Kontakt zu der »K-Gruppe«, und Rückzugsmöglichkeiten würden offengehalten. Der Bahnhof in Mosty wird nicht länger gehalten. Nach zwei Tagen und mehreren Gegenangriffen zieht das Sonderkommando sich von dort zurück.

Gegen elf Uhr am Abend landet Birger Dahlerus erneut in Tempelhof. So viele Flugmeilen wie er hat wohl kaum ein Europäer in den vergangenen Tagen zurückgelegt. Sofort bringt ihn ein Wagen zu Göring, in dessen Berliner Residenz. Der Generalfeldmarschall begrüßt Dahlerus gut gelaunt. Der Schwede berichtet von seinem Treffen mit Chamberlain und überbringt die britische Antwort. Göring hört zu, reibt sich die Nase, scheint wenig zufrieden zu sein. Er selbst verstehe die englische Reaktion, sagt er. Aber ob Hitler das auch tue, bezweifele er.

Dahlerus lässt sich in sein Hotel fahren. Dort wartet er auf eine Reaktion Görings. Erst weit nach Mitternacht meldet sich der Nationalsozialist bei ihm. Hitler habe die englische Antwort zufriedengestellt. Wenn Botschafter Henderson morgen eine offizielle Note überbrächte, die sich mit der von Dahlerus übermittelten Antwort decke, müsste eine friedliche Verständigung möglich sein.

VIII. Am Abgrund

28. August 1939, Montag

In Italien herrscht das Empfinden vor, dass der Frieden gerettet werden kann.

Türkische Post

Die zahlreichen ausländischen Zweckmeldungen darüber, dass es um die Einigkeit der Achse nicht zum Besten bestellt sei, sind dadurch zu widerlegen, dass die über DNB herauskommenden italienischen Pressestimmen veröffentlicht werden.

NS-Presseanweisung des Propagandaministeriums

Um zwei Uhr in aller Frühe trifft Birger Dahlerus in der britischen Botschaft ein. Wie mit Staatssekretär Cadogan vereinbart, übermittelt er dort die deutsche Antwort. Zunächst halten die Beamten ihn für einen Hochstapler. Dahlerus merkt das, auch wenn seine Gegenüber ihre Zweifel höflicher formulieren. Dann trifft in der Botschaft aber ein Telegramm ein, das Dahlerus' Besuch ankündigt. Görings Antwort geht dechiffriert nach London. Unendlich müde kehrt Dahlerus in sein Hotelzimmer zurück. Zeit zum Ausruhen hat er noch immer nicht. Er lässt sich ein Bad ein, steigt in die Wanne, erfrischt sich. Dann zieht er sich um und bricht erneut zu Göring auf. Der Chef der Luftwaffe befindet sich in einer geheimen Kommandozentrale unweit von Berlin.

Erneut hat Göring beste Laune. Er trägt einen erbsengrünen Schlafrock mit juwelengeschmückter Schärpenschnalle. Er stützt die Hände in die Seiten, betrachtet Dahlerus und ruft lachend aus: »Sie haben diese Nacht nicht viel geschlafen. Sie verließen ja die Botschaft nicht vor halb sechs Uhr.« Er fragt, ob Dahlerus gestern geschlafen habe. Und als sein Gast verneint, will Göring wissen, wann dieser denn bloß äße und schliefe.

Nach einigen Stunden bei Göring in dessen Sonderzug kehrt Dahlerus nach Berlin zurück. Er trifft Bekannte und Freunde, besucht den schwedischen Konsul und kommt endlich dazu, etwas zu essen.

In Saltsjöbaden bei Stockholm richtet sich Katia Mann in ihrem Zimmer ein. Soeben ist sie mit ihrem Mann angekommen. Aus dem *Grand Hotel* schreibt sie nach Kalifornien. »Liebster Aissisohn, ich irre mich doch nicht darin, dass ich Dir unmittelbar vor unserer Abreise in London ein hastig Brieflein klipperte, worin das Entsetzen über die Russenschweinerei sich mit dem über die furchtbare Gretltragödie mischte.« Eine sehr literarische Beschreibung des Hitler-Stalin-Pakts.

Schon bald will sie ihren Sohn Klaus wieder in die Arme schließen. Sorgen macht sie sich auch um eine der Töchter. Katia Mann wartet sehnsüchtig auf Erika, die ihr holländisches Schiff verpasst und auch noch sämtliches Gepäck verloren hat. Darin sind Manuskripte für Bücher, an denen Erika gerade arbeitet, und andere wichtige Unterlagen. Das älteste Kind von Katia und Thomas Mann leidet sehr unter dem Verlust.

Erika hilft den Eltern, wo sie nur kann. Sie hat im vergangenen Sommer etwa den Haushalt von Katia und Thomas Mann im schweizerischen Küsnacht aufgelöst und die Sachen in die Vereinigten Staaten verschifft. Ihre Koffer tauchen zum Glück wieder auf, und statt den Dampfer wird Erika nun ein Flugzeug nach Malmö nehmen. Gemeinsam wollen die Eltern mit der Tochter dann nach London weiterziehen und von dort über den Atlantik nach New York schippern. Sie haben bereits Plätze auf der »Drottingholm« gebucht.

Wie lang wird der Brief nach Santa Monica zu Klaus wohl brauchen? Katia Mann schreibt: »Bis Du diese Zeilen erhältst, ist die Entscheidung über Krieg und Frieden ja wohl schon gefallen, im Augenblick ist es ja noch immer das alte Rätselraten, wobei sogar ich, eine alte, standhafte Kriegsprophetin sogar eher auf Frieden tippe, weil man sich doch sagt, das feige Schwein hätte ja längst in Polen angegriffen, wenn er das eben wollte.«

In Deutschland käme Katia Mann für solche Äußerungen sicherlich in ein Konzentrationslager. Im KZ Dachau hatte Reinhard Heydrich bereits kurz nach der Machtübernahme Thomas Mann einsperren wollen. Denn der Literat, so notierte der Geheimdienstchef der SS damals, vertrete eine »undeutsche, der nationalen Bewegung feindliche, marxistische und judenfreundliche Einstellung«. Doch Heydrich bekam die Manns nicht zu fassen.

Der P. E. N.-Kongress in Schweden, der am 3. September beginnen sollte, wurde übrigens abgesagt. Wegen drohender Kriegsgefahr. Sobald es geht, wollen Katia und Thomas Mann nun in London an Bord des Dampfers gehen, der sie in Sicherheit bringen soll, nach Amerika.

Heute sollte die »Schleswig-Holstein« eigentlich ihr Besuchsprogramm in Danzig beenden und wieder ablegen. Aber noch immer liegt das Linienschiff in der Nähe der Westerplatte. Und es bleibt auch dort. Gauleiter Forster versorgt Kleikamp mit guten Luftaufnahmen des polnischen Stützpunktes. Die dichten Baumreihen dort verhindern, dass von Land oder Wasser gesehen werden kann, wo genau die polnischen Verteidigungspunkte liegen.

Der Kapitän gibt heute einen taktischen Befehl für den möglichen Kampfeinsatz heraus, den er vorher von seinem Vorgesetzten hat absegnen lassen. Darin beschreibt er die Aufgaben seines Schiffes im Kriegsfall: Die Artillerie soll Stellungen an Land bekämpfen, den Seehafen Gdingen beschießen, die polnischen Seestreitkräfte ausschalten und Danzig beschützen.

Im Hause Himmler herrscht Aufregung. Marga Himmler hat ihrer zehnjährigen Tochter Gudrun, genannt »Püppi«, erzählt, dass sie im Kriegsfall zum Roten Kreuz gehen werde. Schon im Ersten Weltkrieg hatte sie als Krankenschwester in einem Lazarett gearbeitet. Das Mädchen hat daraufhin furchtbar angefangen zu weinen. Sie will sich gar nicht beruhigen. Nachts will sie nun bei der Mutter sein, und Marga muss meistens mit Gudrun zusammen schlafen gehen. »Aber wer weiß, ob es dazu kommt, u. ich weg muss«, notiert Marga Himmler.

Weitere Sorgen macht im Haus Himmler, dass alle Waren nun rationiert sind. Der Diener wurde ganz blass, als er erfuhr, dass Lebensmittelkarten eingeführt werden. Wie soll er damit nur die Familie des Reichsführers SS angemessen versorgen? Marga Himmler fürchtet, dass sie sich bei der Seife einschränken muss. Sie, »Püppi« und die Angestellten warten gebannt darauf, ob es zum Krieg kommt.

Alle Offiziere und Referenten der Abwehr Abteilung II werden zusammengerufen. Sie werden von Lahousen ermahnt, dass sie keinesfalls in der Öffentlichkeit über den Abfall Italiens sprechen dürfen. Dass Mussolini nicht gemeinsam mit Hitler in den Krieg ziehen will, soll so lang wie irgendwie möglich geheim bleiben.

Die Abwehrstelle im Wehrkreis VIII in Breslau stellt heute den »Lagebericht Polen Nr. 13« fertig. Die Spione und Spitzel der Abwehr waren fleißig im Nachbarland. Detailliert haben sie Informationen über Truppenbewegungen gesammelt. Ein Beispiel: »Am 27. 8. 39 im Grenzabschnitt gegenüber Weidenhoff (10 km südl. Sulmierzyce) – Neumittenwalde Eintreffen größerer Teile von Truppen (Regts.-Zugehörigkeit unbekannt).

(Zollmeldung vom V.Mann bestätigt.)« Außerdem listet die Abwehr Befestigungen auf, die im Bau sind, Sprengvorbereitungen und Fallen für Panzer.

Ernst von Weizsäcker verlangt von der Abwehr »eine kurze und klare Übersicht über das Unternehmen der K.Org. Jablunka«. Er schaut zunehmend verzweifelt auf die riskante Politik Hitlers. Mehrfach hat er seit dem Frühjahr seine Demission angeboten. Der aggressive Kurs in der Außenpolitik macht ihm Sorge. Einen Krieg gegen England und Frankreich hält er weiterhin für falsch. Mit seiner Rücktrittsdrohung will er seinen »Ratschlägen« Nachdruck verleihen. Wieder findet Weizsäcker kein Gehör. Und bleibt doch im Amt.

Schwirrt ihm ein Satz im Kopf herum, den Hitler jüngst in der Rede vor Reichstagsabgeordneten und prominenten NS-Vertretern gesagt hat? Er nannte das Abkommen mit Stalin einen Pakt mit dem Beelzebub, um den Teufel auszutreiben. Wer das gehört hat, ahnt, dass der Krieg gegen Polen nur ein erster Schritt wäre auf dem Weg nach Osten. Wenig Hoffnung dürfte manchem Zuhörer auch eine weitere Passage gemacht haben: Der Krieg werde sehr schwer werden, kündigte der »Führer« an. »Solange ich lebe, wird von Kapitulation nicht gesprochen.«

SS-Sturmbannführer Alfred Naujocks und sechs Männer vom Sicherheitsdienst warten in Gleiwitz auf ihren Einsatzbefehl. Dieses Kommando ist für Naujocks eine Chance zur Bewährung. 1936 hatte er einen Entführungsauftrag von seinem Chef verbockt. Heydrich hatte Naujocks, damals noch Untersturmbannführer, damit beauftragt, Rudolf Formis aus der Nähe von Prag ins Reich zu verschleppen.

Formis betrieb damals einen Sender, der ein Programm ins Reich ausstrahlte, das gegen die Nationalsozialisten gerichtet war. Der deutsche Ingenieur sollte von Naujocks und einem

Helfer lebend nach Berlin gebracht, der Sender zerstört werden. Doch der Zugriff scheiterte: Formis wehrte sich, eine Flasche mit Chloroform zum Betäuben des Opfers zerbrach, dann zog der Radiomann plötzlich eine Pistole, feuerte auf die Angreifer, traf Naujocks dreimal. Ein anderer SD-Mann schoss zurück und tötete Formis. Naujocks war nur leicht verletzt, zerstörte den Sender und floh nach Berlin. Heydrich tobte über die misslungene Mission, die Schlagzeilen im Ausland verursachte und die tschechoslowakischen Behörden ermitteln ließ. Er echauffierte sich über Methoden »wie in einem Gangsterfilm«. Diesmal muss Naujocks Einsatz besser laufen. Sonst dürfte er die Gunst von Heydrich, einem der mächtigsten Männer in Hitlers Staat, gänzlich verlieren.

Ernst Schäfer, der Wissenschaftler und SS-Offizier, der noch vor wenigen Wochen durch Tibet reiste, entwirft in diesen Tagen in Berlin ein für ihn wichtiges Konzept. An seiner Schreibmaschine tippt er einen Entwurf, den er mit »Das Asieninstitut der SS« überschrieben hat. Eingangs stellt er die Frage: »Was mit den Mitgliedern der Expedition bzw. dem Sammlungsmaterial geschehen soll?« Seine Antwort: Die SS soll ein eigenes Institut gründen, das von Schäfer geleitet wird, »da keine der heute vorhandenen Einrichtungen unserer wissenschaftlichen und Universitäts-Institute in der Lage ist, das außerordentlich reichhaltige Material der SS-Tibetexpedition auch nur einigermaßen voll in diesem Sinne auszuwerten.« Noch im August, nur wenige Tage nach seiner Rückgabe, schickt er sein Konzept an Heinrich Himmler. Doch der Reichsführer SS hat für Schäfer ganz andere Pläne. Himmler träumt von einer Geheimoperation im Rücken der Briten in Asien. Mit Geld und Waffen sollen lokale Fürsten gegen die früheren Kolonialherren aufgebracht werden. Dafür sei Schäfer der richtige Mann. Der Wissenschaftler reagiert wenig begeistert, er will seine Funde lieber in Ruhe, mit aller Gründlichkeit, auswerten. Dennoch plant Himmler ihn für eine militärische Spezialausbildung ein, inklusive Sabotage, Fliegerbeschuss und der Handhabung von Nachrichtentechnik.

Die britische Regierung betreibt weiterhin Appeasement-Politik. Neville Henderson trifft um halb neun Uhr am Abend auf dem Flugplatz Tempelhof ein. Zweieinhalb Tage war er in London. Nun bleibt kaum noch Zeit, einen Krieg zu verhindern, das weiß der Botschafter nur zu gut. Er hat erfahren, dass es bereits einen Angriffsbefehl gegen Polen gegeben hatte, der aber kurzfristig widerrufen wurde. Kaum dass Henderson die Botschaft erreicht hat, erfährt er, dass Hitler ihn um zehn Uhr am Abend erwartet. Das Treffen muss um eine halbe Stunde verschoben werden, weil ein Brief von Chamberlain an Hitler noch nicht übersetzt worden ist. Gestärkt mit einer halben Flasche Champagner, bricht Henderson zur Neuen Reichskanzlei auf.

Sein Wagen fährt die Wilhelmstraße entlang. Zwischen der Botschaft und der Reichskanzlei steht eine große Menschenmenge. Feindliche Reaktionen bemerkt Henderson keine, die Schaulustigen starren und schweigen. Im Hof der Reichskanzlei salutiert eine Ehrenkompanie. Trommelwirbel erklingt. Der Chef der Präsidialkanzlei empfängt Henderson und führt ihn durch die Reichskanzlei zum »Führer«.

Henderson überreicht Hitler ein Memorandum seiner Regierung. Die Briten begrüßen den Vorschlag, einen Vertrag mit Deutschland abzuschließen. Vorher aber müsse der Konflikt beigelegt werden. Die Briten empfehlen, dass die Regierung in Berlin wieder direkte Verhandlung mit Polen aufnimmt, um strittige Fragen zu klären. Wichtiger aber ist, dass Chamberlain entschieden ein Militärbündnis mit Deutschland ablehnt. »Die deutsche Regierung wird sich dessen bewusst sein, dass S. M. Regierung gegenüber Polen Verpflichtungen hat, die sie binden und die sie einzuhalten beabsichtigt. Sie könnte nicht wegen irgendeines Großbritannien angebotenen Vorteils einer Lösung zustimmen, die die Unabhängigkeit eines Staates gefährden würde, dem sie ihre Garantie gegeben hat.«

Hitler liest die Übersetzung. Dann macht Henderson einige mündliche Ergänzungen. Er sagt, dass seine Regierung es völlig unverständlich finde, dass Hitler gesagt habe, die Vernichtung Deutschlands sei Englands Ziel. Genauso unverständlich sei, dass seine Exzellenz, der Reichskanzler, anscheinend daran zweifle, dass England entschieden für Polens Unabhängigkeit kämpfen werde. Sein Land, führt Henderson zum Schluss aus, biete seine Freundschaft nur auf der Grundlage einer friedlichen und in Freiheit vereinbarten Lösung der polnischen Frage an.

Hitler erwidert, er wäre gewillt zu verhandeln, aber nur mit einer polnischen Regierung, die »vernünftig« sei. Seine großzügigen Angebote aus dem Frühjahr könne er nicht mehr wiederholen. Nur die Rückkehr Danzigs ins Reich und der Anschluss des Korridors an Deutschland würde ihn noch zufriedenstellen. England und Frankreich seien aber nicht mehr in der Lage, Polen zur Vernunft zu bringen. Er spricht von der »Vernichtung« des Nachbarlandes, seine Armee sei bereit, begierig auf die Schlacht, sein Volk stehe hinter ihm, und weitere Misshandlungen von Deutschen in Polen könnten nicht mehr geduldet werden.

Eine Stunde lang redet Henderson mit Hitler. Ribbentrop ist auch dabei, sagt aber kaum etwas. Beide Seiten bleiben fest bei ihrer Meinung, eine Annäherung gibt es nicht. Dennoch ist der Ton diesmal weitgehend freundlich. Morgen, verspricht Hitler, werde er dem Botschafter eine schriftliche Antwort zukommen lassen.

Hendersons alter Bekannter Ulrich von Hassell geht heute Abend ins Lichtspielhaus. Seitdem er als Botschafter aus Rom abberufen wurde und keine neue Aufgabe bekommen hat, kann er endlich wieder frei über seine Abende bestimmen. Die *UFA Tonwoche* läuft. Und was er auf der Leinwand sieht, widert ihn an. Wütend notiert von Hassell nach dem Kinobesuch in seinem Tagebuch: »Vorführen weinender Frauen mit Kindern, die mit tränenerstickter Stimme die Leiden in Polen schildern. Das Publikum blieb ganz passiv, ebenso gab es bei militärischen Bildern nur einen ganz schwachen, von der Menge nicht aufgenommenen Beifall.«

Generell zeigen die Berliner keine Kriegsbegeisterung. Stattdessen haben sie mit Panikkäufen begonnen, um vor der strengen Rationierung aller Lebensmittel noch die Vorratskammern aufzufüllen. Goebbels versucht als Gauleiter vergeblich, das Hamstern zu verhindern.

29. August 1939, Dienstag

Die Insurgenten fordern Angriff auf Deutschland
Himmelschreiende Grausamkeiten entmenschter polnischer Horden.

Der Angriff

Lasst Eure Kinder auf dem Lande!
Es liegt nahe, dass mancher Vater und manche Mutter ihren Sohn oder
ihre Tochter gegenwärtig in ihrer Nähe wissen möchten und in übereil-
ter Vorsicht die Veranlassung zur Heimreise geben. Die Eltern, die sich
mit derartigen, absolut unnötigen Gedanken beschweren, mögen, ehe sie
an die Ausführung gehen, bedenken, dass mit Hilfe ihrer Jungen und Mä-
del die Einbringung der Kartoffel- und Rübenernte im Laufe der kommenden Wochen erfolgen wird.

Westdeutscher Beobachter

Für Iwan Maiski beginnt ein weiterer Tag voller nervöser Erwar-
tung und Anspannung. »Die Aussichten auf Krieg oder Frieden
liegen auf unstetigen, bebenden Waagschalen, und wer kann sagen, was der nächste Tag bringen wird?«, notiert er. Und weiter:
»Ständiges Geknattere von Flugzeugen erfüllt die Luft. Bei Nacht
durchsuchen die Lichtstrahlen von Suchscheinwerfern wie Schwer-
ter den Himmel auf der ›Jagd‹ nach feindlichen Bombern.«

So eine Stimmung kennt Winston Churchill nur zu gut. Soldaten marschieren auf, die Flotte macht sich bereit, Patrioten
an allen Ecken. Kaum ein Mann in Englands Politik hat so

viel Erfahrung mit dem Krieg wie Churchill. »Wohin er geht, riecht es nach Pulver«, schrieb einst eine Zeitung über ihn. Als Soldat diente er in Indien, als Kavallerist kämpfte er im Sudan, als Offizier im Ersten Weltkrieg, als Reporter berichtete er aus dem Burenkonflikt aus Südafrika. Seine Bücher über den Ersten Weltkrieg waren sehr erfolgreich. Militärischen Sachverstand sprechen ihm selbst seine zahlreichen Widersacher nicht ab. Und nun? Geht Winston Churchill in seinen ersten großen Konflikt, in dem er ausschließlich als Politiker agieren wird? Im vergangenen Jahr hat er noch prophezeit: »Niemals wird es eine Freundschaft zwischen der britischen Demokratie und der Nazi-Herrschaft geben.«

Birger Dahlerus trifft kurz vor elf Uhr am Vormittag in Görings Wohnung ein. Noch ist der Nationalsozialist nicht da. Also wartet der Schwede. Als Göring eintrifft, eilt er auf Dahlerus zu und drückt dessen Hand. »Es bleibt Frieden. Der Friede ist gesichert«, ruft er aus.

Um 12.55 schickt die polnische Marineleitung eine dringliche Nachricht an die wichtigsten Schiffe der Flotte. »Peking, Peking, Peking«, lautet der Funkspruch, der an drei Zerstörer geht. Nun dürfen die Kapitäne geheime Befehle öffnen – die Operation Peking läuft an. Die Kriegsschiffe sollen vor Angriffen der überlegenen deutschen Marine gerettet werden. Sie brechen sofort in Richtung der britischen Gewässer auf. Dort werden die Zerstörer zur britischen Royal Navy stoßen und mit den Verbündeten gemeinsam gegen die deutsche Marine vorgehen, so lautet der Plan.

Unbemerkt bleibt die Flucht allerdings nicht. Als die polnischen Schiffe die Ostsee verlassen, entdeckt ein deutscher Kreuzerverband die Polen. Die Deutschen verfolgen die Zerstörer – sie erhalten aber keine Befehle der Marineleitung. Was sollen sie tun? Eine Order zu schießen haben sie nicht, und der Kriegsfall wurde nicht ausgerufen. Die deutschen Schiffe warten ab, greifen nicht an, und so entkommen die Polen unbehelligt in die Nordsee.

Birger Dahlerus besucht im Laufe des Tages erneut die britische Botschaft. Diesmal lernt er auch Neville Henderson kennen, der aus London zurück ist. Sie sind in den vergangenen Wochen öfters fast aneinander vorbeigeflogen.

Beide Männer sichern sich zu, sich auf dem Laufenden zu halten. Dahlerus empfindet Henderson zwar als freundlich, ihm gegenüber aber auch als auffallend reserviert. Natürlich lehnt der Profi die Einmischung des Amateur-Diplomaten ab. Man könne keinesfalls einem der Worte Hitlers trauen, sagt der Botschafter. Im Gegenteil, man müsse immer damit rechnen, dass er ein rücksichtsloses und unehrenhaftes Spiel spiele, um seine wirklichen Pläne und Ansichten zu verbergen. Heute Abend noch müsse er sich wieder mit Hitler treffen, sagt Henderson. Viel zu versprechen scheint er sich von seinem Besuch in der Reichskanzlei nicht.

Beide unterhalten sich im Arbeitszimmer des Botschafters. Henderson steht öfters auf, schenkt Sherry nach, streichelt seinen dicken Dackel. Er nimmt sich viel Zeit für seinen Gast. Er wirkt müde auf den Schweden und viel älter, als er eigentlich ist.

Dahlerus fragt Henderson, wie er Hermann Göring beurteile. Der Brite hat von dem preußischen Ministerpräsidenten und Luftwaffenchef ein etwas positiveres Bild als von Hitler, dennoch glaubt er, auch bei Göring äußerst vorsichtig sein zu müssen. Nun fragt Dahlerus direkt: Glaubt Henderson, dass Göring im Gespräch mit ihm bei einigen Fragen die Unwahrheit gesagt habe? »Heaps of time«, antwortet Henderson sofort, also »massenweise«.

Wenige Männer dürfen in Deutschland dem »Führer« noch offen ihre Meinung sagen. Einer der wenigen, von denen Hitler vorsichtige Kritik erträgt, ist Hermann Göring. Das weiß auch Ernst von Weizsäcker. Und er versucht, das für seine Zwecke zu nutzen. Schließlich teilt der preußische Ministerpräsident seine Sorge vor einem großen Krieg. Weizsäcker drängt ihn, sich bei Hitler für eine gemäßigtere Außenpolitik einzusetzen. Aber selbst Göring scheint nicht mehr in der Lage zu sein, den Kriegskurs zu bremsen. »Göring sagt zum Führer, wir wollen doch das Vabanquespiel lassen. Darauf der Führer: ›Ich habe in meinem Leben immer va banque gespielt.‹« So notiert Weizsäcker den Streit innerhalb der NS-Spitze in seinem Tagebuch. Dreimal habe Göring nun schon Hitler beschworen, von dessen Plänen abzulassen. Aber, so gestand es der Luftwaffenchef gegenüber Weizsäcker ein, er sei nur angefahren und abgefertigt worden.

Oberst Eduard Wagner vom Oberkommando des Heeres macht eine Aktennotiz über ein Treffen mit zwei Herren der SS. Reinhard Heydrich und einer seiner Untergebenen vom SD haben heute mit ihm über die Tätigkeit von Einsatzkommandos der SS verhandelt. Im Kriegsfall werden sie der Wehrmacht folgen und die »Sicherung des politischen Lebens« übernehmen. Konkret heißt das: In Polen sollen die Einsatzgruppen überall diejenigen Personen, die auf Fahndungslisten stehen, sowie Emigranten aus Deutschland festsetzen, dazu alle möglichen Unruhestifter. Heydrich und Wagner einigen sich darauf, dass »in der ersten Rate« 10 000 und in einer »zweiten Rate« 20 000 Festnahmen in Polen erfolgen. Die Verdächtigen werden in Konzentrationslager gebracht. Wagner charakterisiert seine Gesprächspartner als »etwas undurchdringliche Typen« und notiert: »Heydrich besonders unsympathisch«. Aber immerhin: »Wir kamen schnell überein.«

Der britische Botschafter Neville Henderson verliert die Contenance. Er trifft am Abend gegen sieben Uhr auf Adolf Hitler und Außenminister Ribbentrop. Zunächst verläuft sein Besuch ausgezeichnet. Hitler erklärt, er nehme den Vorschlag Großbritanniens an, im Konflikt zwischen Polen und Deutschland zu vermitteln. Dann verändert sich aber der Ton. Henderson erregt sich immer mehr. Wie die Deutschen ihn behandeln, empört ihn so, dass er kurz davor ist, das Gespräch einfach abzubrechen. Hitler fordert, dass die Polen innerhalb kurzer Zeit, binnen 24 Stunden, einen Unterhändler schicken. Noch im Lauf des 30. August, also morgen, soll der Vertreter der polnischen Regierung in Berlin erscheinen. Ein Ultimatum? Henderson hat genug von Drohgebärden und Wutausbrüchen. Lange genug hat er dieses Gebaren der Nationalsozialisten ertragen. Er widerspricht entschieden. Hitler antwortet scharf. Das sei kein Ultimatum, sondern der Termin morgen sei nur der Dringlichkeit geschuldet. Es stünden sich schließlich zwei Armeen »Auge in Auge« gegenüber. Henderson und Hitler schreien sich an. Gegen alle Gepflogenheit der Diplomatie nimmt hier niemand mehr Rücksicht. Henderson schlägt mit der Faust auf den Tisch, er sei nicht länger gewillt, Hitlers Worten über angebliche Gemetzel in Polen weiter zuzuhören. So hat lange niemand mehr mit dem »Führer« gesprochen. Nun erwägt Hitler wohl, das Gespräch abzubrechen. Aber alle reißen sich noch einmal zusammen. Es kommt zu einem gesitteten Ende.

Er werde den deutschen Vorschlag seiner Regierung übermitteln, sagt Henderson und verabschiedet sich. Aufgewühlt verlässt der Diplomat die Reichskanzlei. Um Viertel nach zehn Uhr berichtet Henderson per Telegramm nach London, die Unterredung habe einen stürmischen Charakter gehabt. Er teilt mit, dass Deutschland quasi eine Revision des Versailler Vertrags fordert und von Polen die Regionen zurückfordert, die vor 1914 zum Kaiserreich gehört haben.

30. August 1939, Mittwoch

Die Welt empört über Polen
Angeekelt vom feigen Mord an Volksdeutschen.

Der Angriff

Gigantischer Aufbau der Luftverteidigungszone West. Zugleich mit dem Befehl zum Bau des Westwalles hatte der Führer und Oberste Befehlshabe der deutschen Wehrmacht die Sicherung des deutschen Lebensraums vor feindlichen Angriffen in der Luft befohlen.

Badener Zeitung (Österreich)

Vier Uhr. Schon wieder beginnt ein Tag für Birger Dahlerus in aller Frühe. Ein Wagen holt ihn am Hotel ab. Diesmal steuert der Fahrer nicht Tempelhof, sondern einen Militärflugplatz außerhalb Berlins an. Um fünf Uhr hebt seine Maschine ab. Abermals fliegt er nach London, erneut im Auftrag von Hermann Göring, um eine Nachricht an die englische Regierung zu überbringen. Der Pilot begrüßt ihn wie einen alten Bekannten, er hat Dahlerus schon mehrfach nach England gebracht. Gegen neun Uhr landet er das Flugzeug in Heston, einem kleinen Flugfeld außerhalb Londons.

Obwohl seine Mission auch diesmal geheim bleiben soll, berichten englische Tageszeitungen über ein mysteriöses Flugzeug, das Deutschland in aller Frühe verlassen habe. Und vor dem Außenministerium warten drei Fotografen auf Dahlerus. Ein Freund von ihm, der ihn vom Flughafen abgeholt hatte, lenkt die Paparazzi ab, und der Schwede kann unerkannt ins Ministerium gelangen.

Im Foreign Office empfängt ihn erneut Sir Alexander Cadogan. Gemeinsam gehen sie in die Downing Street hinüber. Um halb elf Uhr treffen sie Chamberlain, Lord Halifax und deren Berater Horace Wilson in einem Sitzungsraum des Kabinetts. Die Stimmung ist ernst. Dahlerus spürt, dass die Grenzen der Geduld der britischen Regierung erreicht sind. Chamberlain scheint den Glauben verloren zu haben, dass weitere Verhandlungen noch etwas nützen. Ausgerechnet Chamberlain, der im vergangenen Jahr noch zweimal nach Deutschland geflogen war, um einen Krieg zu verhindern.

Dennoch berichtet Dahlerus von seinen jüngsten Gesprächen mit Göring. Er hat eine Karte dabei, auf der Göring selber eingezeichnet hat, welche Territorien die Deutschen verlangen und in welchen Gebieten Volksabstimmungen über deren Zugehörigkeit abgehalten werden sollen.

Darüber will Chamberlain mit seinem Kabinett beraten. Die Briten bitten Dahlerus, noch einige Stunden in London zu bleiben und erst am Abend nach Berlin zurückzufliegen. Bis dahin müsste eine englische Antwort vorliegen. Cadogan sagt Dahlerus noch, dass er es für schwierig halte, dass ein polnischer Unterhändler nach Berlin käme. Ein Treffen zwischen Vertretern beider Staaten sollte besser an einem neutralen Ort stattfinden.

Per Telefon gibt Dahlerus diesen britischen Vorschlag an Göring weiter. Doch der hält das für »Nonsens«. Die Verhandlungen müssten in Berlin stattfinden, wo Reichskanzler Hitler sich aufhalte. »Schwierigkeiten für die Polen« kann Göring zudem nicht erkennen, sie sollten schon schaffen, einen Bevollmächtigen binnen eines Tages zu entsenden.

Erstaunlich ruhig geht es am Vormittag in der Reichskanzlei zu. Schließlich ist heute ein Tag, der über Krieg und Frieden entscheiden kann. Ribbentrop und Göring kommen mehrfach, um sich mit Hitler zu besprechen. Sie arbeiten an den Forderungen, die sie dem polnischen Beauftragten übermitteln wollen. Dessen Ankunft in Berlin erwarten sie jederzeit. Göring glaubt fest daran, dass die Polen jemanden schicken. Er hat Dahlerus in London schließlich seine Botschaft übermitteln lassen, wie wichtig es für den Erhalt des Friedens sei, dass ein polnischer Beauftragter heute in Berlin einträfe.

Aus seinen Gesprächen mit Hitler und Ribbentrop entsteht ein Papier mit sechzehn Punkten. Der »Führer« fordert unter anderem eine Volksabstimmung im »deutschen Korridor« über dessen Zugehörigkeit, die Rückkehr Danzigs zum Reich sowie exterritoriale Eisenbahn- und Straßenverbindungen zwischen West- und Ostpreußen. Die meisten der Punkte auf der Liste hatte die polnische Regierung in der Vergangenheit bereits eindeutig abgelehnt. Doch es gibt keine Reaktion aus Polen, ob sie einen Unterhändler schicken wird. Stattdessen trifft die Nachricht von der verstärkten polnischen Mobilmachung in der Reichskanzlei ein. Die Polen scheinen sich nicht erpressen zu lassen.

Sehr nah an der polnischen Grenze arbeitet in diesem Sommer der junge Hans Scholl aus Bayern, der Bruder von Sophie. Er hat sich 1937 direkt nach dem Abitur freiwillig zur Wehrmacht gemeldet, um einen Studienplatz zu bekommen. Am 17. April 1939 hatte er sich als Student der Humanmedizin an der Universität München eingeschrieben. Nun aber muss er auf einem Bauernhof schuften. Wie so viele andere junge Deutsche wurde er als Erntehelfer zwangsverpflichtet, andere Männer unter 25 Jahren müssen Autobahnen bauen oder den Westwall vergrößern, die Verteidigungslinie an der französischen Grenze. Das »Reichsarbeitsdienstgesetz« schreibt eine sechsmonatige Dienstpflicht vor. Und mit der »Verordnung über die Sicherstellung des Kräftebedarfs für staatspolitische Aufgaben« vom

13. Februar 1939 wurde quasi eine Art Zwangsarbeit einge-führt.

Hans Scholl, der eigentlich lieber weiter Medizin studieren möchte, wurde im Juli nach Ostpreußen geschickt. In Grabnik in Masuren hilft er einem Bauern, der 300 Morgen Land besitzt. Viele Gleichaltrige müssen in kasernenartigen Lagern leben, den Befehlen der Lagerführer und Stubenältesten sofort und ohne Widerrede Folge leisten. Da ergeht es ihm auf dem Bauernhof im Grenzgebiet zu Polen noch ganz gut. Für die harte Plackerei auf dem Hof, oft wird bis 21 Uhr gearbeitet, entschädigen ihn die reizvolle Landschaft und die Pferde. Jeden Tag kann er reiten, be-richtet er nach Hause.

Und noch eine Sache gefällt ihm. »Die Mädchen hier sind wunderschön«, schreibt er, aber leider: »die häusliche Sauber-keit ist umgekehrt proportional dazu«.

Ist der Verweis auf die schönen Mädchen nur ein Ablen-kungsmanöver? Was er seinen Eltern lieber nicht verrät: Seine Freundin Lisa Remppis ist bei ihm in Ostpreußen. Wenn sein Vater und seine Mutter davon erfahren, gibt es einen riesigen Skandal zu Hause. Sie halten Lisa für viel zu jung für ihren Hans. Und Lisas Eltern würden wohl ebenfalls ausrasten. Sie wissen nicht, dass ihre Tochter gerade in der gefährlichen Grenzregion zu Gast ist. Sophie Scholl hingegen ist eigeweiht – und hat ein mulmiges Gefühl deswegen. In Ulm sorgt sie sich nun, wie die Sache ausgehen wird. Schließlich schaut gerade die ganze Welt auf die Grenzregion zu Polen, und Tausende Sol-daten marschieren dort auf.

Auch Hans Scholl ist das natürlich nicht verborgen geblie-ben. Mit Sorge beobachtet er, wie die »merkwürdige Kriegs-stimmung« zunimmt. »Man spürt, dass den Menschen noch der Schrecken von zahllosen Kosakenüberfällen im Blut liegt, dass sie bereit sind, sich mit dem Messer zu verteidigen.«

Heute um halb drei Uhr am Nachmittag ordnet die polni-sche Regierung die Gesamtmobilmachung an. Alle dienstfähigen Männer werden einberufen. Das ist tatsächlich ein Grund, sich Sorgen zu machen.

Vor dem polnischen Post- und Telegrafenamt in Danzig am Heveliusplatz gibt es Ärger. Deutsche Polizisten stehen vor dem Gebäude, aber die polnischen Beamten lassen sie nicht herein. Die Deutschen wollen die Post durchsuchen, angeblich weil einer der Polen einen Polizisten angefahren hat. Doch Direkter Jan Michon verweigert ihnen den Zutritt. Er verweist auf die deutsch-polnischen Verträge, nach denen lediglich eine internationale Kommission die Räume inspizieren dürfte. Die Polizisten warten, was sollen sie tun? Schließlich ziehen sie einfach ab. Heute hat niemand Interesse an einer bewaffneten Auseinandersetzung. Aber vermutlich werden die Deutschen schon bald wiederkommen. Michon und seine Männer bereiten alles für die Verteidigung des Postamtes vor. Heimlich haben sie Waffen und Handgranaten ins Gebäude geschafft. Außerdem stutzen sie Bäume vor den Fenstern und sichern die Glasscheiben mit Brettern ab. Nun haben sie ein freies Schussfeld. Hoffentlich werden sie das nicht brauchen.

In Danzig und Umgebung suchen Männer der Schutzstaffel nach potenziellen Feinden. Sie arbeiten lange Listen ab, auf denen viele Namen stehen. Sie nehmen vor allem Polen fest. SS-Leute bringen die Verdächtigen in die Danziger Viktoria-Schule, die als Auffanglager für Festgenommene genutzt wird und direkt hinter der Kommandantur der Danziger Polizei liegt. Auch in das Gefangenenlager Neufahrwasser kommen viele neue Häftlinge. Mit Hochdruck bereitet die SS zudem ein neues Lager in Stutthof für die Aufnahme von Gefangenen vor. Dort will die SS schon bald ein weiteres KZ eröffnen.

Winston Churchill ruft seine Frau in Frankreich an und bittet sie, nach Hause zu kommen. Er vertreibt sich die Zeit mit harter Arbeit: Er verlegt den Ziegelboden in einem kleinen Haus, das er als Alterssitz für seine Frau und sich gebaut hat. Churchill arbeitet gern mit seinen Händen, vor allem das Maurerhandwerk mag er, Stein auf Stein etwas aufbauen. Auf seiner kleinen Baustelle läuft es ganz anders als in der Politik, wo viel zu oft alles zerredet und verkompliziert wird. Churchill brüstet sich in Interviews damit, beim Maurern besonders schnell zu sein. Die Maurergewerkschaft hat ihn daraufhin eingeladen, Mitglied zu werden. Churchill hat den Spaß natürlich mitgemacht und den fälligen Beitrag überwiesen. Alle Zeitungen berichteten darüber.

In diesen Tagen ist ihm aber nicht zum Spaßen zumute. Mit General Ironside, den er heute verabschiedet, hat er stundenlang über den bevorstehenden Krieg gesprochen und über die Sicherheit Großbritanniens.

Nun beschäftigt er sich mit seiner Sicherheit. Churchill weiß, dass es viele Nazi-Sympathisanten in England gibt, selbst unter seinen Verwandten. Diana Mosley und Unity Mitford sind da nur zwei Beispiele. Er fürchtet, dass ein Radikaler ihn ins Visier nehmen könnte. Schließlich gilt er als leidenschaftlicher Hitler-Gegner. Er bittet einen ehemaligen Polizisten, zu ihm zu kommen. Dieser einstige Detektiv von Scotland Yard hat schon früher als Churchills Leibwächter gedient, nun ist er im Ruhestand. Der Mann bringt seine Pistole mit, und auch Churchill holt seine Waffen hervor. Nachts wollen sie nun abwechselnd Wache halten.

Keinen Zweifel hegt Churchill, dass es Krieg geben wird. Und dass sein Land ihn dann brauchen wird.

Weizsäcker denkt in diesen Tagen an seine drei Söhne und an den Schwiegersohn. Die vier sind im wehrtüchtigen Alter. Heinrich und Richard dienen bereits im Potsdamer Infanterieregiment 9. Sollte es zum Krieg kommen, werden sie unmittelbar nach Ausbruch in Polen kämpfen müssen. Für ihren Vater Ernst von Weizsäcker ist das ein weiterer Grund, den Wahnsinn zu verhindern. Aber wie nur soll ihm das gelingen? Sein Chef, Außenminister von Ribbentrop, scheint den Beginn der Gewalt gar nicht abwarten zu können. Und Adolf Hitler spielt ein Spiel, dessen Regeln niemand außer ihm selbst zu kennen scheint. Wenn es denn überhaupt Regeln gibt.

Einen letzten Versuch unternimmt Ernst von Weizsäcker beim »Führer« persönlich. In der Neuen Reichskanzlei empfängt ihn Hitler. Der Staatssekretär fleht den »Führer« an, den Frieden zu bewahren, bettelt geradezu. Vergeblich. Schweißgebadet verlässt er den Machthaber. Später bedauert Weizsäcker, dass es nicht in seiner Erziehung gelegen sei, einen Menschen zu töten. Er kommt stets so nah an Hitler heran, wird nie durchsucht. Leicht hätte der Diplomat eine Pistole mitnehmen können. Mit nur einem Schuss hätte er vielleicht den Weltfrieden retten können. Hätte.

Polens Regierung beschwert sich offiziell in der Slowakei über deutsche Truppenbewegungen in dem Nachbarland. Die Slowaken sollen Einheiten der Wehrmacht auf ihrem Gebiet operieren lassen und das auch noch in der Nähe der polnischen Grenze. Überraschend kommt das nicht. Adolf Hitler betrachtet die Slowakei als seinen Vasallenstaat – und als Aufmarschgebiet für seine Truppen.

Wie viele deutsche Soldaten bereits im Grenzgebiet zusammengezogen wurden, ist ein gut gehütetes Geheimnis. 54 Divisionen hat Hitler in Stellung gebracht, davon sechs mit Panzern ausgestattet und acht mit weiteren Militärfahrzeugen, 2500 Kampfflugzeuge stehen bereit – insgesamt 1,5 Millionen Soldaten.

Deutschlands wichtigste Generäle, Brauchitsch und Keitel, treffen in der Reichskanzlei ein. Erneut legt Hitler einen Termin für den Angriff auf Polen fest. Übermorgen, am Freitag, dem 1. September, früh um Viertel vor fünf, soll der Krieg beginnen. Nun ist es mit der Ruhe in der Reichskanzlei vorbei.

Für den »Fall Weiß« ergehen jetzt konkrete Order an die einzelnen Verbände. So heißt es etwa in einem Befehl: »Die 14. Armee wird den Feind durch konzentrischen Angriff auf Krakau vernichten. Sie stößt hierzu unter Sicherung ihrer rechten Flanke mit starkem rechten Flügel westlich der Hohen Tatra auf und ostwärts Krakau, mit starkem linken Flügel nördlich der Weichsel auf und nördlich Krakau durch unter Deckung gegen die Befestigungen um Kattowitz.«

Noch trägt der Befehl den Stempelaufdruck: »Chefsache! Nur durch Offiziere«. Die Unteroffiziere und Mannschaften sollen erst am Tag des Angriffs erfahren, wie und wo sie eingesetzt werden.

Um sieben Uhr abends tritt Birger Dahlerus die Rückreise nach Berlin an. In Lynch wartet das Flugzeug der deutschen Luftwaffe auf ihn, mit dem der Schwede nach England gekommen war. Kaum, dass Dahlerus an Bord ist, hebt die Maschine ab und nimmt erneut Kurs auf Berlin. Die Chance, dass sich seine unermüdliche Arbeit für den Frieden noch auszahlt, ist mehr als gering.

Am späten Abend bestellt Ribbentrop in Berlin den britischen Botschafter Henderson ein. Kurz vor Mitternacht trifft der Diplomat ein. Deutschlands Außenminister teilt ihm das »letzte Angebot« seiner Regierung mit, wie die Krise noch beigelegt werden könne. Der Minister händigt seinem Besucher mit Absicht nichts Schriftliches aus. So will er Henderson zwingen, persönlich nach London zu reisen. Die Botschaft, die er überbringen soll: Hitler fordert eine Volksabstimmung über die Zukunft des polnischen Korridors, und er will die früheren deutschen Gebiete in Westpolen zurück.

Sollte dies geschehen, stünde Polen wohl vor der Teilung. Dem Land würde es dann vermutlich so ergehen wie der Tschechoslowakei, die Hitler nach und nach zerschlagen hat. Ein unannehmbarer Vorschlag für die Polen. Allerdings teilt Ribbentrop diesen Wunsch seines »Führers« der polnischen Regierung oder dessen Botschafter in Berlin gar nicht mit. Für ihn ist nur noch Großbritannien relevant.

Die Polen wissen das. Aus Warschau gibt es heute weder eine Stellungnahme noch die Ankündigung, einen Unterhändler zu schicken. Niemand hat vergessen, wie der tschechische Präsident behandelt wurde, der kurz vor dem Einmarsch in die Tschechoslowakei nach Berlin kam, dort von Hitler und Göring erpresst wurde und unter dem ungeheuren Druck der Deutschen einbrach. Er stimmte dem Einmarsch schließlich zu. Vorher hatte Göring als Chef der Luftwaffe mit einem konzentrierten Angriff seiner Bomber auf Prag gedroht. Auch Österreichs Bundeskanzler Kurt von Schuschnigg wurde im vergangenen Jahr vor dem Anschluss zum Obersalzberg zitiert und dort bedroht. »Ich brauche nur einen Befehl zu geben, und über Nacht ist der ganze lächerliche Spuk an der Grenze zerstoben. Sie werden doch nicht glauben, dass Sie mich auch nur eine halbe Stunde aufhalten können?«, hatte Hitler zu seinem Gast gesagt. Schuschnigg wurde dazu gezwungen, einen Nationalsozialisten als Sicherheitsminister in sein Kabinett aufzunehmen. Kurz darauf war es mit der Eigenständigkeit Österreichs vorbei. Polens Regierung will sich gar nicht erst in eine solche Lage bringen.

Ribbentrop ist empört, dass die Polen auf den deutschen Vorschlag gar nicht reagiert haben. Er schreit den Botschafter an, dass die Verzögerungstaktik der Polen und Engländer unwürdig sei. Dabei hatten die Polen bislang nur wenige Stunden, um auf den Vorschlag aus Berlin überhaupt zu reagieren. Und die Engländer können nicht einfach für ihre Verbündeten sprechen.

Also bleibt der Brite ebenfalls nicht ruhig. Sein Gesicht rötet sich, seine Hände zittern. Er gibt Kontra. Beide Männer springen von ihren Stühlen hoch, werfen sich gegenseitig vor, sich in der Wortwahl zu vergreifen. Der Dolmetscher, der bei dem Gespräch anwesend ist, hat noch nie eine stürmischere Unterredung auf diplomatischer Bühne erlebt. Nach Tagen der ergebnislosen Verhandlungen liegen die Nerven blank.

IX. Weltenbrand

31. August 1939, Donnerstag

Polnischer Blutrausch in Lodz
Sturm auf deutsche Geschäfte. Zwei Deutsche tot.

Der Angriff

Dieser Vertrag ist von den raffiniertesten, verschlagensten Dummköpfen unserer Epoche geschlossen worden.

Die Neue Weltbühne (über den Hitler-Stalin-Pakt)

Der neue Tag hat gerade erst begonnen, als Dahlerus erneut Göring trifft. Diesmal kommen beide im Hauptquartier des Luftwaffenchefs zusammen. Der Unternehmer, der seit Tagen nur noch als Aushilfsdiplomat unterwegs ist, berichtet erneut über sein Gespräch in London. Während er bei Göring in dessen Sonderzug ist, telefoniert Dahlerus mit der britischen Botschaft. Die Stimmung dort nähert sich der Verzweiflung. Erneut sei ein Gespräch zwischen Henderson und Ribbentrop gescheitert. Der deutsche Außenminister habe im schnellen Tempo eine Note verlesen, diese aber nicht dem Botschafter ausgehändigt. Henderson habe kaum etwas verstanden und sei im Streit mit Ribbentrop geschieden. Göring hat eine Kopie der deutschen Note erhalten. Er gibt sie Dahlerus, der den Text einem Mitarbeiter der britischen Botschaft am Telefon vorliest.

Um 7.25 Uhr ruft Weizsäcker den ehemaligen Botschafter Ulrich von Hassell an. Er bittet ihn, um 8.40 Uhr zu ihm ins

Büro zu kommen. Dort schildert er seinem Besucher detailliert, was gestern beim Gespräch zwischen Hitler, Ribbentrop und Henderson passiert ist. Der deutsche Außenminister habe herumgeschrien. Deutschland bleibe nichts anderes übrig, als sich sein Recht zu holen. Nach der Audienz habe Hitler dann verkündet, die andere Seite habe sich eklatant ins Unrecht gesetzt, nun könne es jederzeit losgehen. Die Lage sei äußerst ernst, sagt Weizsäcker zu Hassell. Man müsse sich fragen, »ob wir wirklich wegen zweier Wahnsinniger in den Abgrund stürzen«.

Hassell notiert später: »Mein Eindruck war, dass Ribbentrop und Hitler mit verbrecherischer Leichtfertigkeit das höchste Risiko für das deutsche Volk in Kauf nehmen, um noch einen ihr Prestige wahrenden, verhältnismäßigen kleinen Erfolg in den Hafen zu bringen, natürlich wieder im Sinne einer Etappe. Für mich selbst war maßgebend, dass zunächst alles darauf ankäme, den Weltkrieg zu vermeiden.«

Hassell besucht nach dem Gespräch mit Weizsäcker den britischen Botschafter. Der Staatssekretär hatte ihn gebeten, seine Kontakte für die Sache des Friedens zu nutzen. Henderson ist erst um 4 Uhr ins Bett gekommen. Er frühstückt gerade, als der deutsche Ex-Diplomat bei ihm eintrifft. Der Brite ist immer noch erschüttert über die rüde Art Ribbentrops. Ein Ende der Krise? Nicht in Sicht. Waren das die letzten Züge der Nationalsozialisten, mit denen sie den Frieden schachmatt gesetzt haben?

Später bekommt Henderson einen weiteren Gast. Dahlerus kommt in die Botschaft und spricht mit ihm. Der Botschafter ist niedergeschlagen und fürchtet, dass die Deutschen gar nicht verhandeln wollen. Er schickt Dahlerus mit einem seiner Mitarbeiter zum polnischen Botschafter. Der Schwede informiert Józef Lipski über die deutschen Forderungen, die sein Gegenüber nicht wirklich zu interessieren scheinen. Das Botschaftspersonal verstaut während des Gesprächs zahlreiche Akten in Kisten, auch Lipskis Arbeitszimmer wurde bereits teilweise geräumt.

Mehrfach pendelt Dahlerus noch zwischen den Briten und Göring hin und her. Ein Ergebnis erzielt er nicht. Zwar empfängt Göring auf sein Drängen hin den britischen Botschafter, aber beide Seiten können sich nicht auf baldige Friedensverhandlungen verständigen. In der britischen Botschaft, so erfährt es Birger Dahlerus, verbrennen die Mitarbeiter vertrauliche Dokumente. Alles wird für einen Kriegsausbruch vorbereitet.

Überraschend müssen die Wachleute, die den Sender Gleiwitz schützen sollen, am Nachmittag ihren Posten verlassen. Der Befehl dafür kommt aus Berlin, vom Reichsführer SS und Chef der deutschen Polizei, Heinrich Himmler, persönlich. Der Leiter der Schutzpolizei in Gleiwitz findet das merkwürdig. Er fragt nach, warum ein solch wichtiges Objekt ohne Bewachung bleiben solle. Er erhält lediglich die Auskunft, Himmler wolle es so. Also ziehen die Polizisten vor dem Gebäude an der Tarnowitzer Landstraße ab.

Immer größere Sorgen macht sich Sophie Scholl um ihre Freundin Lisa Remppis, die in Ostpreußen bei ihrem Bruder Hans weilt. Schon sehr bald muss Lisa nach Hause zurückreisen, damit ihre Eltern nicht merken, dass sie bei ihrem Freund war. Wie die junge Frau aber zurück in den Süden gelangen soll, ist völlig unklar. Zahlreiche Truppenbewegungen in Richtung Polen legen das Schienennetz und die Straßen lahm. Die Wehrmacht hat überall Priorität. All die kleinen Lügen und Ausreden drohen jetzt aufzufliegen. Und das ist ja nicht das Schlimmste. Was wird in Ostpreußen erst passieren, sollte es wirklich zu einem Krieg kommen? Sophie Scholl fühlt sich für Lisa verantwortlich. Sie hätte ihr das Abenteuer bei Hans ausreden müssen.

»Nachdem alle politischen Möglichkeiten erschöpft sind, um auf friedlichem Wege eine für Deutschland unerträgliche Lage an seiner Ostgrenze zu beseitigen, habe ich mich zur gewaltsamen Lösung entschlossen.« Adolf Hitler erteilt als Oberster Befehlshaber der Wehrmacht die »Weisung Nr. 1 für die Kriegsführung«. Das Dokument trägt den Hinweis »Geheime Kommandosache«, nur acht Ausfertigungen werden erstellt. Punkt 2 lautet: »Der Angriff gegen Polen ist nach den für Fall Weiß getroffenen Vorbereitungen zu führen mit den Abänderungen, die sich beim Heer durch den inzwischen fast vollendeten Aufmarsch ergeben. Aufgabenverteilung und Operationsziel bleiben unverändert.

Angriffstag: 1. 9. 39
Angriffszeit: 4.45

Diese Zeit gilt auch für die Unternehmungen Gdingen – Danziger Bucht und Brücke Dirschau.«

Adolf Hitler hat also den Angriffsbefehl gegeben. In wenigen Stunden soll die Wehrmacht gegen Polen losschlagen. Vizeadmiral Wilhelm Canaris, Chef der Abwehr, war dabei. Erneut wagt er nicht, gegen die Kriegspläne zu protestieren. Und nun ist es dafür zu spät. Verzweifelt verlässt er den Raum. Auf dem Korridor trifft er auf einen Vertrauten. Er zieht ihn in eine Ecke, flüstert ihm zu, dies sei das Ende von Deutschland. Seine Stimme ist tränenerstickt.

Hitler denkt bereits an die nächsten Einsätze der Wehrmacht, nachdem Polen besetzt ist. Erst brauche er Rückenfreiheit im Westen, sagt er in Gegenwart seines Luftwaffenadjutanten. Dann könne er sich abermals gegen den Osten wenden. Und meint damit natürlich Russland. Das Ziel, Lebensraum für das deutsche Volk in den russischen Weiten zu erobern, hat Adolf Hitler trotz des Paktes mit Stalin nicht aufgegeben.

Das Generalkommando der 8. Armee bringt einen schriftlichen Korpsbefehl heraus. »Geheime Kommandosache«. Darin heißt es: »Der Führer u. Oberste Befehlshaber hat den Angriff für den 1. 9. 39 befohlen. Grenzübertritt 04,45 Uhr.« Heute um 22 Uhr muss sich die 239. Division im Raum Laband-Gleiwitz Nord-Klausberg so aufstellen, dass sie an Gleiwitz vorbei nach Süden antreten kann. In Gleiwitz Nord soll die Division einen Gefechtsstand einrichten, mit dem dort stationierten Grenzschutz Kontakt aufnehmen und im Fernamt der Stadt einen Arbeitsplatz einrichten.

In Gleiwitz ist viel los in diesen Tagen. Die Stadt spielt in den deutschen Aufmarschplänen eine große Rolle – auch wenn das vor Ort fast niemand weiß.

Am Nachmittag gegen vier Uhr erreicht dort Naujocks im Hotel *Oberschlesien* ein Anruf aus Berlin. Heydrich bittet um einen Rückruf. Als der SS-Mann seinen Chef am Apparat hat, sagt dieser nur: »Großmutter gestorben«. Es geht los. Naujocks ruft seine Männer zusammen. In seinem Hotel in Gleiwitz erläutert er ihnen die Details des Einsatzes. Alle müssen alte Zivilsachen anziehen, ihre Ausweise auf dem Zimmer lassen. Naujocks verrät, dass ein anderes SS-Kommando eine Leiche in dem Sender niederlegen werde. Seine Männer sollen sich darum nicht kümmern.

Während Naujocks sein Kommando über die Mission informiert, erfüllen Gestapo-Männer im Polizeigefängnis Gleiwitz ihren Auftrag. Sie betäuben den Gefangenen Franz Honiok und verladen den Bewusstlosen in eine Limousine.

Wie reagieren wohl die Franzosen auf die angespannte Lage im Osten? Das fragt sich der Stab des 9. Armeekorps. Er lässt die Grenze im Westen beobachten. Soldaten aus dem Nachbarland haben die Späher in den vergangenen Tagen kaum entdeckt, meist sehen sie nur die französische Grenzwacht ihre Routineaufgaben erledigen. Heute aber fällt den Beobachtern der Wehrmacht auf, dass die Franzosen ihre Stellungen für die Verteidigung vorbereiten. Angreifen will die Grande Nation anscheinend nicht, zumindest nicht in der Nähe von Neustadt an der Wümme, wo der Stab in der Oberrealschule und Hotels einquartiert ist. Der Abschnitt, den das 9. Armeekorps überwacht, reicht von der Rheinlinie bis Fischbach – Schönberg. Die Maginot-Befestigungslinie ist hier oft nur vier bis sieben Kilometer von der Grenze entfernt.

Mit Flugzeugen beobachten die Deutschen die Lage auf der anderen Seite des Grenzflusses. Und die Funkaufklärer belauschen die Franzosen unentwegt. Sie fangen eine Weisung an die französischen Kommandeure ab, sie sollen keinesfalls den ersten Schuss abgeben. »Keine Feindbeobachtung«, notiert man im Kriegstagebuch des Korps. »Keine Anzeichen sprachen für einen stärkeren Kräfteeinsatz im Unterelsass, das Verhalten des Gegners, wurde von Anfang an rein defensiv beurteilt.«

Um halb sieben Uhr treffen sich in Berlin der deutsche Außenminister Ribbentrop und der polnische Botschafter Lipski. Ihr Gespräch dauert nur wenige Minuten und bleibt ergebnislos.

Fritz Hartnagel schreibt seiner Freundin Sophie Scholl. Er benutzt die Rückseite eines ihrer Briefe dazu, denn seine Schreibsachen hat er schon eingepackt. Er muss heute noch nach Augsburg und dann weiter zum »Parteitag des Friedens« nach Nürnberg. Hartnagel wurde als Soldat verpflichtet, Anfang September daran teilzunehmen. Von der Absage der Massenkundgebung hat er noch nicht erfahren.

Besorgt erkundigt sich Fritz Hartnagel, ob es Ärger in Worpswede gegeben habe. Sein Brief sei zurückgekommen. Das Schreiben von Sophie hat er noch nicht erhalten. Er berichtet von einem Ausflug mit der Familie zur Zugspitze. Mit seinem Bruder ist er durchs Höllental aufgestiegen, der Rest der Familie hat die Bahn genommen, um zum Gipfel zu kommen. Erst am

9. September könne er wieder in Ulm bei Sophie sein, kündigt er an. Leider. So viele Tage noch.

Die Reichskanzlei bestellt alle Abgeordneten des Reichstages erneut nach Berlin ein. Ihre Anwesenheit sei morgen dringend erforderlich, es soll eine wichtige Mitteilung gemacht werden.

Um fünf Uhr hält Iwan Maiski das Warten auf Neuigkeiten, das ewige Herumsitzen in der Botschaft nicht mehr aus. Gemeinsam mit seiner Frau Agnia steigt er in ein kleines Auto. Ihre Limousine vom Typ Zawod imeni Stalina 101, der einem aktuellen Modell des amerikanischen Herstellers Buick nachempfunden ist, lassen sie stehen. Der Wagen ist zu auffällig. Die Maiskis wollen selber beobachten und nicht Beobachter anziehen. Sie fahren in London umher, um zu sehen, was vor sich geht. Es ist Feierabendzeit. Alle Cafés und Geschäfte sind geöffnet, Zeitungsjungen rufen die aktuellen Schlagzeilen aus, U-Bahnen und Busse folgen den üblichen Fahrplänen. Ganz normal wirkt die Metropole eigentlich, nur die Sandsäcke vor vielen Gebäuden und die gelben Schilder mit aufgemalten Pfeilen, die den Weg zum nächstgelegenen Luftschutzkeller weisen, lassen erahnen, dass England an der Schwelle zum Krieg steht.

Abends gehen Iwan Maiski und seine Frau Agnia ins *Globe-Theater*. Sie sehen Oscar Wildes Komödie »The Importance of Being Earnest«. Eine Rückblende in die gute alte Zeit, findet der sowjetische Botschafter, »ohne Automobile, Radio, Flugzeuge, Luftangriffe, Hitlers und Mussolinis«. Die Schauspieler sind überragend, zwei Stunden lang lachen die Maiskis und die anderen Theaterbesucher. »Das ist etwas, wofür man dankbar sein muss«, notiert Maiski. Als er und seine Frau in die Botschaft zurückkehren, meldet der Rundfunk spektakuläre Neuigkeiten: Hitler fordert von Polen die Erfüllung von 16 Punkten, darunter die sofortige Rückgabe Danzigs. Ist das ein Schritt zurück? Eine Drosselung des Tempos? Oder nur ein Manöver Hitlers, der Versuch, die Weltöffentlichkeit und auch die deutsche Bevölkerung zu täuschen?

Deutsche Seefernaufklärer stoßen auf die drei polnischen Zerstörer, die den deutschen Kriegsschiffen entkommen waren. Die Polen haben das Skagerrak durchquert und bereits Kurs auf die britischen Inseln genommen. Als die Polen die deutschen Flugzeuge entdecken, drehen sie nach Norwegen ab. Sobald es dunkel wird, im Schutz der Nacht, kehren sie auf ihren alten Kurs zurück. Sie sollen sich schon bald mit britischen Kriegsschiffen treffen und Verbindungsoffiziere austauschen.

Ernst von Weizsäcker macht in seinem Tagebuch die letzte Notiz für diesen trostlosen August. »Man ist seit 30. 8. offenbar fest entschlossen gewesen, den Krieg auf alle Fälle zu führen«, zieht er als resigniertes Fazit. »Warum aber der Führer ohne Italien und gegen die Westmächte den Krieg eröffnet, während er beide Eventualitäten bisher ablehnte, ist mir unklar.«

In München besucht Georg Elser am Abend den Bürgerbräukeller. Er kommt jeden Tag her, bestellt eine einfache Arbeitermahlzeit für 60 Pfennig, isst lange und versucht, nicht weiter aufzufallen. Wenn es in der Gastwirtschaft ruhiger wird, versteckt er sich in einer Besenkammer. Dort wartet er mehrere Stunden lang, bis alle Gäste und das Personal weg sind. Dann verlässt er sein Versteck und höhlt Nacht für Nacht in mühsamer Kleinarbeit eine Säule aus. In dem Hohlraum will er später eine Bombe mit Zeitzünder verstecken. Wenn dann Adolf Hitler in den Bürgerbräukeller kommt, will er den Sprengsatz zur Explosion bringen.

Naujocks und seine Gruppe brechen am Abend mit zwei Wagen auf. Ihr Ziel ist die Radiostation in Gleiwitz. Kurz nach

20 Uhr stürmen sie den Sender. Zwei SS-Leute bleiben am Tor zurück. Die anderen fünf laufen ins Gebäude. Alle tragen zivil, sie sind bewaffnet und treten sehr entschlossen auf. Vier Angestellte sperren sie in den Keller und fesseln sie. Dann wollen sie eine Durchsage machen und entdecken, dass Gleiwitz gar nicht mehr im Sendebetrieb ist. Das Programm läuft über eine andere Station. Was sollen sie nur machen? Nacheinander holen sie die gefesselten Sendermitarbeiter nach oben. Aber keiner ist ihnen eine Hilfe. Von Gleiwitz aus kann der Sendebetrieb nicht so einfach aufgenommen werden. Einzige Möglichkeit bleibt, eine Katastrophenwarnung abzugeben, damit können sie das laufende Programm unterbrechen. Sie suchen verzweifelt nach dem dazu benötigten Wettermikrofon. In einem Schrank werden sie schließlich fündig. Hektisch schließt ein Techniker, der zu Naujocks Kommando gehört, das Mikrofon an. Nun kann es losgehen.

In polnischer und in deutscher Sprache liest ein SD-Mann einen Aufruf angeblicher Freischärler vor. »Achtung! Achtung! Hier ist Gleiwitz. Der Sender befindet sich in polnischer Hand. Die Stunde der Freiheit ist gekommen.« Nach vier Minuten endet die Durchsage mit »Hoch lebe Polen«. Sie ist nur im Raum Schlesien zu hören und nicht wie geplant in weiten Teilen des Großdeutschen Reiches. Naujocks befiehlt seinen Männern, Schüsse abzufeuern, bevor sie den Sender verlassen. Es soll alles nach einem Feuergefecht aussehen.

Im Gebäude lassen die Deutschen eine Leiche in polnischer Uniform zurück. Gestapo-Männer haben Franz Honiok ermordet, einen polenfreundlichen Oberschlesier. Er war vor Tagen festgenommen und vor der Tat betäubt worden. Er ist das erste Todesopfer des Krieges.

Einige Stunden später greifen weitere SS-Trupps im Auftrag Reinhard Heydrichs das Zollhaus in Hochlinden und das Forsthaus Pitschen an. Einige der Männer tragen auch dort polnische Uniformen. Sie singen vor dem Angriff laut polnische Lieder, sie rufen »hoch lebe Polen« und »nieder mit den Germanen«. Die Männer feuern zudem mit ihren polnischen Waffen in die Luft. Für Freischärler, die einen Überraschungsangriff begehen, verhalten sie sich ziemlich auffällig. Am Zollhaus schlagen Grenztruppen die Attacke zurück – nachdem das Gebäude erheblich beschädigt wurde. Auch sie gehören zu Heydrichs Sonderkommando. Offiziell nehmen sie die polnischen Angreifer fest, nachdem einige Fotos gemacht worden sind. Die ganze Aktion läuft ja vor allem, um Deutschland in der Weltpresse als Opfer polnischer Aggression dastehen zu lassen.

Beim Forsthaus in der Nähe von Pitschen läuft es ähnlich. Auch hier spielen die SS-Männer und Polizisten ihre vorgesehenen Rollen. Diesmal läuft nichts schief, alle ziehen planmäßig wieder ab, und die Gestapo übernimmt die Ermittlung. Was sie herausfinden wird, hat Reinhard Heydrich bereits festgelegt: Polen haben auf deutschem Staatsgebiet verschiedene Ziele angegriffen. Zurück bleiben weitere Leichen von KZ-Häftlingen, Heydrichs Opfer im beginnenden Krieg.

Um neun Uhr am Abend sendet auch der deutsche Rundfunk den »Sechzehn-Punkte-Vorschlag«, der den Krieg mit Polen noch verhindern soll. Wie schon an den vergangenen Tagen verlangt Adolf Hitler, dass Danzig zurück zu Deutschland kommt, im Korridor zu Polen per Volksabstimmung über dessen Zugehörigkeit zum Reich abgestimmt werde und so weiter und so fort. Sechzehn Punkte als Alibi. Schließlich läuft der Angriff auf Polen bereits.

Naujocks ruft vom Hotel aus die Zentrale in Berlin an. Sein Trupp hat ohne Probleme wieder das Haus *Oberschlesien* erreicht. Er bekommt Heydrich ans Telefon, und der SD-Chef wütet gleich los. Er habe den Sender Gleiwitz angeschaltet, aber keine Durchsage gehört. Was war da los? Naujocks sagt, alles sei einwandfrei gelaufen. »Sie lügen, ich habe die ganze Zeit gewartet«, fährt Heydrich ihn an. Dann kommt heraus, dass der Lokalsender in Gleiwitz zu schwach ist. Er kann nur bis Breslau empfangen werden. Dennoch nutzen die Nationalsozialisten für ihre Propaganda fast ausschließlich den Überfall auf den Sender, um ihren Schlag gegen Polen zu rechtfertigen.

Botschafter Attolico arbeitet bis in die Nacht hinein. Noch gibt er den Frieden nicht verloren – auch wenn unübersehbar in Deutschland schon wieder alles nach dem unmittelbar bevorstehenden Angriff aussieht. Zwanzig Minuten vor zehn schreibt er an seinen Außenminister: »Ich glaube fest daran, dass die Lage noch zu retten ist.«

Noch in der Nacht wird Hitler darüber informiert, dass polnische Soldaten in die schlesische Grenzstadt Gleiwitz eingedrungen seien. Sie hätten dort einen Überfall begangen. Hitler behauptet nun, Deutschland sei von Polen angegriffen worden und müsse sich verteidigen.

Um elf Uhr nachts klingelt es Sturm an der Tür von Carl J. Burckhardt. Draußen stehen zwei Gestapo-Männer, die den Hohen Kommissar sprechen wollen. Als Burckhardt die Tür öffnet, drängen die Männer hinein. Sie eröffnen ihm, dass er das Haus nicht mehr verlassen dürfe, seine Telefonleitung sei unterbrochen, und er solle sich bereithalten, bald den Gauleiter zu empfangen, der ihm eine wichtige Mitteilung zu machen habe. Burckhardt aber sagt, er zöge sich zurück, um zu schlafen. Den Gauleiter würde er frühestens am nächsten Morgen empfangen.

Ebenfalls um elf Uhr in Berlin. Sonderpressekonferenz. Die Redaktionen bekommen strikte Anweisungen, wie die Berichte über die vermeintlich polnischen Angriffe zu platzieren und kommentieren sind. »Die Welt muss sehen, wohin die Hetz-methode führt, da man den Polen den Rücken stärkte«, heißt es. Für diese späte Sonderkonferenz wurden die Redaktions-vertreter heute bereits zum zweiten Mal außer der Reihe ins Ministerium zitiert. Um 19 Uhr wurden sie erneut über neue Zensurmaßnahmen belehrt. Ein Gesetzblatt, das heute erschie-nen ist, sieht strenge Strafen bei einer Verletzung der Zensur-pflicht vor. Wichtig sei, dass sich alle Redaktionen bereithal-ten, die späten Abendblätter auf der Titelseite noch vollkommen zu verändern. Es sei unbedingt erforderlich, dass »die Beleg-schaft so zusammengehalten wird, dass jederzeit eine außeror-dentliche Ausgabe gemacht werden kann«.

Auf der späteren Sonderkonferenz geht es dann darum, was in den Sonder- und Nachtausgaben gebracht werden soll. Dass die Polen dem jüngsten deutschen Vorschlag, einen Abgesand-ten nach Berlin zu schicken, nicht nachgekommen seien, müsse ausführlich erwähnt werden: »In den Kommentaren besonders die unerhörte Provokation herausstellen, den Führer des Rei-ches 48 Stunden vergeblich warten zu lassen. Offenbar gar kein Bewusstsein von der Großmachtstellung Deutschlands.«

Ebenfalls um elf Uhr in der Nacht beginnt Kleikamp seine Of-fiziere über den geheimen Funkspruch und den geplanten An-griffstermin morgen zu informieren. Er braucht keine halbe Stunde, um allen ihre Anweisungen zu geben. Ein Oberleut-nant, der einen Maschinengewehrzug führt, der aus der Besat-zung gebildet wird, soll gemeinsam mit den Marineinfanteris-ten die Westerplatte von Land aus attackieren. Um halb zwölf beginnt die Ausschiffung der Stoßtruppkompanie. Diesmal scheint es wirklich ernst zu sein.

1. September 1939, Freitag

Es kommen vier DNB-Meldungen über den Überfall der Polen auf den Sender Gleiwitz, sie sollen gut aufgemacht werden.

NS-Presseanweisungen des Propagandaministeriums

Polnischer Überfall auf den Gleiwitzer Sender
Am Donnerstag, etwa um 20 Uhr wurde der Sender Gleiwitz durch einen polnischen Überfall besetzt.

Deutsches Nachrichtenbüro

Um Viertel nach eins in der Nacht wird Willi Aurich durch Lärm geweckt. Vor seiner Kammer an Bord der »Schleswig-Holstein« verladen seine Kameraden mit einem Kran Motorräder und Gerät des Stoßtrupps. »Also soll es doch losgehen«, denkt er sich.

Eine halbe Stunde später sind alle Soldaten ausgeschifft, die von Land her die Westerplatte attackieren sollen. Sie rücken in ihre vorgesehenen Stellungen vor. Gleichzeitig macht das Linienschiff »klar zum Gefecht«.

Nachts um zwei Uhr erhält Stalin ein Telegramm aus Berlin. Polnische Truppen hätten die deutsche Funkstation in Gleiwitz angegriffen, steht darin. Er nimmt die Nachricht zur Kenntnis. Dann lässt Stalin sich in seine Datscha fahren und geht dort bald zu Bett. Schon bald klingelt dort das Telefon.

Ein deutscher Angriff auf Polen habe begonnen. Stalin unternimmt nichts. Er geht wieder schlafen.

Um 4.20 Uhr bricht über Wielun ein Inferno herein. Deutsche Bomber vom Sturzkampfgeschwader 76 greifen ohne Vorwarnung die Stadt in Zentralpolen an. Die Deutschen haben den Ort, der keinerlei militärische Bedeutung hat, nur aus einem Grund ausgewählt. Sie wollten sehen, was ihre moderne Luftwaffe zu leisten vermag. Kirche, Synagoge und Krankenhaus bekommen Treffer und gehen in Flammen auf. Eine Welle von Bomben folgt auf die nächste, gnadenlos. Mehr als 20 Tonnen Sprengstoff wirft die Luftwaffe ab. 1200 Menschen sterben, darunter viele Frauen und Kinder. Und Wielun ist bei Weitem nicht die einzige Stadt, die heute angegriffen wird.

In Danzig beginnt es zu dämmern, als die »Schleswig-Holstein« durch den Morgennebel auf die Westerplatte zuhält. Um halb fünf Uhr hatte ein Alarm alle Soldaten auf Gefechtsstation gerufen. Langsam dreht sich das Linienschiff quer zur Fahrrinne und bringt seine Geschütze in Position. Um 4.43 Uhr teilt Kapitän Kleikamp über Lautsprecher mit, dass die »Schleswig-Holstein« zum Angriff auf die Westerplatte übergehe. Dann gibt er den Befehl »Feuer«. Um 4.45 Uhr zucken gelbe Blitze aus dem Gefechtsturm »Sophie X«, das 15-Zentimeter- und das 28-Zentimeter-Geschütz feuern auf den polnischen Stützpunkt. Kurz darauf schießen auch alle anderen Geschütze. Pulverdampf umhüllt die »Schleswig-Holstein«. Granaten schlagen in das polnische Munitionslager ein. Ohrenbetäubender Donner reißt die Danziger aus dem Schlaf. In vielen Wohnungen und Häusern klirren Gläser und Geschirr in den Schränken. Wer das Radio anschaltet, hört, dass der Krieg gegen Polen begonnen hat. Der »Landsender Danzig« verkündet die »Wiedervereinigung mit dem Reich«. Die Schüsse der »Schleswig-Holstein« wecken auch Carl J. Burckhardt. An

Nachtruhe, an irgendeine Form von Ruhe, ist nun nicht mehr zu denken.

Während die ersten Schüsse das Munitionsdepot auf der Westerplatte treffen, rücken Männer der SS-Heimwehr und Polizisten in Danzig gegen die Polnische Hauptpost am Heveliusplatz vor. Für sie ist das Postamt ein polnisches »Widerstandsnest«. Als die SS-Männer und ihre Kollegen von der Polizei auf das Postgebäude zustürmen, eröffnen die polnischen Beamten aus den Fenstern heraus das Feuer. Zwei Angreifer sterben sofort, acht weitere Männer werden verwundet. Die Postbeamten sind mit drei leichten Maschinengewehren, 40 Pistolen und Eierhandgranaten bewaffnet. Der Kommandeur der Schutzpolizei, der den Angriff leitet, lässt Panzerspähwagen auffahren und Artilleriegeschütze aufstellen.

Um fünf Uhr rückt der Stoßtrupp der Marineinfanteristen gegen das Munitionsdepot vor. Die 210 Verteidiger unter dem Kommando von Major Henryk Sucharski haben auch ohne offizielle deutsche Kriegserklärung mit einem Angriff gerechnet. Sie verteidigen sich verbissen. Rasch bricht der erste Angriff zusammen, die Marinesoldaten ziehen sich zurück.

Gut eine Stunde später verbreitet der Rundfunk in Deutschland die Nachricht vom Beginn der Kampfhandlungen. Sprecher verlesen eine Proklamation des »Führers«. Der polnische Staat habe die »von mir erstrebte friedliche Regelung nachbarlicher Beziehungen verweigert«, lässt Adolf Hitler verkünden. Der Terror gegen die deutsche Minderheit in Polen habe ihn zum Eingreifen gezwungen.

Um sieben Uhr sendet der polnische Rundfunk in verschiedenen Sprachen einen Hilferuf in die Welt: Polen ist von Deutschland überfallen worden.

Nun ist die Frage, ob es Krieg geben wird, beantwortet. Offen bleibt, wie sich dieser Konflikt auswächst. Wird es einen Weltenbrand geben? Wird nur Europa ins Chaos stürzen? Oder überrollt die Wehrmacht den Nachbarn, und niemand reagiert? Wie werden sich Frankreich und England verhalten?

Gauleiter Forster setzt sich in Danzig in seinem Büro im Gauhaus, Jopengasse 11, an den Schreibtisch. Vor ihm steht ein gewaltiges Mikrofon, das Radiotechniker aufgebaut haben. Forster trägt die gelb-braune Parteiuniform. Er schaut ernst, der Tag kann für ihn mit einem Triumph enden – oder mit einer Katastrophe. Noch leisten die Polen in Danzig Widerstand. Und die polnische Armee könnte immer noch auf die Stadt vorrücken. Zunächst erklingt das »Deutschlandlied«, dann das »Horst-Wessel-Lied«: »Die Fahne hoch, die Reihen fest geschlossen«. Als die Musik verklungen ist, spricht Forster eine Nachricht an alle Rundfunkhörer in der Stadt: Die Verfassung erklärt er für aufgelöst, alle gesetzliche und vollziehende Gewalt werde an ihn übertragen. Er beendet seine Rede pathetisch: »In Ergriffenheit gelobt Ihnen, mein Führer, Danzig unvergängliche Dankbarkeit und ewige Treue. Heil Ihnen, mein Führer.«

In der Stadt hängen seine Männer überall große gelb-rote Plakate auf, darauf steht: »Männer und Frauen von Danzig! Die Stunde, die ihr zwanzig Jahre herbeigesehnt habt, ist angebrochen. Danzig ist mit dem heutigen Tag heimgekehrt in das Großdeutsche Reich. Unser Führer Adolf Hitler hat uns befreit.«

Forsters Frau begibt sich zu einem Lazarett. Sie meldet sich als Krankenschwester. Um 8 Uhr früh fährt Forster mit großem Gefolge vor der Residenz des Hohen Kommissars des Völkerbundes vor. Burckhardt residiert im ehemaligen Generalkommando der Silberhütte, in der Nähe des Bahnhofs. Innerhalb von zwei Stunden müsse Burckhardt das Territorium der »Freien Stadt« verlassen, teilt er dem Diplomaten mit. »Persönlich habe ich nichts gegen Sie«, sagt der Gauleiter zu Burckhardt. Der Hohe Kommissar dreht ihm den Rücken zu.

Natürlich hat der Schweizer damit gerechnet, ausgewiesen zu werden. Vertrauliche Aufzeichnungen hat er bereits verbrannt, und er ist reisefertig. Er steigt in sein Auto. Burckhardt fährt mit seinem kleinen Stab nach Ostpreußen, Richtung Königsberg. Sein Ziel ist das neutrale Litauen. Ein Polizeiwagen begleitet ihn aus der Stadt. Er verlässt Danzig, das nach achtzehn Jahren und sieben Monaten als Freistaat seine Unabhängigkeit verliert und ans Deutsche Reich angegliedert wird.

In Danzig geht um halb zehn Uhr ein Telegramm aus der Reichskanzlei ein. »Ich nehme die Proklamation der Freien Stadt Danzig über die Rückkehr zum Deutschen Reich entgegen«, teilt Adolf Hitler darin mit. Und weiter: »Ich danke Ihnen, Gauleiter Forster, und allen Danziger Männern und Frauen für die unentwegte Treue, die Sie durch so lange Jahre gehalten haben. Großdeutschland begrüßt sie aus übervollem Herzen.«

Adolf Hitler lässt sich durch die fast menschenleeren Straßen Berlins fahren. Nur an wenigen Passanten kommt sein Wagen vorbei – und niemand jubelt ihm zu. Hitler trägt feldgraue Uniform. Er will den Rock des Soldaten erst ablegen, wenn der Krieg gewonnen ist. Die Berliner reagieren auf die Nachricht vom Kriegsausbruch mit Angst und einer widerwilligen Loyalität.

Um zehn Uhr kommen die Angehörigen des Reichstages zu einer Sondersitzung in der Krolloper zusammen. Seit dem Reichstagsbrand tagt hier das Parlament. Adolf Hitler hält eine Rede, die live im Radio übertragen wird. Die polnische Frage müsse gelöst werden, sagt der Reichskanzler. Die »Friedensliebe« seiner Regierung, dürfte nicht mit »Schwäche oder gar mit Feigheit« verwechselt werden. »Ich habe mich daher nun entschlossen, mit Polen in der gleichen Sprache zu reden, die Polen seit Monaten uns gegenüber anwendet«, sagt Hitler. Und weiter: »Polen hat nun heute Nacht zum ersten Mal auf unserem eigenen Territorium auch durch reguläre Soldaten geschossen. Seit 5.45 Uhr wird jetzt zurückgeschossen! Und von jetzt an wird Bombe mit Bombe vergolten!«

Hitler irrt sich beim Angriffszeitpunkt um mehr als eine Stunde. Aber auch sonst hält er sich nicht an die Wahrheit. Schließlich hat er mit Spezialkommandos für die Angriffe sorgen lassen. Seine Anhänger bejubeln ihn sowieso. Mehr als hundert Abgeordnete fehlen, sie wurden zur Wehrmacht eingezogen, andere konnten nicht rechtzeitig zur Rede erscheinen. Im Plenarsaal ist dennoch jeder Platz besetzt. Reichstagspräsident Göring hat die leeren Bänke einfach mit Parteifunktionären besetzt und ermächtigt sie, über das Danzig-Gesetz und die Wiedervereinigung der Stadt mit dem Reich abzustimmen. Gewählt wurden sie natürlich nicht. Im »Dritten Reich« reicht der Befehl Görings als Legitimation aus.

Auch in London tritt heute das Parlament zusammen. Vor dem Unterhaus gibt Premierminister Chamberlain eine Erklärung ab. »Wir haben keinen Grund zum Streit mit dem deutschen Volk, außer dass es sich von einer Nazi-Regierung beherrschen lässt.« Chamberlain lässt keinen Zweifel daran aufkommen, dass sein Land gegen diese Nationalsozialisten in den Krieg ziehen werde.

Joseph Goebbels diktiert den Journalisten erneut, was sie schreiben sollen. In seiner Anordnung Nr. 939 gibt er vor: »In allen Meldungen, Kommentaren usw. muss das Wort ›Krieg‹ vermieden werden. Deutschland schlägt einen polnischen Angriff zurück, das ist die Devise.«

Heute haben die Mitarbeiter der Gestapo viel zu tun. Seit Wochen haben sie »A-Kartei« überprüft und aktualisiert. Darin sind »im Kriegsfalle in Schutzhaft zu nehmende Staatsfeinde« erfasst, mit Name, Geburtsdatum, Meldeadresse. Auf den Befehl von Reinhard Heydrich schlagen die Polizisten heute zu. Hunderte Menschen, die als besonders gefährliche Regimegegner gelten, werden zu Hause oder bei der Arbeit abgeholt und in Konzentrationslager verschleppt.

Katia und Thomas Mann erfahren in Schweden vom Beginn der Kämpfe. Sie sind entsetzt. Was sollen sie nun tun? Die Manns wollen, so schnell es irgendwie geht, in die Vereinigten Staaten zurückkehren, wo sie seit gut einem Jahr leben. Soll Thomas Mann jetzt offensiver gegen die Nationalsozialisten kämpfen? Seine Tochter Erika drängt ihn seit Langem dazu. Ohne sie hätte der Nobelpreisträger vielleicht sogar zu den Gräueln in Deutschland geschwiegen. Nun gehört er zu den bekanntesten Gegnern der Nationalsozialisten.

Thomas Mann verehrt Franklin Delano Roosevelt sehr, den 32. Präsidenten der USA. Er betrachtet den Politiker als geborenen Gegenspieler des deutschen Diktators, gar als einen Garanten für Hitlers Fall. Nur wenn es Roosevelt gelingen sollte, das kriegsunwillige Amerika von der Notwendigkeit zu überzeugen, gegen die Nationalsozialisten vorzugehen, könnte der militante Humanismus erfolgreich sein. »Militanter Humanismus«, dafür hatte Thomas Mann schon bei einer großen Vortragstournee durch die USA im vergangenen Frühjahr gekämpft. Nun will er Roosevelt dabei unterstützen, seine Landsleute davon zu überzeugen, gegen Deutschland in den Krieg zu ziehen.

Am Nachmittag notiert Willi Aurich in seinem Tagebuch: »Aus der Ferne sehen wir schwarzen Rauch der brennenden Werft zum Himmel steigen. Trotz des heftigen Artilleriefeuers ist es uns nicht gelungen, die Westerplatte in unsere Hände zu bekommen. Von der Danziger Polizei wurde uns versichert, dass die Westerplatte in 10 Minuten zu nehmen ist. Jetzt ist es 16.10 Uhr, aber es sieht nicht danach aus. Die Zahl unserer Verwundeten soll 50–60 betragen. Tote ca. 18.«

Überall an den Grenzen zu Polen sind die Einheiten der Wehrmacht weit ins Feindgebiet vorgestoßen. Für die Abwehr, vor allem für die Abteilung II, geht das alles zu schnell. Die K-Truppen, die geheimen Sonderkommandos, schaffen es teilweise gar nicht mehr, die ihnen zugewiesenen Objekte zu erobern und zu sichern, bevor das Heer die Regionen erreicht hat. Schienensprengungen, Anschläge auf Brücken und das Abschalten von Elektrizitätswerken durch die K-Trupps stoppt die Abwehr rasch. In von Deutschen bereits besetztem Gebiet soll die Sabotage sofort unterbleiben. Das schadet nur der eigenen Truppe.

Am frühen Abend dröhnen in Berlin die Luftschutzsirenen. Die Stadt ist bereits verdunkelt, damit feindliche Flugzeuge keine Ziele finden. Viele Berliner reagieren panisch, greifen nach ihren Gasmasken und eilen in die Bunker. Haben polnische Bomber die Hauptstadt erreicht? »Das schreckliche Geheul der Sirenen«, notiert der amerikanische Journalist William Shirer, »die absolute Dunkelheit der Nacht: Wie werden die menschlichen Nerven das für längere Zeit aushalten?« Diesmal ist es noch ein Fehlalarm. Keine Bombe fällt in dieser Nacht auf Berlin.

Mühsam findet Shirer im Dunkeln ein Taxi. Als er in den Wagen steigen will, kommt ihn ein Fremder zuvor. Sie diskutieren, wer einsteigen darf, schließlich teilen sie sich das Taxi. Der andere Fahrgast und auch der Chauffeur sind betrunken, wie Shirer rasch feststellt. Sie fahren zu dritt durch die verdunkelte Hauptstadt. Die beiden Deutschen im Auto verfluchen den Krieg. William Shirer weiß, dass er schon bald in der unangenehmen Lage sein könnte, dass englische und französische Flugzeuge ihre Angriffe auf Berlin fliegen und er sich wünscht, dass sie großen Schaden anrichten mögen – aber ohne ihn selbst zu treffen.

Bis zum Abend halten die Verteidiger der Polnischen Post im Zentrum von Danzig stand. Das umkämpfte Gebäude gleicht bereits einer Ruine. Mit den Geschützen haben die deutschen Angreifer große Löcher in die Fassade des rotgeklinkerten Gebäudes geschossen. Die Postbeamten verschanzen sich daraufhin in den Kellerräumen. Aufgeben kommt für sie nicht infrage, trotz großer Verluste.

Dann pumpen die Deutschen aus einem Kesselwagen große Mengen Benzin in den Keller des Gebäudes und werfen Handgranaten hinterher. Sie lösen ein Inferno aus. Fünf Männer sterben sofort, sechs weitere Menschen erleiden schwerste Brandverletzungen, darunter ist die elfjährige Pflegetochter des Hausmeisters. Als zwei Männer mit einer weißen Flagge in den Händen die Post verlassen, werden sie sofort erschossen. »Da sind sie ja, die polnischen Hunde«, schreien deutsche Polizisten und SS-Männer. Einer der beiden Toten ist der Postdirektor Michon. Die restlichen Überlebenden nehmen die Deutschen fest. Einer von ihnen heißt Franciszek Krause. Er ist der Onkel eines Jungen namens Günter Grass, der in Danzig lebt und der den Angriff auf die Polnische Post niemals vergessen wird.

Unity Mitford versucht von München aus ihre Schwester Diana anzurufen. Aber Telefonate nach England werden nicht mehr durchgestellt. Wie bedauerlich. Unity hätte so viel zu besprechen und erzählen gehabt. Gerade erst hat sie einen Brief von Diana erhalten. Es könnte der letzte gewesen sein, der nach dem Kriegsausbruch zu ihr durchgekommen ist. Unity fürchtet, den Führer nie wieder zu sehen. Sie will ihre Schwester bitten, sich um ihre Dänische Dogge, Boy genannt, zu kümmern. Und wenn mit Unity irgendetwas geschehen sollte und die Presse schlecht über sie berichte, dann kenne Diana die Wahrheit. Sie wird ihrer Schwester morgen schreiben, beschließt Unity.

In Danzig meldet die Propaganda: »Der Abend kommt. Zum ersten Mal ist die Stadt verdunkelt. Die Menschen sind erregt und voller Freude und achten der Dunkelheit nicht. Sie fluten gleich einem Strom, den der Frühling vom Eise befreit hat, mit unterdrücktem Jubel durch die Langgasse und über den Langen Markt. Es wird tiefe Nacht, bis der fröhliche Lärm verebbt.«

»Sterben für Danzig?« In Großbritannien wird die Frage in diesen Stunden beantwortet. Nicht für Danzig, nicht für Polen werden die britischen Soldaten und ihre Verbündeten ins Gefecht ziehen, sondern um einen Diktator aufzuhalten, der viel zu lange den Weltfrieden bedroht hat. Diesmal sind sich Premierminister Neville Chamberlain und sein innerparteilicher Gegner Winston Churchill absolut einig: Es kann kein Zurückweichen vor Adolf Hitler geben. Mit dem Angriff auf Polen beginnt ein Krieg, der nach und nach die ganze Welt erfassen, Europa, Asien und Afrika in Brand setzen wird.

X. Epilog

Die Verteidiger der Westerplatte kämpfen weiter energisch gegen die Deutschen. Sie harren sieben Tage in ihren zerschossenen Bunkern und Unterständen aus. Ihre Standhaftigkeit wurde für viele Polen zu einem Symbol für den Lebenswillen und die Lebenskraft ihrer Nation.

Leutnant Heinrich von Weizsäcker, der Sohn des Staatssekretärs im Auswärtigen Amt, stirbt am Abend des 2. September in der Tucheler Heide am Bahndamm von Klonowo bei einem polnischen Angriff. Sein Bruder, Richard von Weizsäcker, kämpft nur wenige Hunderte Meter von ihm entfernt. Er wird seinen Bruder beerdigen. In Berlin trauern Vater und Mutter.

Einen Tag später, am 3. September, tritt England in den Krieg aufseiten Polens ein. Winston Churchill wird kurz darauf ins Kabinett berufen, wird zunächst erneut Marineminister und dann 1940 Premier. Zum Kriegsbeginn hält Churchill eine Radioansprache. »Dies ist keine Frage des Kampfes für Danzig oder für Polen«, sagt er. »Wir kämpfen, um die ganze Welt vor der Pestilenz der Nazi-Tyrannei zu bewahren in Verteidigung dessen, was den Menschen heilig ist.«

Am Nachmittag des 3. September, nach der britischen Kriegserklärung an Deutschland, schießt sich Unity Mitford im Englischen Garten in München mit einer Pistole in den Kopf. Sie überlebt, aber ihr Gehirn ist schwer verletzt. Wochenlang ist sie in einem deutschen Krankenhaus, Hitler besucht sie. Später kommt Unity Mitford über die Schweiz nach England zurück. Sie stirbt 1948 an den Folgen ihrer Hirnverletzung.

Hermann Göring sagt nach dem Kriegseintritt Großbritanniens und Frankreichs: »Wenn wir diesen Krieg verlieren, dann möge uns der Himmel gnädig sein.« Vergeblich versucht er, England zu einem Friedensschluss zu überreden. Seine Luftwaffe kann die Angriffe der Alliierten auf Deutschland nicht verhindern. Im September 1939 bombardieren die Briten Wilhelmshaven.

Ab dem Sommer des nächsten Jahres attackiert Görings Flotte die britischen Inseln, richtet in Städten wie Birmingham, Coventry und London schwere Schäden an. Dafür üben die Briten Vergeltung: Am 25. August 1940 kommt es zum ersten englischen Fliegerangriff auf Berlin.

Eine Woche nach dem Sturm auf die Polnische Post in Danzig verurteilt ein deutsches Kriegsgericht die überlebenden Verteidiger zum Tode. Das Urteil wird im Oktober vollstreckt. Ein Justizmord. Zu den Opfern gehört Franciszek Krause, der Onkel von Günter Grass. Der spätere Literaturnobelpreisträger widmet ihm in seinem Roman »Die Blechtrommel« eine wichtige Passage.

Warschau kapituliert am 28. September vor den deutschen Truppen – nachdem die Stadt heftig bombardiert wurde.

Erika Mann bejubelt den Kriegsbeginn. Nun muss es doch bald mit dem Diktator in Berlin vorbei sein. Doch nach den ersten militärischen Erfolgen der Wehrmacht beschließt sie, sich aktiv am Kampf gegen die Nationalsozialisten zu beteiligen. Sie geht auf Vortragsreise durch die USA und schreibt ein Buch über eine kleine Universitätsstadt in der entfesselten Diktatur. Und sie arbeitet für die britische BBC, die ihr Programm nach Deutschland ausstrahlt. Auch Thomas Mann beteiligt sich am Kampf gegen das NS-Regime. Seine Radioansprachen an die Deutschen werden legendär. Katia und Thomas Mann reisen im Herbst 1939 in die USA zurück.

Carl J. Burckhardt kehrt in die Schweiz zurück. Er wird während des Zweiten Weltkriegs zum Präsidenten des Internationalen Komitees vom Roten Kreuz berufen. 1960 veröffentlicht er sein Buch »Danziger Mission«.

Reinhard Heydrichs Macht wächst während des Weltkriegs weiter. Zusätzlich zu seinen Aufgaben überträgt Hitler ihm die Aufgabe, als stellvertretender Protektor in »Böhmen und Mähren« den Widerstand zu brechen. 1942 stirbt er in Prag nach einem Anschlag tschechischer Freiheitskämpfer.

Hans und Sophie Scholl gründen mit Freunden die »Weiße Rose«, eine Widerstandszelle. Sie verteilen heimlich Flugblätter an der Universität in München. Darin prangern sie die Verbrechen der Nationalsozialisten an. Sie werden beobachtet, als sie ihre Protestschreiben gegen das NS-Regime auslegen, und denunziert. Am 22. Februar 1943 werden sie in der Vollzugsanstalt München-Stadelheim hingerichtet.

Wilhelm Canaris wird erst entmachtet und dann nach dem Attentat auf Hitler 1944 wegen seiner Widerstandsarbeit verhaftet und später in das KZ Flossenbürg gesperrt. Dort wird er kurz vor Kriegsende ermordet.

Guy Burgess spioniert weiter für die UdSSR. 1951 flieht er in die Sowjetunion, bevor er in England enttarnt wird.

Der Zweite Weltkrieg erfasst sechs Kontinente und alle Weltmeere, mehr als 50 Millionen Menschen sterben, und viele hundert Millionen Opfer erleiden Verwundungen an Körper und Seele. Riesige Gebiete werden von den Armeen verwüstet.

Joseph Goebbels hatte während des Kriegs notiert: »Wir werden als die größten Staatsmänner aller Zeiten in die Geschichte eingehen oder als ihre größten Verbrecher.« Er begeht wie sein »Führer«, Eva Braun, Heinrich Himmler und Hermann Göring Selbstmord.

Nach dem Krieg werden die von der SS inszenierten Überfälle vom Internationalen Militärgerichtshof in Nürnberg aufgearbeitet. Im Prozess gegen die Hauptkriegsverbrecher 1945 und 1946 wird den Angeklagten der Mord an Franz Honiok beim Sender Gleiwitz und der Beginn eines Angriffskriegs zur Last gelegt.

Danksagung:

Mein Dank gilt den Mitarbeitern des Bundesarchivs, vor allem denen im Militärarchiv in Freiburg, der Zeitungsabteilung der Staatsbibliothek zu Berlin, der Staats- und Universitätsbibliothek Hamburg und dem Institut für Zeitgeschichte in München, Hannah Schuh, die mit fachkundigem Rat unterstützt hat und dem Fotografen Arne Mayntz. Besonders danken möchte ich meiner Frau und meinem Sohn, die sehr viel Geduld aufgebracht haben, wenn ich am Recherchieren und Schreiben war, sowie meinen Schwiegereltern, die stets in allen Lebenslagen bereit sind, in vielfältiger Form zu helfen.

1. Propaganda: Um Danzig streiten sich Deutschland und Polen seit Jahrzehnten. 1939 verstärkt Adolf Hitler den Druck und fordert den Anschluss der Stadt ans Reich – er will einen Kriegsgrund schaffen.

2. Botschafter auf Reisen: Sir Neville Henderson trifft am 27. August 1939 in London im Außenministerium ein. Im Gepäck hat er ein Angebot der Deutschen. Der britische Diplomat will einen Weltkrieg verhindern.

3. Vater und Sohn: Joseph P. Kennedy, amerikanischer Botschafter, ermöglicht seinem Zweitgeborenen John Fitzgerald Kennedy, Student der Elite-Universität Harvard, im Sommer 1939 eine Tour durch Europa. Kennedy Junior recherchiert für seine Abschlussarbeit.

4. Walküre: Unity Valkyrie Mitford, Tochter eines englischen Lords, bewundert Adolf Hitler. Beide treffen sich mehr als hundertmal. Ihre Eltern haben sie nach einer Wagner-Oper benannt.

5. Genie an Bord: Albert Einstein entspannt sich im Sommer 1939 auf Long Island beim Segeln auf seiner Jacht.

6. Hoffnungsträger: Er hat kein Amt, verkörpert keine Macht, dennoch empfangen viele Franzosen am 18. August 1939 begeistert Winston Churchill in Paris.

7. Am Hof des Roten Zaren: Josef Stalin, mächtigster Mann der Sowjetunion, trägt seine Tochter Swetlana Allilujewa im Arm. Er liebt sie – lässt sie aber auch überwachen.

8. Verzweifelter Vermittler: Als Kommissar des Völkerbundes in Danzig soll Carl Jacob Burckhardt zwischen Deutschen und Polen vermitteln. Eine Mission Impossible.

9. Brückenschlag: Am 20. August 1939 können Autos und Lastwagen erstmals
den Fluss bei Käseburg auf einer Fahrbahn auf Pontons überqueren.

10. Staatsbesuch: Italiens Außenminister Gian Galeazzo Ciano besucht am 11. August 1939 seinen deutschen Kollegen Ribbentrop auf Schloss Fuschl. Sie sprechen über Polen.

11. Ein historischer Vertrag: Die Außenminister Deutschlands und der Sowjetunion, Joachim von Ribbentrop und Wjatscheslaw Molotow, unterzeichnen am 24. August 1939 in Moskau einen Nicht-Angriffs-Pakt. Josef Stalin schaut zu.

12. Kriegsgrund? Ein fingierter Angriff auf den deutschen Sender Gleiwitz am 31. August 1939 dient den Nationalsozialisten als Anlass, in Polen einzumarschieren. Die Angreifer sind SS-Männer.

13. Schüsse in Danzig: SS-Männer und Polizisten greifen am 1. September 1939 das polnische Postamt am Heveliusplatz an.

14. Auftakt zum Weltkrieg: Um 4:47 Uhr feuert die Schleswig-Holstein mit ihren schweren Schiffsgeschützen auf das polnische Munitionsdepot auf der Westerplatte.

Abkürzungen:

a. D.	außer Diensten
d. j.	Deutsche Jungenschaft
D. K.	Deutsche Kompanie
DNB	Deutsches Nachrichtenbüro
Gestapo	Geheime Staatspolizei
K-Organisation	Kampforganisation
Lkw	Lastkraftwagen
Mob.	Mobilmachung
MI6	Military Intelligence Section 6, britischer Auslandsgeheimdienst
NKWD	Sowjetischer Geheimdienst
NSDAP	Nationalsozialistische Deutsche Arbeiterpartei
Pg.	Parteigenosse
SA	Sturmabteilung
SD	Sicherheitsdienst
SS	Schutzstaffel
UFA	Universum-Film Aktiengesellschaft
USA	Vereinigte Staaten von Amerika
V-Männer	Vertrauensmänner (Zuträger von Geheimdiensten)
Y-Tag	Der Tag des Beginns einer militärischen Operation, der noch nicht feststeht oder geheim gehalten wird
z. b. V.	zur besonderen Verwendung
ZiS	Sawod imeni Stalina (Stalinwerke)

Literatur – eine Auswahl:

Abshagen, Karl-Heinz: Canaris. Patriot und Weltbürger, Stuttgart 1949.

Altrichter, Helmut: Stalin. Der Herr des Terrors, C. H. Beck, München 2018.

Bajohr, Frank: Parvenüs und Profiteure. Korruption in der NS-Zeit, S. Fischer, Frankfurt am Main 2001.

Banach, Jens: Heydrichs Elite. Das Führerkorps der Sicherheitspolizei und des SD 1936–1945, Ferdinand Schöningh, Paderborn et al. 1998.

Baumgart, Winfried: Zur Ansprache Hitlers vor den Führern der Wehrmacht am 22. August 1939, in: Vierteljahreshefte für Zeitgeschichte, 16. Jg., 1968, 2. Heft, S. 120–149.

Bartz, Karl: Die Tragödie der deutschen Abwehr, Verlag K. W. Schütz, Preuß. Oldendorf 1972.

Below, Nicolaus v.: Als Hitlers Adjutant 1937–45, v. Hase & Koehler Verlag, Mainz 1980.

Benz, Wolfgang: Geschichte des Dritten Reiches, C. H. Beck, München 2000.

Bitterli, Urs: Golo Mann. Instanz und Aussenseiter. Eine Biographie, Kindler, Berlin 2004.

Blasius, Rainer Achim: Für Großdeutschland gegen den großen Krieg. Staatssekretär Ernst Frhr. von Weizsäcker in den Krisen um die Tschechoslowakei und Polen 1938/39, Böhlau Verlag Köln/Wien 1981.

Bloch, Michael: Ribbentrop, Bantam Press, London et al. 1992.

Boberach, Heinz: Meldungen aus dem Reich. Auswahl aus den geheimen Lageberichten des Sicherheitsdienstes der SS 1939–1944, dtv, München 1968.

Boehm, Hermann: Zur Ansprache Hitlers vor den Führern der Wehrmacht am 22. August 1939, in: Vierteljahreshefte für Zeitgeschichte, 19. Jg., 1971, 3. Heft, S. 294–300.

Böhler, Jochen: Die Wehrmacht in Polen 1939 und die Anfänge des Vernichtungskrieges, in: Deutsches Historisches Institut in Warschau (Hrsg.): »Größte Härte …« Verbrechen der Wehrmacht in Polen, Fibre Verlag, Hamburg 2005, S. 15–25.

Bogacz, Daniel: Fremde in einer freien Stadt. Deutsche, Polen und Juden in Danzig 1920–1939, Diss. Bonn 2009.

Boveri, Magret: Der Diplomat vor Gericht, Minerva-Verlag, Berlin/Hannover 1948.

Brian, Denis: Einstein. Sein Leben, Wiley-VCH Verlag, Weinheim 1996.

Broszat, Martin: Der Zweite Weltkrieg: Ein Krieg der »alten« Eliten, der Nationalsozialisten oder der Krieg Hitlers?, in: Ders./Schwabe, Klaus (Hrsg.): Die deutschen Eliten und der Weg in den Zweiten Weltkrieg, C. H. Beck, München 1989, S. 25–71.

Broszat, Martin: Nationalsozialistische Polenpolitik 1939–1945, (Schriftenreihe der Vierteljahreshefte für Zeitgeschichte; 2), Deutsche Verlagsanstalt, Stuttgart 1961.

Brüggemeier, Franz-Josef: Weltmeister im Schatten Hitlers. Deutschland und die Fußball-Weltmeisterschaft 1954, Klartext, Essen 2014.

Burckhardt, Carl Jacob: Meine Danziger Mission 1937–1939, Gesammelte Werke, Scherz, Bern/München/Wien 1971.

Calie, Edouard: Reinhard Heydrich. Schlüsselfigur des Dritten Reiches, Droste Verlag, Düsseldorf 1982.

Chlewnjuk, Oleg: Stalin. Eine Biographie. Siedler, München 2015.

Churchill, Winston S.: Der Zweite Weltkrieg, Deutsche Buch-Gemeinschaft, Berlin/Darmstadt/Wien 1954.

De Dijn, Rosine: Albert Einstein und Elisabeth von Belgien: Eine Freundschaft in bewegter Zeit, Verlag Friedrich Pustet, Regensburg 2016.

Dederichs, Mario R.: Heydrich. Das Gesicht des Bösen, Piper, München/Zürich 2005.

Deschner, Günther: Reinhard Heydrich. Statthalter der totalen Macht. Biographie, Bechtle, Esslingen 1977.

DeThier, Peter: John F. Kennedy, Reclam, Stuttgart 2016.

Dohrmann, Anja Maria: Erika Mann – Einblicke in ihr Leben, Dissertation zur Erlangung der Doktorwürde der Philosophischen Fakultäten der Albert-Ludwigs-Universität zu Freiburg i.Br., Freiburg 2003.

Falanga, Gianluca: Mussolinis Vorposten in Hitlers Reich. Italiens Politik in Berlin 1933–1945, Ch. Links, Berlin 2008.

Fest, Joachim: Hitler. Eine Biographie, Neuauflage, Ullstein, Berlin 1998.

Fischer, Frank: Danzig. Die zerbrochene Stadt, Propyläen, Berlin 2006, S. 351.

Fischer, Klaus P.: Hitler & America, University of Pennsylvania Press, Philadelphia 2011.

Fitzpatrick, Sheila: Stalins Mannschaft. Teamarbeit und Tyrannei im Kreml, Ferdinand Schöningh, Paderborn 2017.

Flügge, Manfred: Stadt ohne Seele. Wien 1938, Aufbau Verlag, Berlin 2018.

Frei, Norbert / Schmitz, Johannes: Journalismus im Dritten Reich, 2. Aufl., C. H. Beck, München 1989.

Fuchs, Friedrich: Die Beziehungen zwischen der Freien Stadt Danzig und dem Deutschen Reich in der Zeit von 1920 bis 1939 unter besonderer Berücksichtigung der Judenfrage in beiden Staaten. Dissertation zur Erlangung der Würde eines Doktors der Philosophie, Hochschulverlag Freiburg im Breisgau, Freiburg 1998.

Gafke, Matthias: Heydrichs Ostmärker. Das österreichische Führungspersonal der Sicherheitspolizei und der SD 1939–1945, WBG, (Veröffentlichungen der Forschungsstelle Ludwigsburg der Universität Stuttgart, 27), Darmstadt 2015.

Gathmann, Peter / Paul, Martina: Narziss Goebbels. Eine Biografie, Böhlau Verlag, Wien/Köln/Weimar 2009.

Gerlach, Christian: Der Mord an den europäischen Juden. Ursachen, Ereignisse, Dimensionen, C. H. Beck, München 2017.

Gerwarth, Robert: Reinhard Heydrich. Biographie, Pantheon, München 2011.

Goebbels, Joseph: Die Tagebücher, hrsg. von: Fröhlich, Elke, Teil I, Bd. 7: Juli 1939 – März 1940, K G Saur, München 1998.

Gorodetsky, Gabriel (Hrsg.): Die Maiski Tagebücher. Ein Diplomat im Kampf gegen Hitler 1932–1943, C. H. Beck, München 2016.

Graml, Hermann: Die Wehrmacht im Dritten Reich, in: Vierteljahreshefte für Zeitgeschichte, 45. Jg., 1997, 3. Heft, S. 365–384.

Gutermuth, Frank / Netzbandt, Arno: Die Gestapo, Nicolaische Verlagsbuchhandlung, Berlin 2005.

Hartmann, Christian / Slutsch, Sergej: Franz Halder und die Kriegsvorbereitungen im Frühjahr 1939. Eine Ansprache des Generalstabschefs des Heeres, in: Vierteljahreshefte für Zeitgeschichte, 45. Jg., 1997, 3. Heft, S. 467–496.

Hartnagel, Thomas (Hrsg.): Sophie Scholl. Fritz Hartnagel. Damit wir uns nicht verlieren. Briefwechsel 1937–1943, S. Fischer, Frankfurt am Main 2008.

Hassell, Ulrich: Die Hassell-Tagebücher 1938–1944. Aufzeichnungen vom anderen Deutschland, hrsg.: Hiller von Gaetringen, Friedrich, Siedler Verlag, Berlin 1988.

364

Hendersson, Neville: Failure of a mission, G. P. Putnam's Sons, New York 1940.

Hendersson, Neville: Endgültiger Bericht über die Umstände, die zur Beendigung seiner Mission in Berlin führten, Verlag Birkhäuser, Basel 1939.

Heydrich, Lina: Mein Leben mit Reinhard. Die persönliche Biographie, hrsg. von: Heydrich, Heider. Druffel & Vowinkel-Verlag, Gilching 2012.

Hildebrand, Klaus: Der Hitler-Stalin-Pakt als ideologisches Problem, in: (Ders./Hillgruber, Andreas (Hrsg.): Kalkül zwischen Macht und Ideologie. Der Hitler-Stalin-Pakt: Parallelen bis heute?, Edition Interfrom, Zürich 1980, S. 35–61.

Hillgruber, Andreas: Der Zweite Weltkrieg 1939–1945. Kriegsziele und Strategie der großen Mächte, 6. Aufl., Verlag W. Kohlhammer, Stuttgart/Berlin/Köln 1996.

Hillgruber, Andreas: Die Zerstörung Europas. Beiträge zur Weltkriegsepoche 1914 bis 1945, Propyläen, Frankfurt am Main 1988.

Hillgruber, Andreas: Der Hitler-Stalin-Pakt und die Entfesselung des Zweiten Weltkrieges, in: (Ders./Hildebrand, Klaus (Hrsg.): Kalkül zwischen Macht und Ideologie. Der Hitler-Stalin-Pakt: Parallelen bis heute?, Edition Interfrom, Zürich 1980, S. 7–34.

Hillgruber, Andreas: Zur Entstehung des Zweiten Weltkrieges. Forschungsstand und Literatur, Droste Verlag, Düsseldorf 1980.

Himmler, Katrin / Wildt, Michael (Hrsg.): Himmler privat. Briefe eines Massenmörders, Piper, München/Zürich 2014.

Himmler, Katrin: Der private Heinrich Himmler, in: Pfeiffer, Moritz / Moors, Markus (Hrsg.): Heinrich Himmlers Taschenkalender 1940, kommentierte Edition, Ferdinand Schöningh, Paderborn 2013, S. 39–53.

Ingrao, Christian: Hitlers Elite. Die Wegbereiter des nationalsozialistischen Massenmords, Propyläen, Berlin 2012.

Jäckel, Eberhard / Kuhn, Axel (Hrsg.): Hitler. Sämtliche Aufzeichnungen 1905–1924, (Veröffentlichungen des Instituts für Zeitgeschichte; 1980), DVA, Stuttgart 1980.

Jäckel, Eberhard: Über eine angebliche Rede Stalins vom 19. August, in: Vierteljahreshefte für Zeitgeschichte, Nr. 6, 1958, S. 380–389.

Jens, Inge / Jens, Walter: Frau Thomas Mann. Katias Mutter. Zwei Biographien, Rowohlt Taschenbuch Verlag, Reinbek 2010.

Jens, Inge (Hrsg.): Hans Scholl. Sophie Scholl. Briefe und Aufzeichnungen, Europäische Bildungsgemeinschafts Verlag, Kornwestheim, o. J. (Lizenzausgabe von S. Fischer).

Jonas, Klaus W. / Stunz, Holger R.: Golo Mann. Leben und Werk. Chronik und Bibliographie, 2. verb. Aufl., Harrassowitz Verlag, Wiesbaden 2004.

Karl, Michaela: »Ich blätterte gerade in der Vogue, da sprach mich der Führer an.« Unity Mitford. Eine Biographie, Hoffmann und Campe, Hamburg 2016.

Keegan, John: Der Zweite Weltkrieg, Rowohlt, Berlin 2004.

Kellerhoff, Sven Felix: Hitlers Berlin. Geschichte einer Hassliebe, be.bra Verlag, Berlin 2005.

Kennedy, John F.: Unter Deutschen. Reisetagebücher und Briefe 1937–1945, hrsg. von Lubrich, Oliver, Aufbau Verlag, Berlin 2013.

Kershaw, Ian: Hitler. 1936–1945, DVA, Stuttgart 2000.

Kielinger, Thomas: Winston Churchill. Der späte Held, C. H. Beck, München 2017.

Kippenberger, Susanne: Das rote Schaf der Familie. Jessica Mitford und ihre Schwestern, Fischer Taschenbuch, Frankfurt am Main 2016.

Kley, Stefan: Hitler, Ribbentrop und die Entfesselung des Zweiten Weltkriegs, Ferdinand Schöningh, Paderborn et al. 1996.

Knab, Jakob: »So ein herrlicher sonniger Tag, und ich soll gehen«. Sophie Scholl: Suche nach Sinn und Bekenntnis zum Widerstand, in: Bald, Detlef (Hrsg.): »Wider die Kriegsmaschinerie.« Kriegserfahrungen und Motive des Widerstandes der »Weißen Rose«, Klartext Verlag, Essen 2005, S. 130–143.

Knight, Nigel: Churchill. The greatest Briton unmasked, David and Charles, Cincinnati 2008.

Kochanowski, Jerzy: Der Kriegsbeginn in der polnischen Erinnerung, in: Aus Politik und Zeitgeschichte, Nr. 36–37, 31. August 2009, S. 6–13.

Kotze, Hildergard von (Hrsg.): Heeresadjutant bei Hitler, 1938–1943. Aufzeichnungen des Majors Engel, (Schriftenreihe der Vierteljahreshefte für Zeitgeschichte; 29), Deutsche Verlags-Anstalt, Stuttgart 1975.

Kröger, Ute: »Wie ich leben soll, weiss ich noch nicht«. Erika Mann zwischen »Pfeffermühle« und »Firma Mann«. Ein Porträt, Limmat Verlag, Zürich 2015.

Krüger, Peter: »Man läßt sein Land nicht im Stich, weil es eine schlechte Regierung hat«. Die Diplomaten und die Eskalation der Gewalt, in: Broszat, Martin / Schwabe, Klaus (Hrsg.): Die deutschen Eliten und der Weg in den Zweiten Weltkrieg, C. H. Beck, München 1989, S. 180–225.

Kubizek, August: Adolf Hitler – mein Jugendfreund, Leopold Stocker Verlag, 4. Aufl., Graz 1953.

Lahme, Tilman / Pils, Holger / Klein, Kerstin (Hrsg.): Die Briefe der Manns. Ein Familienporträt, S. Fischer Verlag, Frankfurt am Main 2016.

Levine, Herbert S.: Hitler's Free City. A History of the Nazi Party in Danzig, 1925–39, The University of Chicago Press, Chicago/London 1973.

Longerich, Peter: Hitler. Biographie, Siedler, München 2015.

Lownie, Andrew: Stalin's Englishman. The Lives of Guy Burgess, Hodder & Stoughton, London 2015.

Lüdicke, Lars: Ernst von Weizsäcker in Kaiserreich, Weimarer Republik und »Drittem Reich«, in: Schulte, Jan Erik / Wala, Michael (Hrsg.): Widerstand und Ausländisches Amt. Diplomaten gegen Hitler, Siedler Verlag, München 2013, S. 225–249.

Mann, Golo: Erinnerungen und Gedanken. Lehrjahre in Frankreich, Fischer Taschenbuch Verlag, 4. Aufl., Frankfurt am Main 2009.

Mann, Katia: Meine ungeschriebenen Memoiren, S. Fischer, Frankfurt am Main 1974.

Mann, Thomas: Tagebücher 1937–1939, hrsg. von: Mendelssohn, Peter de, Fischer Verlag, Frankfurt am Main 2003.

Maser, Werner: Hermann Göring. Hitlers janusköpfiger Paladin. Die politische Biographie, edition q, Berlin 2000.

Matthäus, Jürgen: »Es war sehr nett«. Auszüge aus dem Tagebuch der Margarete Himmler, 1937–1945, (WerkstattGeschichte; 25), Ergebnisse Verlag, Hamburg 2000.

Meier-Hüsing, Peter: Nazis in Tibet. Das Rätsel um die SS-Expedition Ernst Schäfer, Theiss, Darmstadt 2017.

Möckelmann, Reiner: Franz von Papen. Hitlers ewiger Vasall, Philipp von Zabern, Darmstadt 2016.

Mommsen, Hans: Diplomaten im Widerstand gegen Hitler. Außenpolitische Konzepte und Initiativen, in: Schulte, Jan Erik / Wala, Michael (Hrsg.): Widerstand und Ausländisches Amt. Diplomaten gegen Hitler, Siedler Verlag, München 2013, S. 11–19.

Montefiore, Simon Sebag: Stalin. Am Hof des Roten Zaren, S. Fischer, 2. Aufl., Frankfurt am Main 2005.

Mosley, Charlotte: The Mitfords. Letters between six sisters, Harper Perennial, London et al. 2007.

Müller, Klaus-Jürgen: Das Heer und Hitler. Armee und nationalsozialistisches Regime 1933–1940, (Beiträge zur Militär- und Kriegsgeschichte; 10) Deutsche Verlagsanstalt, Stuttgart 1969.

Müller, Rolf-Dieter: Kriegsbeginn 1939: Anfang vom Ende des Deutschen Reichs, in: Aus Politik und Zeitgeschichte, Nr. 36–37, 31. August 2009, S. 21–27.

Overy, Richard: Der Bombenkrieg. Europa 1939 bis 1945, Rowohlt, Berlin 2014.
Overy, Richard: The Third Reich. A chronicle, Quercus, London 2010.
Overy, Richard: Die letzten zehn Tage. Europa am Vorabend des Zweiten Weltkriegs, Pantheon, München 2009.
Overy, Richard: Russlands Krieg. 1941–1945, Rowohlt, Reinbek 2003.
Overy, Richard: Verhöre. Die NS-Elite in den Händen der Alliierten, 2. Aufl., Propyläen, München 2002.

Pese, Walter Werner: Hitler und Italien 1920–1926, in: Vierteljahreshefte für Zeitgeschichte, 3. Jg. 1955, 2. Heft/April, S. 113–126.
Peter, Karen (Hrsg.): NS-Presseanweisungen der Vorkriegszeit, Bd. 7/II: 1939, Quellentexte Mai bis August, K G Saur, München 2001.
Peuschel, Harald: Die Männer um Hitler, Droste Verlag, Düsseldorf 1982.
Pfeiffer, Moritz: Herkunft und politischer Werdegang Heinrich Himmlers, in: Ders./Moors, Markus (Hrsg.): Heinrich Himmlers Taschenkalender 1940, kommentierte Edition, Ferdinand Schöningh, Paderborn 2013, S. 19–37.
Picker, Henry: Hitlers Tischgespräche im Führerhauptquartier, Seewald Verlag, Stuttgart 1976.
Pfaff, Iwan: Prag und der Fall Tuchatschewski, in: Vierteljahreshefte für Zeitgeschichte, 35. Jg. 1987, 1. Heft/Januar, S. 95–134.
Pölking, Hermann: Wer war Hitler. Ansichten und Berichte von Zeitgenossen, be.bra Verlag, Berlin 2017.
Pryce-Jones, David: Unity Mitford: A quest, Weidenfeld and Nicolson, London 1976.
Pyta, Wolfram: Hitler. Der Künstler als Politiker und Feldherr. Eine Herrschaftsanalyse, Siedler, München 2015.

Reile, Oscar: Macht und Ohnmacht der Geheimdienste. Der Einfluss der Geheimdienste der USA, Englands, der UdSSR, Frankreichs und Deutschlands auf die politischen und militärischen Ereignisse im Zweiten Weltkrieg, Verlag Welsermühl, München/Wels 1968.
Reile, Oscar: Geheime Ostfront. Die deutsche Abwehr im Osten 1921–1945, Verlag Wesermühl, München/Wels, 1963.
Reile, Oscar: Geheime Westfront. Die Abwehr 1935–1945, Verlag Wesermühl, München/Wels, 1962.

Reiter, Raimond: Hitlers Geheimpolitik. Peter Lang, Frankfurt am Main et al. 2008.

Reuth, Ralf Georg (Hrsg.): Joseph Goebbels. Tagebücher. Bd. 3: 1935–1939, Piper, 4. Aufl., München 2008.

Ribbentrop, Joachim von: Zwischen London und Moskau. Erinnerungen und letzte Aufzeichnungen, Druffel-Verlag, Leoni 1953.

Roberts, Andrew: Feuersturm. Eine Geschichte des Zweiten Weltkriegs, C. H. Beck, München 2019.

Roberts, Geoffrey: Stalin's Wars. From world war to cold war, 1939–1953, Yale University Press, New Haven/London 2006.

Rosenberg, Alfred: Die Tagebücher von 1934 bis 1944, herausg. von: Matthäus, Jürgen / Bajohr, Frank, Fischer Verlag, Frankfurt am Main 2018.

Rothfels, Hans: Das politische Vermächtnis des deutschen Widerstandes, in: Vierteljahreshefte für Zeitgeschichte, 2. Jg. 1954, 4. Heft, S. 329–343.

Ruhnau, Rüdiger: Die Freie Stadt Danzig, Kurt Vorwinkel Verlag, Berg am See 1979.

Sandner, Harald: Hitler – Das Itinerar, Bd. 3, Aufenthaltsorte und Reisen von 1889 bis 1939, Berlin Story Verlag, Berlin 2017.

Schenk, Dieter: Danzig 1930–1945. Das Ende einer Freien Stadt, Ch. Links Verlag, Berlin 2013.

Schenk, Dieter: Die Post von Danzig. Geschichte eines deutschen Justizmordes, Rowohlt, Reinbek 1995.

Schindler, Herbert: Mosty und Dirschau 1939. Zwei Handstreiche der Wehrmacht vor Beginn des Polenfeldzuges, 2. Aufl., Verlag Rombach, Freiburg 1979.

Schmidt, Paul: Statist auf diplomatischer Bühne, 1923–45, Athenäum Verlag, Bonn 1949.

Schwabe, Klaus: Weltmacht und Weltordnung. Amerikanische Außenpolitik von 1898 bis zur Gegenwart. Eine Jahrhundertgeschichte, 3. Aufl., Ferdinand Schöningh, Paderbord et al. 2011.

Shirer, William: Berliner Tagebuch. Aufzeichnungen 1934–41, Kiepenheuer, Leipzig und Weimar 1991.

Sigmund, Anna Maria: Die Frauen der Nazis, Heyne, München 2005.

Slutsch, Sergej: Stalins »Kriegsszenario 1939«: Eine Rede, die es nie gab. Die Geschichte einer Fälschung, in: Vierteljahreshefte für Zeitgeschichte 4/2004, S. 597–635.

Snyder, Timothy: Black Earth. Der Holocaust und warum er sich wiederholen kann. C. H. Beck, München 2015.

Snyder, Timothy: Bloodlands. Europa zwischen Hitler und Stalin, C. H. Beck, München 2011.

Spieß, Alfred / Lichtenstein, Heiner: Unternehmen Tannenberg. Der Anlaß zum Zweiten Weltkrieg, Ullstein, Frankfurt am Main/Berlin 1989.

Stargardt, Nicholas: Der Deutsche Krieg. 1939–1945. S. Fischer, Frankfurt am Main 2015.

Stauffer, Paul: Zwischen Hofmannsthal und Hitler. Carl J. Burckhardt. Facetten einer aussergewöhnlichen Existenz, Verlag Neue Zürcher Zeitung, Zürich 1991.

Steuwer, Janosch: »Ein Drittes Reich, wie ich es auffasse.« Politik, Gesellschaft und privates Leben in Tagebüchern 1933–1939, Wallstein Verlag, Göttingen 2017.

Stjernfelt, Bertil / Böhme, Klaus-Richard: Westerplatte 1939, (Einzelschriften zur militärischen Geschichte des Zweiten Weltkriegs; 23), Verlag Rombach Freiburg, Freiburg 1979.

Strauch, Rudi: Sir Neville Henderson. Britischer Botschafter in Berlin von 1937 bis 1939, Ludwig Rohrscheid Verlag, Bonn 1959.

Strohmeyr, Armin: Klaus und Erika Mann. Eine Biografie, Reclam Leipzig, Leipzig 2004.

Sullivan, Rosemary: Stalin's Daughter. The extraordinary and tumultuos life of Svetlana Alliluyeva, Harper Perennial, New York et al. 2016.

Syndor, Charles: Reinhard Heydrich. Der ›ideale Nationalsozialist‹, in: Smelser, Ronald / Syring, Enrico (Hrsg.): Die SS: Elite unter dem Totenkopf. 30 Lebensläufe, Ferdinand Schöningh, Paderborn et al. 2000, S. 208–219.

Thamer, Hans-Ulrich: Adolf Hitler. Biographie eines Diktators, C. H. Beck, München 2018.

Thamer, Hans-Ulrich: Berlin im Dritten Reich. Herrschaft und Alltag unter dem Hakenkreuz, Elsengold Verlag, Berlin 2014.

Thamer, Hans-Ulrich: Verführung und Gewalt. Deutschland 1933–1945, Siedler, Berlin 1998.

Treue, Wilhelm: Dokumentation. Hitlers Denkschrift zum Vierjahresplan, in: Vierteljahreshefte für Zeitgeschichte, 3. Jg. 1955, 2. Heft/April, S. 184–203.

Tuchel, Johannes: Heinrich Himmler, in: Smelser, Ronald / Syring, Enrico (Hrsg.): Die SS: Elite unter dem Totenkopf. 30 Lebensläufe, Ferdinand Schöningh, Paderborn et al. 2000, S. 234–253.

Ullrich, Volker: Adolf Hitler. Die Jahre des Untergangs, S. Fischer, Frankfurt am Main 2018.

Vaget, Hans Rudolf: Thomas Mann, der Amerikaner. Leben und Werk im amerikanischen Exil 1938–1952, S. Fischer, Frankfurt am Main 2011.

Vaisse, Maurice: Der Pazifismus und die Sicherheit Frankreichs 1930–1939, in: Vierteljahreshefte für Zeitgeschichte, 33. Jg. 1985, 4. Heft/Oktober, S. 590–616.

Vasold, Manfred: August 1939. Die letzten elf Tage vor Ausbruch des Zweiten Weltkriegs, Kindler, München 1999.

Vinke, Hermann: Fritz Hartnagel. Der Freund von Sophie Scholl, Arche, Zürich/Hamburg 2005.

Volkmann, Hans-Erich: Verbrechen der Wehrmacht in Polen – Rahmenbedingungen und deutsche Nachkriegsrezeption, in: Deutsches Historisches Institut in Warschau (Hrsg.): »Größte Härte …« Verbrechen der Wehrmacht in Polen, Fibre Verlag, Hamburg 2005, S. 27–36.

Wachsmann, Nikolaus: Die Geschichte der nationalsozialistischen Konzentrationslager, Siedler, München 2015.

Weitz, John: Hitler's Diplomat. Joachim von Ribbentrop, Weidenfeld and Nicolson, London 1992.

Weizsäcker, Ernst von: Die Weizsäcker-Papiere, 1900–1932, hrsg. von: Hill, Leonidas E., Propyläen Verlag, Berlin et al. 1982.

Weizsäcker, Ernst von: Die Weizsäcker-Papiere, 1933–1950, hrsg. von: Hill, Leonidas E., Propyläen Verlag, Berlin et al. 1974.

Weizsäcker, Ernst von: Erinnerungen, Paul List Verlag, München et al. 1950.

Wighton, Charles/Peis, Günter: They spied on England, Odhams Press Limited, London 1958.

Wilderotter, Hans: Alltag der Macht. Berlin Wilhelmstraße, Jogis, Berlin 1998.

Wildt, Michael: Generation des Unbedingten. Das Führungskorps des Reichssicherheitshauptamtes, Hamburger Edition, Hamburg 2003.

Zoske, Robert M.: Flamme sein! Hans Scholl und die Weiße Rose. Eine Biografie, C. H. Beck, München 2018.

Personenregister

Bildnachweis

akg-images: 14
akg-images/Sammlung Berliner Verlag/Archiv: 9
Apic/Kontributor: 3
imago Stock&people: 7
National Portrait Gallery, London: 4
Photo 12/Kontributor: 1, 11
Popperfoto/Kontributor: 2
Print Collector/Kontributor: 5
Three Lions/Freier Fotograf: 8
Topical Press Agency/Freier Fotograf: 6
Ullstein bild: 10, 12, 13

Manfred Flügge
Stadt ohne Seele
Wien 1938
479 Seiten. Gebunden mit Schutzumschlag
ISBN 978-3-351-03699-7
Auch als E-Book erhältlich

Zeitroman und Schicksals-
panorama

Der »Anschluss« Österreichs durch die Nazis im März 1938 und
ihr Einmarsch in Wien waren ein traumatischer Wendepunkt in der
europäischen Geschichte. Anschaulich und detailreich erzählt Manfred
Flügge vom tragischen Irrtum Kurt Schuschniggs und dem Versagen
der Weltöffentlichkeit. In einem Wechsel von historischer Darstellung
und beispielhaften Lebenserzählungen von Akteuren und Opfern, unter
ihnen Sigmund Freud, Egon Friedell, Robert Musil, Franz Werfel und
vielen anderen, entsteht ein Zeitroman, der zum vielfältigen Schicksalspanorama wird.

**Regelmäßige Informationen erhalten Sie über unseren Newsletter. Jetzt anmelden
unter: www.aufbau-verlag.de/newsletter**

Manfred Flügge
Stadt ohne Seele
Wien 1938
479 Seiten. Gebunden mit Schutzumschlag
ISBN 978-3-351-03699-7
Auch als E-Book erhältlich

Zeitroman und Schicksalspanorama

Der »Anschluss« Österreichs durch die Nazis im März 1938 und ihr Einmarsch in Wien waren ein traumatischer Wendepunkt in der europäischen Geschichte. Anschaulich und detailreich erzählt Manfred Flügge vom tragischen Irrtum Kurt Schuschniggs und dem Versagen der Weltöffentlichkeit. In einem Wechsel von historischer Darstellung und beispielhaften Lebenserzählungen von Akteuren und Opfern, unter ihnen Sigmund Freud, Egon Friedell, Robert Musil, Franz Werfel und vielen anderen, entsteht ein Zeitroman, der zum vielfältigen Schicksalspanorama wird.

Regelmäßige Informationen erhalten Sie über unseren Newsletter. Jetzt anmelden unter: www.aufbau-verlag.de/newsletter

Lutz C. Kleveman
Lemberg
Die vergessene Mitte Europas
315 Seiten. Gebunden mit Schutzumschlag
Mit 38 Abbildungen
978-3-351-03668-3
Auch als E-Book erhältlich

Die Biographie einer Stadt

Einst Teil des Habsburger Reichs, galt Lemberg als »Jerusalem Europas«, wo Polen, Juden, Ukrainer und Deutsche zusammenlebten. Namhafte Künstler und Wissenschaftler prägten eine Moderne, die der in Berlin und Wien in nichts nachstand. Dann verlor Lemberg wie so viele mitteleuropäische Städte durch Krieg, Holocaust und Vertreibung fast alle Einwohner – und damit sein Gedächtnis.
Siebzig Jahre später, inmitten der Ukraine-Krise, sucht Lutz C. Kleveman die verschüttete Vergangenheit der Stadt freizulegen. Was er dabei entdeckt und brillant erzählt, ist nicht weniger als die Geschichte Europas bis heute.

Lutz C. Kleveman erschließt lebendig und sehr persönlich die Geschichte dieser faszinierenden Stadt, die so viele Vergangenheiten hatte, Bühne so vieler Kulturen, Träume und Tragödien war. Ein immenses Lesevergnügen.« PHILIPP BLOM (»DER TAUMELNDE KONTINENT«)

Regelmäßige Informationen erhalten Sie über unseren Newsletter. Jetzt anmelden unter: www.aufbau-verlag.de/newsletter

 aufbau

Victor Klemperer
Ich will Zeugnis ablegen bis zum letzten
Tagebücher 1933-1945
Herausgegeben von Walter Nowojski
1422 Seiten. Zwei Bände im Schuber
ISBN 978-3-351-03616-4
Auch als E-Book erhältlich

Der Weltbestseller

Victor Klemperers Aufzeichnungen aus der Zeit des NS-Terrors haben sich als unverzichtbare und unvergleichliche Zeitdokumente erwiesen. »Beobachten, notieren, studieren« – diese ständige Forderung an sich selbst löste er mit seinen minutiösen Notizen über den Alltag der Judenverfolgung ein. Er sah sich als »Kulturgeschichtsschreiber der Katastrophe« und wurde darüber hinaus zum Chronisten von Schicksalen und Familientragödien, die sonst vergessen wären.

Tagtäglich schrieb er, trotz ständiger Todesgefahr, Zwangsarbeit und entwürdigender Existenz im »Judenhaus«. Er notierte Gerüchte, Witze, Nachrichten. Immer öfter mussten seine Frau Eva und er von vertraut gewordenen Menschen Abschied nehmen, immer öfter fiel im Zusammenhang mit Judentransporten der Name Theresienstadt. 1942 hörte Klemperer zum ersten Mal vom Ort des Grauens schlechthin: Auschwitz.

Regelmäßige Informationen erhalten Sie über unseren Newsletter. Jetzt anmelden unter: www.aufbau-verlag.de/newsletter